第一届

抗战文献数据平台与中学历史学习优秀作品集

张海鹏

1

抗日战争与近代中日关系文献数据平台 编

张燚明　周月峰　主编

天津出版传媒集团

天津人民出版社

图书在版编目（CIP）数据

第一届"抗战文献数据平台与中学历史学习"优秀作
品集 / 抗日战争与近代中日关系文献数据平台编；张燚
明，周月峰主编. -- 天津：天津人民出版社，2021.12
　　ISBN 978-7-201-18069-4

　　Ⅰ . ①第… Ⅱ . ①抗… ②张… ③周… Ⅲ . ①抗日战
争史–中国–文集 Ⅳ . ①K265-53

中国版本图书馆 CIP 数据核字(2022)第 024305 号

第一届"抗战文献数据平台与中学历史学习"优秀作品集
DI YI JIE KANGZHAN WENXIAN SHUJU PINGTAI YU ZHONGXUE LISHI XUEXI YOUXIU ZUOPIN JI

出　　版	天津人民出版社
出 版 人	刘　庆
地　　址	天津市和平区西康路 35 号康岳大厦
邮政编码	300051
邮购电话	(022)23332469
电子信箱	reader@tjrmcbs.com

责任编辑	吴　丹
特约编辑	杨　轶
	张建峰
封面设计	汤　磊

印　　刷	天津新华印务有限公司
经　　销	新华书店
开　　本	710 毫米×1000 毫米　　　1/16
印　　张	22.25
插　　页	2
字　　数	300 千字
版次印次	2021 年 12 月第 1 版　　2021 年 12 月第 1 次印刷
定　　价	65.00 元

编 委 会

（按姓氏拼音顺序）

助力中学历史核心素养教育，为史育材为国育人

21世纪是"互联网+"的时代，人类生活的方方面面都随之改变。在历史研究领域中，文献资料类数据库如雨后春笋般涌现，方兴未艾，改变了历史研究者工作与思考方式，推动了新时代中国史学的发展。不过，数据库不应仅自定位于历史资料的展示平台，同样还应该是历史研究的整合平台、历史通识的教育平台、历史文化的宣传平台。事实上，中学历史教育正是各历史文献类数据库应该关注且大有可为的领域。

中学历史教育需要历史文献类数据库。近年来，如何促使中学生历史学习从传统课堂时代转向课堂与互联网融合，中学生如何应对网络中海量的历史资料与知识，如何引导中学生在互联网时代树立正确的历史认识，已成为紧迫而有意义的论题。党的十八大以来，以习近平同志为核心的党中央高度重视教育工作。习近平总书记对教育工作发表了一系列重要论述，深刻阐释了"培养什么样的人、如何培养人、为谁培养人""办什么样的教育、怎样办教育、为谁办教育"等重大理论和实践问题，丰富和发展了中国特色社会主义教育理论。具体到中学历史教育领域，目前最突出、最重要的新理念是历史学科核心素养。历史学科的核心素养包括唯物史观、时空观念、史料实证、历史解释和家国情怀五个方面，是学生在学习历史知识的过程中逐步形成，在解决真实情境中的问题时所表现出来的具有历史学科特征的正确价值观念、必备品格与关键能力。史料实证的前提便是让中学生接触到大量史料，同时又需要中学教师引导中学生对史料进行准确解释，以树立正确的历史认识。

其中，仍然有两个难题：一是现在的文献类数据库多面向高校研究者，存在与中学历史教育如何对接的问题；二是文献类数据库中资料参差不齐，在中学历史教师都尚未习惯海量原始材料之时，由谁引导及如何引导中学生对史料的准确理解。

对此，抗日战争与近代中日关系文献数据平台（下文简称"抗战文献数据平台"，www.modernhistory.org.cn）正在积极探索服务中学历史教育的可能性。抗战文献数据平台是国家社科基金抗日战争研究专项工程的项目之一，由中国社会科学院、国家图书馆和国家档案局牵头，中国历史研究院近代史研究所承办，现已上传各类历史文献超过 1700 万页，并向全社会免费开放，赢得了学术界的广泛赞誉。在立足学术界的同时，平台也在不断摸索学术成果服务社会的新模式。

从历史核心素养培育的角度，抗战文献数据平台助力中学历史教育至少有三个方面的重要意义：

第一，抗战文献数据平台可以通过图片、音频、视频等形象的历史资料，落实历史核心素养中的时空观念，为教师的教学赋能。教师可以利用平台提供的资料，按照课程要求，加工制作多种多样的课件和视频，进行更具针对性的教学引导，聚焦于整合教学内容，创设历史情境，唤起学生的学习兴趣，开拓学生的眼界，鼓励学生进一步挖掘史料，渗透对学生历史学科核心素养的教育。同时也让学生对抗日战争的历史环境和历史条件有更为深刻的印象。抗战文献数据平台有着天然的创造情境的优势，可以帮助教师营造一个具有代入感的课堂氛围。有常常使用平台的中学生就说，抗战文献数据平台中的历史档案和照片"仿佛让我回到了那个年代"。当他看到彭德怀元帅脸上坚毅的表情，看到八路军战士们奋不顾身的战争场面，"让我更深刻地了解了抗战的历史，百团大战原来就是这样的"。

第二，围绕史料展开的搜集、整理与阐释是中学生学习历史和认识历史的关键环节，也是培养学生核心素养的有效途径。师生以课上讲授和课下探究的形式进行互动，既可以促进学生将所学知识运用到实践，同时也可以方便老师收集教学反馈信息，进一步修正教学方法，有利于培养学生的核心素养。在引导学生分析材料、提取、归纳有效信息，培养阅读、分析能力的过程中，必须重视发挥各种史料的优势，起到合力的作用。学生自主学习的过程，有助于训练学生处理和利用文字、图表、照片等多种材料的能力、透过历史现象认识历史本质的能力，以及理解他人的能力，以此养成良好的史学思维。

第三，家国情怀作为最高层次的核心素养，是历史课程中历史价值观教育的根本归宿。抗战文献数据平台坚持以爱国主义为主旋律，以培养民众的家国情怀为己任，为广大民众提供了一个了解历史、学习历史的机会。这些历史资料真实记载了那个血与火的时代，留下了先辈们浴血奋战的足迹，表现出中华民族伟大的抗战精神。

为了更好地体现主旋律，抗战文献数据平台还特别推出红色文献专题数据库，放在平台首页显著位置。其中既有抗战时期各根据地编印的图书，也有《红色中华》《解放日报》《晋绥日报》等著名红色报刊。平台还征集到美国哥伦比亚大学东亚图书馆珍藏的"卡尔逊档案"的全部电子版。红色文献专题数据库体现了抗战文献数据平台的公益性质和时代价值，是平台宣传红色文化的重要阵地。

不过，抗战文献数据平台在助力中学历史教育方面虽有重要意义，但酒香还怕巷子深，仍需要引导中学历史教师与中学生使用平台，使数据库走入中学历史教学的日常。为此，抗战文献数据平台与天津人民出版社有限公司一道，在2019年3月启动了第一届"抗战文献数据平台与中学历史学习"征文活动。举办征文活动的初衷，正是要培养学生自主探究历史，进行研究性学习。通过这一活动，引导学生把兴趣爱好与课堂学习结合起来，把问题意识与史料运用结合起来，把文字史料与图表史料结合起来，把史料实证与历史解释结合起来，把客观论述与历史理解结合起来，让学生用史料，能辨析，会说理，长才干，全方位多维度培养学生的历史核心素养。

同时,抗战文献数据平台也为此次活动设计了诸如"中国共产党是如何领导中国军民坚持抗战,取得胜利的?""日本侵略者给中国人民带来了哪些苦难?中国人民是如何克服苦难并取得胜利的?""中国人民对世界反法西斯战争做出了哪些贡献?你是如何认识抗战时期中国大国地位的?""中国人民伟大的抗日战争有着怎样的历史意义?我们今天应该怎样传承伟大的'全民族抗战精神'?"等问题,有意识地引导学生通过史料研读和探究,认识党领导抗日战争的艰苦历程和不屈精神,关注历史的同时也关心当下,形成对中华民族的认同感和使命感,养成正确的历史观念和价值观念。正如广西教育学院教研部历史教研员夏辉辉指出,无论是从教育目标"培养怎样的人",还是从具体的教育过程"怎样培养人"来说,抗战文献数据平台与中学历史教育对接,无疑为中学生核心素养的培养提出了一种新的思路,推动从知识与能力立意向素养立意的转变,有助于历史学科课程改革发展。

中学历史教育需要历史类数据库、需要抗战文献数据平台,而抗战文献数据平台同样也需要中学历史教育的帮助。一个有责任有担当的数据平台不能画地为牢,也需要有家国情怀,立足于学术而又走出学术,用最丰富的史料,呈现最真实、生动的历史,讲好中国故事。这样的中国故事,需要借助更多的中学教师、中学生去讲述,在更多中学生的心中生根、发芽。更重要的,一个数据库不能闭门造车,它需要了解社会的需求,根据社会的需求不断改进数据库的建设。例如,有教师提议,抗战文献数据平台应该搜集各地优秀中学历史中抗日战争一课的教学视频,集中展现于平台,不仅可以方便中学历史教学,同样也是抗战文献数据平台的珍贵资料,是讲好中国故事的一部分。这些建议无疑将有助于平台的更好发展。

此次"抗战文献数据平台与中学历史学习"征文活动的顺利举办,离不开社会各界对于我们的大力支持。我们感谢来自近代史学界与中学历史教育界的专家学者,他们对参赛中学生的悉心点评与指导,将照亮学生们未来的人生路；我们感谢各位参赛学生的家长，是您的支持与信任，才使得这次活动平安举办；我们感谢 1993 篇投稿文章的小作者，你们对家国的情怀、对历史的热爱，使我们深受感动；我们更要感谢为此次活动大力付出的天津人民出版社有限公司的各位老师，正是在双方的通力协作下，本次活动才得以如此顺利地开展。

此次"抗战文献数据平台与中学历史学习"征文活动只是抗战文献数据平台服务中学历史教育、服务社会的初步尝试，未来这一模式还将拓展到更多领域，展现出更多可能，力争采取多种途径，把平台打造成一个集历史研究、历史教学、爱国教育为一体的综合性平台。

抗日战争与近代中日关系文献数据平台项目组

2020 年 10 月

目录

获奖作品

入围作品

◆　◆　◆

获奖作品

一等奖

从女学生抗日救亡活动看抗战时期的妇女解放

抗战时期,在国家和民族危难当前,广大妇女也投入轰轰烈烈的全民族抗战之中,使女性地位得到提高,妇女解放得到发展。女学生群体集合了国民、青年学生、女性等身份,从她们参与抗日救亡活动可以看出,抗战在带来危机与伤痛的同时,也在多重意义上成为妇女解放发展的契机。

一、女学生群体的形成和发展

第一次鸦片战争后,帝国主义国家开始在通商口岸等沿海大城市设立教会女子学校。最早的教会女学,由英国"东方女子教育协进社"社员于1844年在宁波设立,这也是中国第一所女子学校。[①]教会女学引发了国人对女子教育的一系列思考和争论,成为中国独立女学的先导。1898年,第一所国人自办的女学由倡导"贤妻良母教育"的维新派设立。维新派所办学校虽在变法失败后逐渐被取消,却激发了国人兴办女学的热情。革命党人倡导"女权主义",摒弃"三从四德",创办了以"爱国女学"为代表的众多新式女校。至1907年,全国女子学堂的数量已有428所,除甘肃、新疆、吉林三省外均有分布,女学生数量已达15498人。[②]五四运动时期,"养成独立的人"的女子教育,启发了资产阶级女性的主体意识。男女同校的风气从大学影响到中

---

① 碧遥:《略谈女子中国教育史》,《妇女生活》第 3 卷第 7 期,1937 年 10 月。

② 王美秀:《中国近代社会转型与女子教育的发展》,《北京大学学报》(哲学社会科学版)2001年第 3 期。

等教育,扩大了女子教育的规模。同时,工农妇女界要求开办平民识字学校、乡村学校、补习学校、女子职业学校等,①使女学生群体向下扩展,也在一定程度上提高了乡村女性的文化自觉。在资产阶级逐步壮大、西方进步思想广泛传播的背景下,这一切使"女子无才便是德"的旧论逐渐退却,社会风气逐渐开放,女子开始参政议政、从事社会事业,为妇女解放事业培养了新生力量。

随着日军入侵日益严重,民族危机加深。实现民族独立与解放,需要充分动员各阶级各团体,这为妇女运动的发展提供了契机。国民政府宣传"国民"意识以增强公民的民族责任感,使"女国民"观再次得到体认。新生活运动妇女指导委员会成立后,积极动员妇女为国家服务,"打破使她们长期不能参预公共事务的障碍"。宋美龄呼吁,受过良好教育的妇女,"必须自愿地承担起她们应尽的国民责任"②。女学生作为有能力的知识女性预备军,拥有"女国民"、新式青年和新式女性的多重身份,其在抗战期间的活动便有了多重意义。作为国民,她们是为民族独立而奋斗的战士;作为青年,她们代表着新视野、新力量和国家的未来;作为女性,她们反映着特殊时期妇女地位的变化,推动着妇女解放的发展。

二、女学生参与抗战的活动

第一,参与学生运动。青年学生因其抱负与热情,在家国危难时首先愤然而起,以游行示威等方式抨击现实、激发民情,学生运动"乃是测验中国政治的一个温度表,一个记录政治变动的地震器"③。

1935年,日军的侵略势力蔓延至华北,为反对"华北自治",反对秘密的屈辱外交和破坏主权的傀儡组织,北平学联发起了"一二·九"运动,其中便

---

① 碧遥:《略谈女子中国教育史》,《妇女生活》第3卷第7期,1937年10月。
② 夏蓉:《妇女指导委员会与抗战时期的妇女动员》,《抗日战争研究》2009年第4期。
③ 萧敏颂:《一二九运动的意义和今日青年运动的任务——为纪念一二九运动六周年而作》,《大众生活》第30号,1941年12月。

有众多女学生的身影。游行当天,站在最前端的清华大学女学生陆璀爬上城墙边的戏台,代表学联进行演讲:"北平是我们中国人的北平,现在我们中国人进不去,反而日本人在里头横行霸道,欺负我们的老百姓,请问今日之北平究竟是谁家的天下?"这一幕作为《大众生活》第 1 卷第 6 期的封面传遍中外,手持喇叭奋力呼喊的女学生,成为"一二·九"运动留在人们心中的标志性影像。陆璀从城门下的缝隙爬至城内为大部队开门时被捕,她在警察所接受了美国记者斯诺的采访,后者的报道《中国的贞德被捕了》也广泛流传至英美。①北平师范大学女学生杨淑英在镇压下毫不畏惧,将抗日救国的传单一张一张挂在军警刺刀上。②为响应学生运动,1935 年 12 月 21 日,上海妇女救国会成立,即日游行中有广大女学生参与,她们穿过五卅以来被禁止游行的南京路,③在帝国主义统治下的租界向民众宣传反帝救国的正道。1936 年成立的北平妇女救国会团结各大、中学校的女学生,许多学生后来加入了中国共产党。1936 年,平津学生罢课期间,发起南下扩大宣传活动,以深入工农群众,传播抗日救亡思想。北平女生在艰苦条件下沿路演讲、散发传单,进行卧轨斗争,多次突破军警包围。在宣传团员大会上,学生们提出将南下扩大宣传团发展为永久性组织,师大女生曹国智提出"民族解放先锋队"(简称"民先队")的命名,被中共北平地下组织采纳。④在山西成立的绥远省妇女会中有女教师和女学生 70 多名,民先队成员在其中担任骨干。⑤

第二,参与妇女工作。抗战时期的妇女工作主要由"新运妇指会"和各地妇女救国会等妇女组织领导,开展文化宣传、慰劳救护、战地服务、儿童保育等配合战时各种需要的活动,以支援前线和安抚民众。

如 1936 年 11 月绥远抗战爆发后,绥远省妇女会组织蒙汉妇女募捐队,

---

① 曲田:《振臂高呼 保卫祖国——访"一二·九"运动骨干 我校校友陆璀之女陆兰沁》,《新清华》2015 年 12 月。

②④ 麻星甫:《一二·九运动中的北平女子师范大学女学生》,《北京党史》2015 年第 6 期。

③ 方丹:《上海妇女游行示威速写》,《妇女生活》第 2 卷第 1 期,1936 年 1 月。

⑤ 丁卫平:《国统区妇女救国会和妇女抗日救亡运动》,《吉林大学社会科学学报》1993 年第 6 期。

承担起护理伤员的工作。太原女子师范学生组成了著名的"太原女师绥远慰劳救护队",克服种种困难,赴前线医院看护伤员,得到极高评价。各地妇女、学生还募捐和缝制了大量御寒衣物支援前线。如1938年9月,在上海各界救亡团体的号召下,诸多女学生为将士缝制棉衣,不到一个月便完成了10万件棉衣的任务。①天津妇女救国会通过女青年会募集了100条棉被送往前线。

女学生因年龄和身份在救护人员中的特殊性,其在战地的服务工作,不仅安抚了伤兵病痛,保存了有生力量,更深化了将士对全民族抗战共同体的认识,在精神上激励着前线士兵的壮志。报告文学《伤兵自述》记载了一位伤兵目睹女学生为救护伤兵而牺牲的经历:"我被炮弹炸伤左手⋯⋯一时昏倒在潮湿地,来的不是救护队,却是南昌工兵学校的女学生,她们真勇敢,使我感到最凄凉的,是我的担架旁边一个负伤的弟兄不能行动,有一个身体高大的女生,拿着腰带夹背起受伤同志,走不到二十公尺,便被敌人的炮弹穿过两人的背心,倒在地上,那时勇敢的女学生还是负着那弟兄,我看了千万同胞的死,都没有这样使我伤心过⋯⋯我愿我伤好之后,上战场为老百姓复仇。"②

第三,参军。由于生理条件的限制,战地女性多从事后方服务工作。但在抗战的漫长战线中,仍有青年女学生赴前线作战的案例,给予国民精神上的振奋。

广西学生军于卢沟桥事变后由广西学生自发组成,并得到政府的支持。学生军经过选拔,考取280人,其中约有一半是女生。学生军于1937年12月14日从桂林出发,步行经衡阳,至武汉,再开往前线作战。女学生军途经各地,联系上下层妇女组织及知识妇女,进行唤起民众的工作,如印发告妇女书、告民众书、告伤兵书,演讲,谈话,演救亡剧等。同时调查访问当地救亡团体,学习工作经验。平时练习游击战,并在前线组织民众和进行救

---

① 丁卫平:《国统区妇女救国会和妇女抗日救亡运动》,《吉林大学社会科学学报》1993年第6期。
② 朱金梅:《勇敢的女学生》(冯开国述),《伤兵自述:第一册》第27章,1939年1月。

护工作。①女学生军在各地受到热烈的欢迎,极大地唤起了民众的抗日热情,"她们在一般民众看来简直被视为'女神'——求自由的女神"②。

新四军中女兵有数千人,其中便有许多受过良好教育的大、中学生,在教导队和院校承担政治、文化和理论工作,以其细致、耐心和专业知识为新四军培养了多批干部。1943 年,正面战场形势危急,国民政府号召大后方知识青年从军,女学生也踊跃参加。据载:"迄止 12 月 8 日,报名从军者,计有中学生及公教人员 5049 名,女生 795 名,大学生 267 名。"当时《兵役法》未规定女子服兵役,东北籍女生林霖等要求入伍被拒,请缨从军,呈文道:"生等虽为女子,语云'天下兴亡,匹夫有责……伏乞额外融通,务使生等展鸿鹄之志,愿效花木兰、梁红玉从军杀敌……以赤胆白骨换取中华人民共和国自由之花。"针对众多女学生从军的志愿,国民政府颁行的《学生志愿服务办法》中甚至做出了特殊规定:"凡中等以上学校年满 18 岁以上女生志愿服役,应向学校申请登记,造具清册,送当地军(师)管区司令部,听候调任军事辅助勤务。"③投笔从戎的青年女生,为抗战后期注入了一股新生力量。

三、从妇女解放视角看女学生的抗战活动

妇女解放,是相对于男权文化而言,把妇女从男女不平等,妇女受压迫、歧视和束缚的情况下解放出来的过程。在半殖民地半封建社会中,妇女要得到解放,还面临着严峻的阶级形势,需要同男子一起首先争取阶级解放。④从变法、革命到五四运动,知识妇女成为妇女运动的先锋,她们配合国际女性主义发展的形势,使妇女解放成为社会关注的问题。抗战时期,国家危难之下,民族矛盾将性别关系的冲突弱化,使妇女运动呈现出由少数城市知识妇

---

① 杨慧琳:《广西娘子军会见记》,《广西学生军》,1938 年 3 月。
② 陆铿:《广西军远征记》第 5 章,1938 年 5 月。
③ 侯德础:《略论抗战后期的知识青年从军运动》,《民国档案》2006 年 2 月。
④ 李静之:《论妇女解放、妇女发展和妇女运动》,《妇女研究论丛》2003 年第 6 期。

女为女性争取权利,到各阶层女性积极履行战时义务的重心转移。

在这一过程中,女学生提高了各种能力,展现出自身的价值。在新的社会关系中,救亡事业为她们开辟了广阔的世界。部分女学生克服"不让女子抛头露面"的旧习,主动参与抗战,暂时脱离了封建家庭的束缚。广西女学生军成员年龄多在 20—25 岁,她们的参军动机除了救国热忱,还有"摆脱家庭压迫甚至丈夫虐待侮辱,或丈夫战死疆场"[①]。一些富家女学生从事救亡活动,抛却上层阶级的生活方式,建立了独立的人际关系,在自我价值的实现中获得信心和清晰的主体意识。如香港富家小姐尹慧君坚决到内地参加新四军,在新四军呼吸到自由的空气,感到"我新的生命诞生了""这是我新生活的开始"。[②]战地女学生血气方刚的活力和敢作敢为的魄力,客观上也冲击着刻板的传统性别印象。在《广西娘子军会见记》中,作者杨慧琳记录的桂林女子师范学生郭灿益"几乎使我不辨雌雄","戎装截发,显出一副英勇的姿态"。[③]抗战后期,大量女知识青年从军,也更新了我国兵役制度和民众的陈旧观念。

因暂时弱化的性别冲突和国民政府"战时须作平时看"的教育政策倾向,多数女学生群体的身份认同首先是"学生"和"先锋国民",而非"女性"。由于学生群体内部的男女不平等现象表现轻微,在抗战中,女学生以妇女身份进行的活动,常受到妇女组织和妇女界人士的引导。抗战期间,各妇女杂志多刊登有关对女学生期望的文章,如《广西妇女》载《今天女学生的新任务》,《妇女生活》载《战时的女学生》,等等。《浙江妇女》所载《当前女学生的新任务》更呼吁女学生加强组织,团结起来,负起妇运桥梁的责任,"社会的传统阻碍我们女子受教育的机会,战争的影响增加我们女子读书的困难,我们女同学有着一个共同的遭遇,为什么还不团结自己的力量起来打破这些

---

① 沈兹九:《广西女学生军》,《妇女生活》第 5 卷第 6 期,1938 年 1 月。
② 徐君华:《新四军女兵研究》,《新四军与上海》(第 2 辑),2015 年。
③ 杨慧琳:《广西娘子军会见记》,《广西学生军》,1938 年 3 月。

阻碍,克服这些困难？"①必须指出,女学生群体在战时参与妇女运动的规模是有限的。抗战期间有多次关于"读书与救国"的大讨论,而在时文记录的女学生生活中,"克服物质上的困难发奋求学"②、读书和关注时事仍是主流。

综上,近代女学生群体不断发展,在抗战期间参与学生运动、妇女运动和投军报国,她们不仅是全民族抗战的重要组成部分,也推动着妇女解放的发展。女学生们在妇女群体中特有的较高的受教育程度、青年人的热情义气和责任感,在抗战中成为后方的有力支援和高素质劳动力,在妇女运动中成为联结各阶层的纽带。她们在其中得到了身体上和精神上的锻炼,促进摆脱封建传统家庭的束缚,建立了积极勇敢的女性形象,体现着女性的力量,由此提高了女性的地位。在实现阶级解放的过程中,女学生积累了运动经验,为在中华人民共和国成立后完成妇女的社会解放任务奠定了人才基础。抗战的民族危机给予妇女解放重大的发展契机,而妇女解放、男女平权,是社会主义初级阶段解放和发展生产力的客观要求,更是中华民族伟大复兴的应有之义。

(天津市南开中学 王朗宁)

---

① 秋若:《当前女学生的新任务》,《浙江妇女》1940年3月。
② 茂梓:《对女学生的希望》,《福建妇女》第3卷第2、3期合刊,1944年1月。

敌后战场之光

——从《敌后抗战的小故事》看全民族抗战的智慧

　　野蛮的日本鬼子,在北坦村的地道里,放了大量大量的毒气,竟毒死了八百多老百姓。有的全家成了绝户,有的原本有六七口人的,现在只剩下一个五六十岁的老太婆或一个三四岁的小孩子了。

　　翻开《敌后抗战的小故事》,你会看到这一段历史,这个惨绝人寰的场景并不是虚构出来的,它真真切切地发生在曾经的冀中大地上,这样残暴的行径就是日本人用来实现他们所谓的"圣战"的手段。像这样的暴行在日本侵略者践踏过的地方比比皆是,那些活生生的例子深刻地揭露了日本侵略者的残忍,以及日本发动战争的非正义性。

图1 《敌后抗战的小故事》封面

　　日本侵略者很强,他们有着精良的武器,有着先进的管理制度,有着被统一了的思想观念。他们几乎成为中华民族历史上最强的对手。

　　各项硬件条件都不如日军,人们没有精良的武器,没有接受过正规的训练。"他们三个五个,一群两群的带着他们粗劣的武器","带着铁铲和镰刀","这临时组成的没有经验的队伍,叽叽喳喳,十分嘈杂,游击队不得不在先头带领着,给他们仗胆,也得在后面跟着,怕有的跟不上"。《敌后抗战的小故事》里的诸多描写都说明了我们面临强敌时的劣势。在最后一个"麻雀侦察的故事”里，“将麻雀放脱，麻雀一直飞向有灯光的地方。噗噗的声音，将岗楼里的鬼子吓坏了……一连串的枪声，从岗楼的枪眼里射了出来。民兵们知道岗楼里有鬼子”，“民兵们又将麻雀放脱，让它去侦察岗楼的时候，却没有一点回音，民兵摸过去听了听，亦无动静。打落门上的锁子，民兵们拥进岗楼，只见一盏煤油灯独自守着空岗楼，民兵们兴奋地收拾完胜利品，放火烧了阁楼”。面对日军的据点，我们没有可以用于侦察的先进武器，最后想到了麻雀这一招，虽是智慧，也是无奈。

当敌人的铁蹄踏过我们祖国大地的时候，各地人民为了生存，展开了与侵略者的斗争。中华民族的伟大智慧就在于我们能够运用不同的方法因地制宜地抵抗敌人的侵略。

在“地道”这个故事中，人民和八路军还有游击队一起，运用地道与敌人周旋，与敌人对抗，让敌人恨透了地道。“冀中可不像咱们这里到处是山，那里完全是一眼看不到边的大平原，甚至你走上几百里路，连个小山岗都找不到呢。但是那里的八路军和人民，同样的在和鬼子战斗着。……人力改变了地形……他们用地道和敌人周旋。”“挖地道起初是这样的：因为离据点较近的村庄，时常有鬼子去抢东西，糟蹋妇女，于是人们便在自己的灶底、炕边，或者院子里最隐蔽的地方，挖一个秘密的地窖。敌人来了，就钻进地窖里边去躲藏。可是这地窖，不过一个死窟窿，敌人搜了出来，还是逃不脱敌人的毒手。第二次，人们就聪明了。把地窖挖成地道，由这家通到那一家去。鬼子如果进了这家，人们就从地道里跑到另一家逃走了。可是，鬼子把整个村子包围住的时候，家家去搜，还是逃不出鬼子的毒手。于是，人们从血的经验中又得到了教训。那地道，不仅家与家挖通，而且村与村也挖通。敌人包围了这村，人们从那村逃走；敌人包围了那村，人们就又从另一村逃走，反正敌人人力不足，不能把所有村庄同时包围起来。人们的智慧，终于战胜了敌人的残

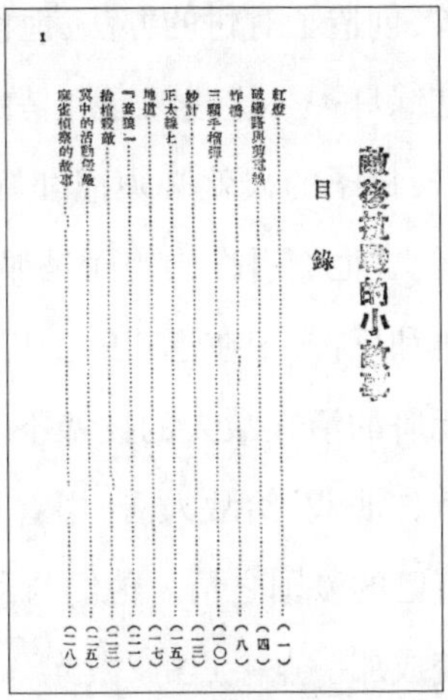
敵後抗戰的小故事

目錄

1

图2 《敌后抗战的小故事》目录

暴。"这是民众在党领导下的智慧,大家的团结努力为敌后战场的抗争做出了巨大的贡献,在冀中大地上书写着地道战的传奇。

从1931年的九一八事变开始,我们打了十四年的抗战。我们运用了自己的智慧,日军也是非常狡猾。"野蛮的日本鬼子,在北坦村的地道里,放了大量大量的毒气,竟毒死了八百多老百姓。""红灯"故事中还写到了如下情节:"但是敌人也绝不是愿意吃亏的家伙。在多少次吃亏上当,他们得到了经验,创造了对付的办法:他们在铁路的两旁,一个村子的附近,设下了不少的红绿灯……这些红绿灯是由那些村子的人来管理的。一旦有了游击队的袭击,村子的人就必须把红灯转向敌人。"只是,非正义之战必招致失败的命运。"他们(村民)表面是那样温顺的侍奉着敌人,然而蕴蓄在他们内心的深仇和反抗,却在迅速的生长着和秘密的行动着。他们是中国人,他们不愿意无耻的活在敌人的铁蹄下,做敌人的奴隶,为万代的牛马。"他们配合游击队,"演戏"给敌人看,用着自己能够掌握的方式来抗击日本侵略者,来表达自己的爱国之情。他们与敌人周旋,不跟敌人起正面"冲突",将自己的力量变成那一点一点的"微光"。日军用毒气对付民众,民众越来越高明,"你再放毒吗?里边有了防毒的设备。你要灌水吗?里边有防水的水沟。你要把住洞口不走,想把洞里的人困死吗?那也不行!明口易守,暗口难防,你守住这个口,不知道另外还有口,民兵们不时从别的口出来,到鬼子的背后痛打一阵。并且地道里有铁灶,几天不出来也不会受饿。甚至有的地道,还是两层呢,人们叫这为楼上楼下"。

民众不是没有力量,他们只是需要指引。在"破铁路和剪电线"这则故事中,"第一次游击队领着村民去破坏铁道,这临时组成的没有经验的队伍,叽叽喳喳,十分嘈杂","第二次以及后来的无数次,只要在村头上一号召'走哇!扛枕木回来烧饭呀!'……在黑夜里一个跟着一个就走了……甚至有的三十几个人扛一条铁轨,哼哼呦呦地走回来了"。游击队用接地气的方式引导村民投身敌后战场,调动了民众的抗战感情、积极性,为抗战的胜利打下了一个又一个坚实的基础。微光,汇聚了起来。

　　一些人在努力抵抗,而有些人则沦为日本侵略者的奴隶、走狗。他们当起汉奸,当起伪军,干着一些不是中国人该干的事情。"(游击小组)三个人从西边高粱地里跳出来,把两个汉奸活活捉住,还缴获了两只手枪,两辆自行车呢。他们叫这种动作为'捡洋落儿'。"许许多多的学者努力用文字敲醒那些不抗战的或者是对抗战失去信心的人,宣传抗战哲学和理论。冯玉祥在《抗战哲学》一书中就详细地介绍了抗战哲学这一主题,说明其是什么、为什么、怎么做,并且结合了当时的抗战实际情况,对如何抗战提出具体的方法,其中提到"不抗战,人人都避免不了成为亡国奴""抗战是为了什么?为自己"等等内容,字里行间都流露出冯玉祥迫切想要唤醒大家起来抗战的爱国情怀。除了《抗战哲学》,还有毛泽东的《论持久战》、张申府的《我相信中国》等著作,都给予了那些陷入迷茫的中国人一个前进的方向。思想武装不亚于物质武装,在抗战中不是谁的武器装备好就可以取胜的,而是要有正确强大的思想作为利器,像中国人民以弱胜强赶走日本侵略者、共产党人扭转乾坤战胜国民党结束内战一样,思想这个锋利的武器,是打赢一场战争的重要因素。先辈们不断被武装的思想,推动了我们全民族抗战向前迈步。

　　毛泽东的《论持久战》强调了"兵民是胜利之本"。他说:"武器是战争的重要的因素,但不是决定的因素,决定的因素是人不是物。力量对比不但是军力和经济力的对比,而且是人力和人心的对比。军力和经济力是要人去掌握的。"[1]"战争的伟力之最深厚的根源,存在于民众之中。日本敢于欺负我们,主要的原因在于中国民众的无组织状态。克服了这一缺点,就把日本侵略者置于我们数万万站起来了的人民之前,使它像一匹野牛冲入火阵,我们一声唤也要把它吓一大跳,这匹野牛就非烧死不可。"[2]这本书的精华在《敌后抗战的小故事》中有着深入浅出的体现,一个又一个的小故事,以浅显易懂的生动方式传递着《论持久战》的重要思想内容。

---

①《毛泽东选集》第二卷,人民出版社,1991年,第469页。

②同上书,第511—512页。

1941年9月,"有一个老太太在槐树阴凉下边纺着线。她一边手里摇着纺车,眼睛却不时地向前面路上望望。突然从路上走来了两个穿便衣的汉子……(老太太)招待到家里去喝水,趁机会派人转报给游击小组,把这两个人捉获了。……这个老太太是什么人呢?却正是游击小组派在街口上的秘密岗呀!"这是书里又一个故事。如果连老太太也一心向着我们,那么侵略者终究要灭顶于人民战争的汪洋大海之中。毛泽东写出了全民族抗战的理论,《敌后抗战的小故事》这本小书则通俗易懂地宣传了全民抗战的智慧,中国必胜。

通过这次全民族抗战,人民的力量体现得淋漓尽致,光靠军队的话,我们很有可能没有今天的胜利的。只有依靠人民的力量,才能够创造历史伟业,才能够走得更远。我们的中国共产党的智慧,毛泽东主席的智慧,都在敌后战场中深刻地体现出来。如果没有人民的力量,没有有力的领导,以及千千万万奋斗的人们,中华民族就不可能迎来伟大的复兴,不可能屹立于世界民族之林!

黑暗中亮起的那一点点的微光,它能吸引另一点微光,星星点点的微光汇聚在一起,变成了可以照亮我们的祖国,横跨时间和空间的"民族之光"!

曾经,中华民族是东方沉睡的雄狮,西方帝国主义希望中国一直沉睡下去。但是我们的全民族抗战代表着我们这头沉睡的雄狮逐渐觉醒,一切曾经的灰暗和腐朽都不在,迎接中华民族的是光亮的明天。

中华民族用全民族抗战的伟大胜利以及它的积极产物促进了伟大的复兴,这场令所有中华儿女刻骨铭心的战争,势必会成为推动我们中华民族不断进步、伟大复兴的动力源泉之一!

(广东省东莞市东莞高级中学 许一芃 指导教师 陈娓斯)

二等奖

德盛玉史话

——抗战中的边区商业发展史

德盛玉货庄，是抗战期间延安最大的货庄之一。它的发展与边区商业发展的起落高度契合，可说它的发展史是边区战时商业发展史的一个极好的缩影。它的创立者是山西商人王克温。

1935年对于商人而言并不是一个好年头。这年的大西北鸡犬不宁："三马"的为非作歹还在持续，南京方面的手又想伸进来。红军已经来到了陕北。东北军被日本侵略军从老家赶出来以后，也落魄到陕北这地界来。尽管世事动荡，像王克温这样行走四方做小生意的人还是得吃饭，转转悠悠，王克温来到了延安。这里的政府似乎不像别地那样盘剥他，人们也不像别地那样死气沉沉。

陕甘宁边区，中国革命的圣地，其地位极其重要。首府延安，是当时中国革命中心，领导着全国的新民主主义革命，吸引着全国的革命志士。在抗日民族统一战线形成以后，中外记者与观察家们逐渐进入边区，他们将边区的风貌展现在世人面前。根室·史坦因写道："这里没什么厌战的情绪，这里的人都充满了战斗热情……这里的任何年纪的人都充满着乐观主义和自信。"[1]楚云在《陕行纪实》中写道："不论是老百姓或是机关里的工作人员，也不论是男的女的老的幼的，他们的眉宇之间都洋溢着一种愉快的神情。"[2]

---

[1] [美]根室·史坦因：《红色中国的挑战》，晨社出版社，1946年，第138页。
[2] 楚云：《陕行纪实》，读书生活出版社，1938年，第3页。

在诸如此类的记载中,大多提到在边区民主、平等的三三制原则下社会气氛的积极开放,这实质上是党的新民主主义政策极大程度上团结了边区各抗日阶级的表现。在边区取得的各种令人瞩目的发展成就中,特别重要但较少引人关注的一方面是商业的发展。作为新民主主义经济的重要组成部分,商业对社会经济的发展起到了促进作用。党在抗战时期采取的商业政策,实际上对于中华人民共和国成立后,乃至改革开放开始之后的经济发展来说,都具有启示作用。

王克温身上只有 150 余元法币。他先是在乡下贩卖羊皮,倒卖牲口。1936 年他积攒了一些资本以后,在延安开了一家小杂货铺,一年的惨淡经营下来,他已经有了 500 余元的资财。①

王克温是战前边区商人的典型。战前的边区,是在近代中国逐渐解体但仍占主导地位的自然经济的一个缩影,商业的发展十分落后。制约边区商业发展的因素具有十分鲜明的半殖民地半封建社会特征。西北恶劣的自然环境制约农业生产的发展,生产力低下导致内部市场存在商品不足、市场狭小等诸多问题,同时又受到外部市场的影响。

战前边区商业贸易,主要是以定边的皮毛及陇东材为主的初级农业产品,向天津、包头等工业较发达地区输出,以换取工业品的过程。这一时期由于土匪横行,稳定的社会秩序尚未建立,以延安为例,"总商户数只有 166家,大多数(161 家)资本在一万元以下"②。商户数量少、规模小、水平低,严重依赖外部市场,这就是战前边区的商业概况。

---

① 《六个市的商业调查统计》,载陕甘宁边区财政经济史编写组编:《抗日战争时期陕甘宁边区财政经济史资料摘编·4·商业贸易》,1943 年,第 314 页。

② 《关于边区经济建设之报告书》,载陕甘宁边区财政经济史编写组编:《抗日战争时期陕甘宁边区财政经济史资料摘编·4·商业贸易》,1941 年,第 32 页。

一、起起落落的德盛玉:以皖南事变为界

第一阶段:1937—1940 年,德盛玉飞速发展。

1938 年,王克温生意的春天到来了。他到西安蒲城去进货,回来在延安的杂货商铺里展销。全面抗战开始后,边区的人口增多,他的货物销路极好,以至于这一年进货只两三次,他的资本就已经由 1937 年底的 1000 余元增加到 5000 元以上。至于乡下的羊皮、倒换牲口的生意他早已不做了,一心一意经营杂货店,取得了很大的成功。他给自己的店取了个响亮的名字:德盛玉。①

这一时期,土匪已被肃清,社会秩序稳定,加之边区机关、学校的扩大,边区"人口增多,人民生活改善,购买力增大"②,实际上已具备商业发展的条件。边区针对"发展边区商业和维持进出口平衡"③的目的,制定了"对内自由,对外调剂"的基本方针。这个方针在保护边区经济安全的同时又给区内市场足够的发展空间。为了营造更好的营商环境,边区政府实施废除苛捐杂税、"开办商人培训班,增加商会"④等措施,大大促进了私营商业的发展。这一时期,"商店数目达三百七十多家,商人扩充至千余人"⑤。

这一时期私营商业发展还有一个特点:资本规模逐渐扩大。这主要是由于商路的畅通,导致"一批来自西安的大资本家前来边区经商"⑥。在商户数、

---

①《六个市的商业调查统计》,载陕甘宁边区财政经济史编写组编:《抗日战争时期陕甘宁边区财政经济史资料摘编·4·商业贸易》,1943 年,第 314 页。

②④⑤ 海棱:《飞进中的延安商业》,《群众》第 5 卷第 12 期,1940 年,第 23 页。

③《陇东贸易分局工作须知》,载陕甘宁边区财政经济史编写组编:《抗日战争时期陕甘宁边区财政经济史资料摘编·4·商业贸易》,1941 年,第 124 页。

⑥《延安市商业调查》,载陕甘宁边区财政经济史编写组编:《抗日战争时期陕甘宁边区财政经济史资料摘编·4·商业贸易》,1945 年,第 311 页。

资本规模上,私营商业同时达到了极盛。

第二阶段:1940—1945 年,危机中前行的德盛玉与公营商业。

德盛玉的事业在 1942 年发生了危机,他的货物 6 次被国民党顽军扣押,他的生意也由此受到了很大损失,虽然总体上是挣钱的,但计算战时严重的通货膨胀以后,数字缩水严重。为此王克温开动脑筋,先是参加了食盐统销(食盐已成为他重要的生意),又利用他商会会长的身份,和边区政府达成了合作——倒换法币与边币。由此他恢复了元气,又取得了极大的发展。①

皖南事变以后,边区经济遭遇严重封锁,薪饷被停发,私营贸易发展遇到重重困难,且 1942 年出现了罕见的特大干旱,加之日本侵略者在这一年对敌后根据地进行的大规模报复性"扫荡",使得边区在 1942 年春出现了物价大涨现象,②且"财政上陷于极度困难"③,物质的极度匮乏,突显了有供给性质的公营商业的地位。

这个时期,边区基本贸易方针中"对外调剂"的一点体现明显。在边区的整个商业中,一直坚持的是公营商业占主导地位,这是有原因且十分合理的。公营商业的作用是"平抑市场与保持供给"④,也就是说,不论公营的光华商店还是土产公司,都是以土产出口换取日用必需品,以维持边区生活基本需要;换取工业品,以维持边区内物价稳定。公营商业由此肩负着维护边区经济安全的任务。

---

① 《六个市的商业调查统计》,载陕甘宁边区财政经济史编写组编:《抗日战争时期陕甘宁边区财政经济史资料摘编·4·商业贸易》,1943 年,第 315 页。

② 《延安市商业调查》,载陕甘宁边区财政经济史编写组编:《抗日战争时期陕甘宁边区财政经济史资料摘编·4·商业贸易》,1945 年,第 310 页。

③ 《抗战以来陕甘宁边区贸易工作》,载陕甘宁边区财政经济史编写组编:《抗日战争时期陕甘宁边区财政经济史资料摘编·4·商业贸易》,1948 年,第 17 页。

④ 《1942 年的贸易工作》,载陕甘宁边区财政经济史编写组编:《抗日战争时期陕甘宁边区财政经济史资料摘编·4·商业贸易》,1942 年,第 111 页。

面对商业贸易发展的困境,边区政府采取了一系列应对措施:一是对食盐等出口物资实行统购统销;二是实行物资转运政策,调配各地物资。对于第一点,光华盐业公司成立以后,食盐运销畅旺,"私营盐商又在延安等地复苏"①;对于第二点,在一系列物资调配以后,"随即物价跌落,此后并无大涨现象"②。

挺过了1942年,德盛玉的发展重回正轨。这回王克温的野心可不只延安一地了,他在定边、绥远等边区其他县市都开了德盛玉的分舵,资本与货物都呈几何倍数增长。到了1945年,德盛玉已经拥有300余万元的资产,成为名副其实的大商户。

二、从德盛玉与边区商业发展史看对社会主义时期经济政策的影响

王克温是一个普遍现象的代表。在曲折的边区商业发展史背后,是一些具有现实意义的问题:在混合所有制经济之下,私营与国营的关系应该是怎样的? 私营与国营各自的任务是什么? 私有制和公有制经济各自的作用何在?

毛泽东在《新民主主义论》中写道:"中国革命的历史特点是分为民主主义和社会主义两个步骤。"③在正确认识了中国社会当时的生产力水平以后,毛泽东明确了新民主主义革命是为资本主义发展扫清障碍的过程,但领导阶级是无产阶级。在这样的性质要求下,新民主主义经济是"大银行、大工业、大商业,归这个共和国的国家所有"④。时代变迁,社会性质从新民主主义到社会主义,这个真理颠扑不破。抗战中的边区,以私营繁荣商业、以公有维

①《关于改进食盐统销的指示》,载陕甘宁边区财政经济史编写组编:《抗日战争时期陕甘宁边区财政经济史资料摘编·4·商业贸易》,1943年,第162页。

②《1942年的贸易工作》,载陕甘宁边区财政经济史编写组编:《抗日战争时期陕甘宁边区财政经济史资料摘编·4·商业贸易》,1942年,第111页。

③《新民主主义论》,载《毛泽东选集》第二卷,人民出版社,2006年,第666页。

④同上书,第678页。

护稳定的方针获得了成功，中华人民共和国成立后经济恢复时期及社会主义市场经济的成功也证明了这一点。实际上，坚持公有制为主体、多种所有制经济共同发展，有利于各种经济发展的要素充分发挥作用，调动各阶级的劳动积极性。同时以公有制为主体，则有利于对外应对复杂的外部环境、保护内部市场的安全，在全球化的大背景下这一点至关重要；对内则可以使分配更加公平、调节物价，有利于解决人民内部矛盾。边区商业发展的模式是抗战特殊环境下产生的伟大实践，对于今天中国发展仍具有现实意义和借鉴作用。

（广西壮族自治区南宁市第二中学 林楚斌、蓝添 指导教师 张协力）

抗日民族统一战线在新疆

——浅析新疆作为抗战大后方的具体贡献

一、前言

从 1931 年 9 月 18 日的九一八事变开始，到 1945 年 8 月 15 日日本宣布无条件投降，中国人民走过了一条满是汗水、泪水、鲜血的 14 年抗战道路。根据人民教育出版社 2017 版中学历史教科书的记载，在 1937 年 7 月 7 日卢沟桥事变后，"面对日本全面侵华战争的威胁，国共两党停止内战，组成抗日民族统一战线，全国军民奋起抗战。1937 年 8 月，中国共产党制定了动员全民族一切力量、争取抗战胜利的人民战争路线，即全面抗战路线"[①]。可我却发现无论在国民党主导的正面战场(见表 1)，还是在共产党领导的敌后战场中，新疆始终处于主战场之外，那么这是否意味着新疆对于抗日战争毫无贡献呢?是否意味着全民族抗战这个说法过于笼统呢?答案当然是否定的。我试就此展开分析。

---

① 瞿林东、叶小兵主编:《中国历史》，人民教育出版社，2017 年。

表1　　　　　　　　　　　正面战场战区概况

战区	所辖地区 (1937年8底)	司令长官 (1937年8月底)	所辖地区 (1938年初)	司令长官 (1938年初)	所辖地区 (1945年2月)	司令长官 (1945年2月)
第一战区	河北北部、山东北部	蒋介石(9月改为程潜)	河南、安徽北部	卫立煌	陕西南部	胡宗南
第二战区	山西、察哈尔、绥远	阎锡山	山西、陕西北部	阎锡山		阎锡山
第三战区	江苏、浙江	冯玉祥(后由蒋介石兼)	浙江、福建、江苏及安徽南部	顾祝同		顾祝同
第四战区	广东、福建	何应钦	广东、广西	何应钦	—	—
第五战区	山东南部、江苏北部	蒋介石(后由李宗仁任)	安徽、湖北北部及河南南部	李宗仁		刘峙
第六战区					湖北西部	孙连仲
第七战区					广东	余汉谋
第八战区			绥远、宁夏、甘肃、青海	蒋介石(兼)		朱绍良
第九战区			湖北南部、湖南、江西	陈诚(薛岳代理)		薛岳
第十战区			陕西	蒋鼎文	安徽	李品仙
第十一战区					北平、天津、华北	孙连仲
第十二战区						傅作义

二、新疆时代背景

(一)抗战时代背景

从1931年的九一八事变开始,中华民族开始了长达14年的抗战。在抗战初期,虽由中国共产党在东北地区领导了以抗日联军为核心的局部抗战,但由于以蒋介石为首的国民党反动派的错误方针与蓄意破坏,导致早期局部抗战遭受重大挫折。

(二)政府层面背景

1933年,时任新疆东路"剿匪"指挥部参谋长的盛世才被推举为新疆临时边防督办,次年正式掌握新疆军政大权,提出"反帝、亲苏、民平、清廉、和平、建设"的口号。[①]到1937年4月,中共派陈云、滕代远等从苏联进入新疆迎接西路军左支队,这是在新疆建立抗日民族统一战线的开始。同年10月,盛世才同意中国共产党在迪化(今乌鲁木齐市)设立八路军办事处,在1937

————————

① 陈纪滢:《新疆鸟瞰》,建中出版社发行,1943年。

年至 1941 年期间中共派遣了包括毛泽民在内的多名干部到新疆任职。与此同时,苏联对中国进行援助,派驻了大量专家与联共(布)党员,支持新疆各项事业发展。

(三)民间层面背景

在苏联的帮助和影响下,1934 年 8 月 1 日,迪化成立了新疆民众反帝联合会(以下简称为"反帝会"),同年 11 月又在伊犁、塔城等地区成立了大大小小 11 个"反帝会",新疆民间反帝抗日势力初具雏形。这一时期,包括但不限于《新疆日报》在内的多家报社在共产党的领导下,纷纷发声引导群众捐款捐物支援抗战。

三、新疆作为西部交通线的作用

(一)产生背景

中国从苏联购买武器计划编订之初,就必须确定运输路线。根据当时中国被日军三面包围的形势,运输路线只有两条:一是以苏联阿拉木图经过伊犁、迪化、哈密到兰州,二是从现在的乌兰巴托经过二连浩特到兰州。经过讨论分析,第一条运输线沿途有一些小城镇,汽车和骆驼运输队等可以获得补给、食宿。乌兰巴托至兰州线沿途城镇稀少,运输颇多不便,而且和敌占区相距较近,容易遭到敌机轰炸。最终确立交通线为苏联的萨雷奥泽克—迪化—兰州,自此之后新疆一直作为西部重要的苏联进口物资运输站。

(二)新疆人民(驿队)在物资运输中发挥的重要作用

在假期,我参观了自治区博物馆,从中了解到一段艰辛的故事。在抗战后期由于英国迫于日本压力,在 1940 年订立《缅甸禁运协定》,中国接受来自美国的援助物资的西南交通线被切断,大批物资积压在缅甸。于是美国将物资转送至印度,再由印度空运至中国昆明,支援前线抗战。由于此航线需经过喜马拉雅山脉,天气情况复杂多变,难以支撑大批量物资运输,常常发生机毁人亡的悲剧。故而美国放弃这套运输方案,将物资运往克什米尔地区的列城,由新疆驿队运往新疆叶城,再由汽车运往内地。这也就意味着平均海拔在 4500 米以上的帕米尔高原要靠驼力与人力翻过。在现代交通中,尽管帕米尔高原上已有成熟的公路交通体系,可每年仍有在路途中因高原反应而发生意外的案例,又何况是在 1940 年,没有任何公路交通体系的情况下怎能不发生意外呢?我印象最深的是途中万古冰川、山险沟深、乱石塞道、空气稀薄。驮马个个受伤不能随行,被就地宰掉,马匹死亡率约为 8%。险峻路段,马骨散乱,成为路标。尽管在这样苛刻危险的条件下,尽管时时刻刻可能面对亲人或自己的死亡, 当时的新疆人民依旧创造了这条古驿道上的最大货物运输量——汽车轮胎 4444 套、军需署军用布匹 782 包、经济部装油袋 588 件、电讯总局呢料 63 捆,此外还有汽车零部件与医疗用品……①这些物资在今天看来似乎没什么,可在当时那个抗战的年代,这些物资就可能成为战场上的一个不容忽视的力量。举个简单的例子,4444 套轮胎就可以"复活"800 余量载重卡车,而它们在前线能发挥的作用又岂止一星半点?

(三)新疆人民对交通线的建设作用

1937 年 7 月 1 日,在新疆域内的霍尔果斯—迪化—星星峡路线全部完工通车,总长 1859 千米。这一工程由国民政府投资,苏联负责设计和提供技术,新疆组织劳力修筑。工程浩大,共耗费人工 323 万工日,挖土方 645 万立方米,崩炸硬石总数为 12 万立方米,完成承重 250 吨的桥梁 2439 座。②

(四)总结

可以说,无论是在工程道路的建设当中,还是在人力驼力的物资运输当中,新疆作为抗日战争的大后方对前线的支援作用是不可忽视的,新疆人民在基础设施建设与物资运输中做出的牺牲与奉献是不可否认的, 新疆各族人民作为抗日民族统一战线的重要组成部分的地位是不能否定的。

---

①② 冯亚光:《抗战时期新疆的大后方作用》,《社科纵横》2003 年第 5 期。

四、新疆各族人民自发性捐款捐物活动的作用

(一)产生背景

1937 年 8 月,在迪化成立了新疆民众抗日救国后援会(以下简称"后援会")。各区均设有分会,各县均有抗日救亡团体(后援会后期并入了反帝会),并且组织了商会、妇协、学生联合会、工人救国联合会等民众团体。在《新疆日报》等主流媒体的宣传下,新疆各族群众,无论是汉族还是少数民族,均积极响应,同时各个剧场与演出团体积极开展义演,在宣传抗战的同时,将所得的收入全部捐给前线。

(二)武器捐助

抗战时期,由于中日工业水平的差距,中国的飞机等大型武器主要依靠国际援助与购买,可由于政府财力有限,故而在战机等武器水平上有较大差距,不及日军的 1/3,这一差距导致我们在抗战初期迅速失去制空权,在空中领域节节败退。

为了抢回制空权,遏止日军的进攻,1938 年新疆民众抗日救国后援会展开了援助前线抗战的活动,在"一切为着抗战的胜利"和"有钱出钱"的口号下,新疆民众展开了广泛的热烈的募捐活动。仅在那一年就募集到 150 余万元(法币),购买了 10 架飞机,命名为"新疆号"运往前线。我家中的老人告诉我说,当时他们在报纸上看到那 10 架"新疆号"参加了武汉保卫战,心里别提有多高兴了。

到 1943 年,在国际反法西斯战争形势好转、中国抗日战争也逐渐进入了反攻阶段的形势下,新疆各族人民积极响应省反帝会关于每个县要捐献购买一架飞机的号召,全疆共募捐了 9.4583 亿元,送往前线用于购买飞机。按照当时价格计算,新疆献机达 134 架之多,超额完成任务。[1]

---

① 新疆维吾尔自治区档案局、中国社会科学院边疆史地研究中心《新疆通史》编纂委员会编:《抗日战争时期新疆各族民众抗日募捐档案史料》,新疆人民出版社,2008 年。

我在博物馆参观时了解到，这些飞机的购置款中虽然有当时的大户人家捐款,但更多的是来自一个个在那个年代本就生活拮据的家庭。最让我感动的是出自一位少数民族老百姓的捐款纸条,写着"我只留一口馕钱,剩下的都去支援抗战"。而据家里老人讲,这绝不是个案,无数新疆各族人民为保卫祖国捐款捐物,体现出强烈的国家认同、民族认同。

五、结论

以上史料与材料的论证充分说明了新疆人民无论是在捐款捐物，还是在保持对外道路通畅方面,都有着无可替代的作用,充分而有力地回击了有些人认为新疆作为抗日战争的大后方,没有受过日寇的直接入侵,就对战争没有贡献的错误观点,有力地证明并维护了新疆各民族是抗日民族统一战线的重要组成部分的历史论断。

抗日战争是整个中华民族的胜利,新疆由于特殊的地理位置,在抗日战争中成为没有硝烟的战场,但却担负起了支援全国抗战的重大使命,成为抗战的大后方。在全民族抗战的大背景下,在中国共产党人的领导下,新疆的维吾尔族、汉族、哈萨克族、回族、柯尔克孜族、塔吉克族、塔塔尔族等各族人民团结一致共赴国难,有钱出钱、有力出力,捐款捐物,通过自己的实际行动有力地支援了抗日战争,为捍卫祖国的独立和统一,确保抗日战争取得最终胜利做出了不可磨灭的贡献。

六、后记

我是出生在中华人民共和国和平年代的新疆人,在这次的探索学习中,我了解到千千万万的普通人,他们来自新疆的各个民族,讲着不同的语言,他们在国家危难来临时表现出的绝不是为了自己的小家苟且偷生、卖国求荣,他们为中国这个大家,为中华民族站了出来,捐款捐物,修路造桥,翻山越岭……

　　无论世界格局如何变化,无论国际上有多少种声音,我们新疆人民还是会继承老一辈人的传统,扎根在这边疆,像石榴籽一样团结在一起,铸就祖国大西部的强大防线!

(新疆生产建设兵团第二中学　吴昊翔　指导教师　陆冲辉)

哈里森·福尔曼镜头下的延安

在延安时期，国民党在各类媒体上对抗日根据地和解放区军民关系进行不公正的报道，强力控制舆论取向。1944年，包括美国记者哈里森·福尔曼（Harrison Forman）在内的一批中外记者，以及美军观察组成员先后来到延安，他们以局外人的视角，用镜头和文字真实客观地记录了延安革命根据地的真实状况，留下了宝贵的历史资料。

1944年的中国正处于全民族抗战的关键时期，中国共产党领导的敌后抗日根据地发挥着重要作用。但此时国共双方仍存在对峙摩擦，这不仅影响了中国内部的政局稳定，也削弱了抗日力量。出于牵制日本的利益需要，美国政府不得不积极调处国共关系，并考虑同中共军队合作。

美军观察组于1944年开始了对延安等中国共产党领导的敌后抗日根据地的考察。这个正式名称为"美军中缅印战区驻延安观察组"的代表团，是"美国同中共领导之间正式接触的开始"。①

与此同时，哈里森·福尔曼冲破重重阻碍，从国民党控制下的重庆一路北上，到达延安及中国共产党领导的华北抗日根据地等地进行战地采访。

照片的意义在于记录真实的历史，是最好的见证者。让我们通过哈里森·福尔曼的镜头回到1944年的延安，回到那段充斥着热与血的不屈岁月。

---

① 于化民：《中美关系史上特殊的一页——中共领导人与延安美军观察组交往始末》，《东岳论丛》2006年第4期。

一、镜头下的八路军和共产党员

图1　延安八路军战士的特写，出自哈里森·福尔曼摄影集(中国部分)，该文献可从抗日战争与近代中日关系文献数据平台上获取

在延安驻扎的是第18集团军总司令部，朱德担任总司令。

位于黄土高原边的延安自然条件十分恶劣，杂草丛生、蚊虫叮咬，但镜头下的八路军指战员仍充满着喜悦和对未来的期盼。当时的中国战火连天，当时的中国政局动荡不安，他们依然坚守自己的初心和使命，依然会在硝烟之中流露出希望和微笑，依然会奋不顾身地投入到抗日战争中，一个个八路军指战员用自己对家乡、对中华民族的热忱之心守护着延安，守护着中国。

他们衣衫破旧，他们步伐坚定；他们的脸上有的布满了皱纹，有的饱受风霜，他们依然会露出微笑；他们的武器装备简陋落后，可是为了民族的复兴，他们奋不顾身！

"八路军的抗战情绪非常高的，听到前方胜利的消息，就也要到前方同他们进行一场竞赛！"①

---

① 林彪:《晋北游击战争纪实:第八路军英勇的战绩》，战时出版社，1938年，第52页。

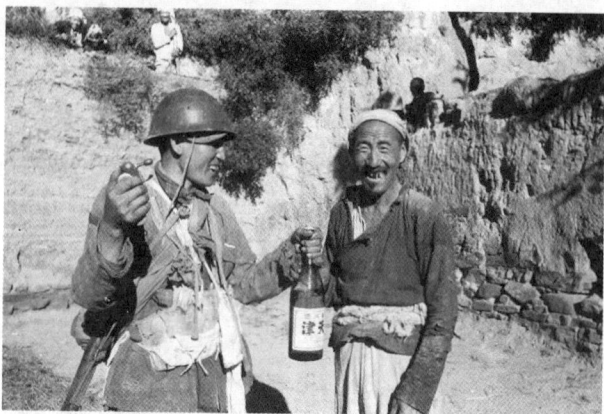

图 2　正在同延安百姓交谈的八路军战士,出自哈里森·福尔曼摄影集(中国部分),该文献可从抗日战争与近代中日关系文献数据平台上获取

八路军和当地百姓互帮互助、团结一致,他们心里记挂百姓,百姓也把他们放在心上,这种军民和谐的氛围深深地打动了美军观察组和记者,他们看到共产党的群众路线已经"臻于成熟",是"民众官吏打成一片"。①

抗战时期广为流传着一句话:"八路军是鱼,老百姓是水。"八路军是人民子弟兵,无论何时,都代表着人民的利益,他们与群众有着天然的联系,而正是这种联系,是"中共自始至终将维护农民的物质利益视为安身立命的重心所在"②,也正是这种联系,使以延安为中心的敌后抗日根据地的革命力量越来越壮大。

"政府对于民众运动,不应该有所怀疑,更不应该有所害怕,而应该上下一心,通力合作。"③所以在中国,是领导八路军的党"发动与武装人民参战,使战争真正成为全民战争"④。

---

① ② 王东维、高晓斌:《外国人看中共:延安时期的党群关系》,《党的文献》2014 年第 2 期。

③ 沙千里:《抗战与民众运动》,生活书店,1938 年,第 8 页。

④ 邵雍:《美军观察组在延安述略》,《中国延安干部学院学报》2018 年第 2 期。

中共及其军队的领导人艰苦朴素的作风同样给来延安考察的美军观察组留下了深刻印象,他们生活清贫,但胸怀国家大志,一屋子人有着相同的理想并共同为之奋斗,在奋斗中也就无所谓享受,无所谓外部条件如何了。他们"将过去战略战术的特长及政治工作的优良传统加以发挥"[1],发扬了"延安时代的俭朴和平等精神"[2],这种艰苦朴素的作风在取得群众信任与尊重的同时也养成了共产党人优秀的品格。

二、镜头下的延安百姓

图3　拿着枪闲聊的延安村民,出自哈里森·福尔曼摄影集(中国部分),该文献可从抗日战争与近代中日关系文献数据平台上获取

延安村民系着防风沙的拢手巾,手中的枪意味着不久他们就会奔赴战场。他们怕不怕? 怕! 但他们也是笑着的。他们知道,手中的枪是民族的希望,他们有着保家卫国的信念,他们是抗日民族统一战线的重要组成部分,是他们配合中国共产党的政策方针,义无反顾地投身于抗击日本侵略者的战争,加速了抗日战争的进程。

---

[1] 朱德:《八路军抗战的一周年》,载《抗日民族统一战线指南》,解放社出版,1939年,第25页。
[2] 王东维、高晓斌:《外国人看中共:延安时期的党群关系》,《党的文献》2014年第2期。

图 4 搬运抗战物资的延安村民,出自哈里森·福尔曼摄影集(中国部分),该文献可从抗日战争与近代中日关系文献数据平台上获取

没有车,甚至连马也送上了前线,他们就用自己的肩膀为八路军扛物资,土路极不好走,有些大箱子甚至还要两个人抬着走。延安百姓在抗日根据地积极配合共产党的各项工作,为中国共产党提供了精神、道义上的支援;他们为共产党搬运抗战物资,为他们提供物质上的支援;他们带着武器跟随共产党上战场,直接配合对日作战,他们紧紧团结在中国共产党的领导下。印证了当时一句话,"天下人心向延安"①。

美军军官布鲁克·多兰是第三批到达的美军观察组一员,他曾到冀中参加地道战,对一位老妇宁死也不向日军泄露地道秘密入口的情况深为感动。他说:"有这样的人民支持,八路军能不打胜仗吗?"②

"受苦受难的弟兄,要勇敢,要坚定!"③中国人民在共产党的领导下积极投身于抗战,他们被中国共产党唤起了希望,他们不再麻木,不再恐惧,他们懂得用自己的双手去创造自己当家作主的国家。

---

① 李国锋:《回望是为了更好的前行》,《解放军报》2018 年 8 月 24 日。
② 何理良:《抗战时期中共和美军观察组的合作》,《百年潮》2015 年第 12 期。
③ 闻捷:《翻天覆地的人》,东北新华书店,1949 年,第 94 页。

三、镜头下的美军观察组

面对远道而来的美军观察组，共产党"有朋自远方来，不亦乐乎"。他们热烈欢迎美军观察组来延安参观，热情亲切地同美军观察组交流互动。

观察组的成员约翰·高林被延安的和谐氛围感染，他写道："领导人轻松地在他们的人民当中走来走去，并且经常和邀请他们的人一起跳舞"，"士兵和军官在轻松的同志式友爱气氛中，相互谈天和开玩笑。在集会上不安排座次，在讨论中，毛和所有其他人都简单地被称作'同志'"。①

图 5　美军观察组成员同延安村民的合影，出自哈里森·福尔曼摄影集（中国部分），该文献可从抗日战争与近代中日关系文献数据平台上获取

经过同延安军民的相处，美军观察组成员融入延安，这里的生活虽然俭朴，但永远充满了一种积极向上的朝气，他们被延安所吸引。

此次美军观察组来到延安，打破了国民党对根据地的封锁，使美国对中国共产党的政治和军事力量有了了解和认识，对抗日根据地有了更为理性和全面的了解，有利于减轻国民党对抗日根据地的步步紧逼。而且观察组的

---

① 李鸿雁、杨丽娟：《抗战后期美军观察组眼中的延安：一个孕育着中国希望的圣地》，《北京日报》2018 年 3 月。

到来表明了中共与美国建立了"一定程度的外交关系"①,证明了中共国际统战工作的成功。通过与美军观察组交往,中国共产党向美方表明了对中国未来和平发展的希望和对内战的担忧,"我们抗日民族统一战线是包括资产阶级及一切同意保护国家的人"②。最后,此次来访使美军获得了更详细的日军情报,增进了中美两大盟邦的团结,有利于反法西斯战争的胜利,也加速了中国抗战胜利的进程。

此次美军观察组来延安,使中国共产党与美国之间第一次建立起正式联系,也使中国共产党在处理外交关系上迈上了一个新台阶,这也成为中华人民共和国成立后中美关系建立的起点。③

在这次接触之前,美国人对延安的印象是复杂的,一边是西方进步记者报道中的"红色延安",一边是国民党政府宣传的"反动延安"。经过与延安军民九百多天的相互沟通和交流,他们最终看到了一个真正的延安,这里是太阳照耀的地方,是一个孕育着中国希望的圣地。

(山东省青岛市第一中学 许馨心 指导教师 刘玉琦)

---

① 赵红:《美军观察组来延安对中共与美国关系的影响》,《延安大学学报》2005 年 4 月。
② 佚名:《党的政策选集》,第 20 页。
③ 邵雍:《美军观察组在延安述略》,《中国延安干部学院学报》2018 年第 2 期。

中国红十字会与上海南市难民区

1937 年 8 月 13 日,黄浦江畔,硝烟滚滚,战火纷飞,淞沪抗战爆发。中国军队英勇战斗 3 个月,给日军以沉重打击,但无奈实力对比悬殊,11 月 12 日上海失守,东方第一大都市就此沦为"孤岛"。但是 3 天前的 9 日,一个由上海国际红十字会组织,面积约占上海老城厢 1/3 的南市难民区成立了,给战火中的难民带来生的希望!

一、缘起

战争是残酷的。战地周边数十万中国和平居民遭受战火折磨,纷纷涌入上海,成为难民。此时的上海,只有少量难民收容所及租界可以收容部分难民,大量难民聚集在租界周边,寄希望于能穿过租界与华界之间的铁栅门,以寻求"生"的保障,毕竟当时的日军还不敢公开威胁租界的安全。随着战事进展,紧邻法租界的南市地区成为难民的主要聚集地,他们的饮食、卫生、安全状况牵动着许多慈善人士的心。特别是随着冬天到来,如果不能解决好难民问题,必然会产生极大的人道灾难。在这危急时刻,身为上海国际红十字会副会长的饶家驹神父,积极运作,计划在南市地区成立一个保护难民的安全区域,即"饶家驹难民区"。

饶家驹,1878 年出生于法国,1913 年来到中国传教。他会说一口流利的上海话,除了传教外,还非常热心慈善事业,有丰富的难民救助经验。"八一三事变"发生后,饶家驹担任上海国际救济会常务委员,在淞沪抗战初期收容了大量难民。

二、过程

淞沪战事扩大,难民如潮水般涌入上海城内,人道危机一触即发。10月2日,中国红十字会联合在沪的中外慈善人士成立了"中国红十字会上海国际委员会"(亦称"上海国际红十字会"),选举中国红十字会原会长颜惠庆为主席,饶家驹等3人为副主席,全面承担起上海地区难民救助的责任。①上海国际红十字会下设5个分委员会,其中饶家驹负责最为重要的难民委员会工作。在从事难民工作的过程中,他提出了在南市地区成立难民区的主张。

南市与法租界接壤,但法租界当局很早就将租界、华界完全隔离,并关闭了大部分进出铁栅门,严格控制进入租界的人数。此时,25万难民徘徊在南市大街小巷,惶惶不可终日,若不及时收容,后果将不堪设想。

目睹了这一切,10月底,饶家驹牵头成立了南市难民区监察(管理)委员会,秉持红十字运动"中立、人道"的原则,积极奔走于上海市政府与日本驻沪领署、侵华日军司令部之间,各方就对在沪难民实施救助问题达成初步共识。随后饶家驹起草了一份协议,首先表明为保护非战斗人员,特别是妇女和儿童的生命与安全,请求中国政府在南市划出一处安全区域设立难民区,由中日双方保证不在此区域展开军事活动。其次拟定难民区的大致范围,同时声明此区域仅为暂时性质,直到中日战争结束为止,不得以任何方式损害中国主权。任何没有携带武器的平民,都可以进入此难民区避难。

当时中日两国正处于战争状态,不可能坐在谈判桌前商讨难民问题,在这种情况下,饶家驹充分利用其高超的交际才能,克服种种困难进行斡旋。首先,他多次与上海市政府磋商,表明难民区性质只是非常时期的救助之策,并非变相之租界,内部治安由中方负责,并最终确定了难民区的边界。接

---

① 中国红十字会上海国际委员会编:《上海国际红十字会报告(民国二十六年十月至二十八年三月卅一日)》,1939年,第1—2页。

着,他又获得了英、法、美等国驻沪领事的支持与协助。最后,通过多种渠道,饶家驹与日方反复多次进行洽谈,终于使其基本同意了难民区的设置。

11月8日,上海市政府发出公告称:"据中国红十字会上海国际委员会建议,在本市沪南区……之区域划为难民区,以为战区难民暂时寄托之所……绝不损害我方丝毫领土主权。"①9日,南市难民区监察委员会发布声明:"难民区设立之提议,现已获得中日双方之同意。三方面此项努力,纯出于人道动机。此项办法绝不损害中国主权。"②当日下午5时,难民区举行成立升旗仪式。3天后,上海失守。

南市难民区成立后,饶家驹和上海国际红十字会同人进驻安全区,在一线直接为20多万难民服务,并按照日常办事、粮食分发、难童管理等方面需求设立机构,由专人负责管理,难民区的组织工作渐渐成形。其间,他们与日本占领当局多次交涉,挫败了日军企图进入安全区、封锁安全区、取消安全区的种种图谋。同时又多方联络国内外慈善人士积极募捐,为维持安全区的运转殚精竭虑。饶家驹还受中国红十字会委托,前往美国进行募捐,他受到了罗斯福总统接见,③筹集到的大量捐款源源不断汇到国内……

三、回响

在中国红十字会积极运作之下, 南市难民区一直延续到1940年6月30日结束。在900多天时间里,它为30万上海难民提供了保护。正如英国著名记者田伯烈所言:"成千成万的难民,为死亡所威胁,为黑暗所包围,他们的一线曙光,只是希望能够达到一个外国人管理的安全区域。去年十一月

---

① 《南市划难民区,市府布告,实行纯系国际救济性质,绝不损害领土主权,今日中午起开始》,《申报》1937年11月9日。

② 《南市难民区实现,昨日开始收容,四周屋顶悬红十字旗,市警察武装维持治安,委员会发表声明》,《申报》1937年11月10日。

③ 《饶神父为我国难民请命》,《新闻报》1938年5月28日。

间,上海饶神父曾在南市设立难民区,容纳二十五万人,这是一个不可掩饰的功绩。"①

由南市难民区的设立而形成的"上海模式",之后在南京、杭州、汉口、香港、广州、福州等地得到"复制",50多万难民得到救助。②当时人们亲切地称饶家驹为"人道的战士""上海难民的保姆""难民之父"。③1938年3月,蒋介石还专门致函饶家驹,"代表全民敬致最诚挚之谢忱"④。

1946年9月,饶家驹在德国柏林逝世。1949年8月,《关于战时保护平民之日内瓦公约》(即《日内瓦第四公约》)公布,其第十五条"一般背景"中明确指出:"1937年中日战争期间,一个中立区也在上海建立起来……它被称为饶家驹区,是为了纪念成立这个区的人。"⑤《日内瓦第四公约》是国际人道法的重要组成部分。"上海模式"作为战时难民救助成功的典型案例,被国际人道法所吸收,既是饶家驹的创举,也是上海国际红十字会的贡献。

饶家驹有一句名言:"我将为不幸的人,尽最后的力量!"⑥这是他的大爱和伟大之处,也是红十字运动始终散发着人道光辉的原因所在。抗战期间,像饶家驹、白求恩、柯棣华等来自世界各地的红十字工作者们,用他们的努力拯救了数十万饱受战火折磨的中国人民。他们支持了中华民族抗战,也为抗战胜利后中国的建设做出了贡献。国际红十字会诞生于战火之中,却用双手帮助了一个个无辜的难民远离战争。他们用赤诚之心,为每一场残酷的战争带来温情与人道。正如习近平总书记所说的:"红十字组织是全世界影响

---

① [英]田伯烈:《外人目睹中之日军暴行》,杨明译,江西人民出版社,1986年,第1页。

② [美]阮玛霞:《饶家驹安全区:战时上海的难民》,白华山译,江苏人民出版社,2011年,第171页。

③ 苏智良:《"难民之父"饶家驹》,《光明日报》2015年10月8日。

④ 《蒋介石致饶家驹神父的信》,转引自池子华总主编:《中国红十字运动通史(1904—2014)》第1卷《近代的红十字运动历史变迁》(下),合肥工业大学出版社,2018年,第438页。

⑤ [美]阮玛霞:《饶家驹安全区:战时上海的难民》,白华山译,江苏人民出版社,2011年,第180–181页。

⑥ 转引自苏智良主编:《饶家驹与战时平民保护》封底,广西师范大学出版社,2015年。

范围最广、认同程度最高的国际组织。红十字是一种精神,更是一面旗帜,跨越国界、种族、信仰,引领着世界范围内的人道主义运动。"①

(安徽省合肥市第一中学 章悦茗　指导教师 肖琼)

---

① 习近平:《中国红十字会做了很多好事、善事》,长春市红十字会网站,http://www.changchunredcross.org.cn/honghuigaikuang。

三等奖

在抗日战火中淬炼

——以一个普通农家在抗战中的经历为例

　　我的家乡是山东泰安,我从小听着姥姥讲述泰安人民抗战的故事长大。跟着姥姥在泰山脚下游玩时,每到一个地方,姥姥都能讲出一个相关的抗战故事:徂徕山大寺起义、泰山顶巧擒日寇、游击队界首炸铁道、蒿里山阻击战……一件件可歌可泣的抗战壮举,如星星之火,最终在整个泰安地区形成燎原之势。

　　姥姥之所以对泰安的抗战历史了解很多,是因为姥姥的叔叔、我的叔太爷,因为饥寒交迫,1934年就从家里跑出来跟着共产党闹革命。叔太爷原名查桂海,在闹革命的过程中因为坚定地跟敌人对着干,很快成长为游击队的一名领导人,遭到了国民党顽固派、地主还乡团和日本侵略军、伪军的围追"剿杀"。叔太爷于是化名李兴华,取振兴中华的意思,隐姓埋名继续闹革命。叔太爷读过几年书,革命意识觉醒比较早,很快就分清了共产党与国民党的本质区别,一心一意跟着共产党闹革命。但是家里其他亲人,包括邻近村里的亲朋好友,对共产党与国民党的本质区别模糊不清,甚至日军侵入中国,一些老百姓的想法是:管他什么党,管他日本人还是中国人,我只要按时缴税纳粮就跟我没关系。但是敌人的反动凶残本性很快就打破了普通老百姓过太平日子的最后一点残梦。

　　随着日军侵略的步步紧逼,日本侵略军为了保护交通中枢津浦线,加紧了对泰安的"铁壁合围",并对泰山区抗日根据地进行了疯狂"扫荡"。国民党的山东省主席韩复榘执行不抵抗政策,带着国民党驻守山东的10万大军闻风而逃,并在逃跑路上展现了"抗日不行、扰民有余"的腐朽反动本性,给日本侵略军铁蹄下的泰安老百姓又加重了一层灾难。

有一天晚上，叔太爷回家乡泰安良庄宣洛村执行任务，没想到一进村就被汉奸发现，很快日本人骑着大洋马进村搜捕叔太爷。情况紧急，叔太爷从自家院子里翻墙而出，又连续翻过五六家院墙，进入本村的瘸子奶奶家。这家奶奶因为腿脚瘸瘫，长期卧床。叔太爷从院墙跳入她家后，这家人急中生智，把叔太爷塞入瘸子奶奶瘫卧的炕洞里面。日本人闻风追来，翻遍了瘸子奶奶家的角角落落，唯独没有翻查瘸子奶奶身下臭气熏人的炕洞。叔太爷保住了，但叔太爷的亲人和乡邻遭了殃，日本侵略者把他们集中起来，逼着他们交代叔太爷的去向，其实亲人们也不知道紧急之下叔太爷藏在哪儿了。叔太爷的亲弟弟当场遭到日本人的大狼狗撕咬，被撕得血肉模糊的叔太爷弟弟临死之前悲愤地说："早知道日本侵略者这么凶残无理，我就同我兄弟一起跟着共产党闹革命了。"村里还有几个无辜的亲友被当场打死。在残酷的现实面前，大家终于认清了日本侵略者的凶残本性，终于明白了：国难当头，覆巢之下岂有完卵！个人不能超脱于国家和民族命运之外，"苟且偷生的顺民"是做不成的，只有跟着一心为了解救穷苦百姓的共产党闹革命才能活下去。

凶残的日本侵略者把村里蹂躏一番后终于走了，但他们对姥姥一家布置了暗哨，准备时刻抓捕叔太爷。姥姥的家门外就是汶河，姥姥的三个哥哥，也就是叔太爷的三个亲侄子，那时还是孩子，凶残的日军暗哨每次监视不到叔太爷的踪影时，就拿他们撒气，他们都是在家门前的河堤上，先后被日本人的暗哨给隔着汶河枪杀了。姥姥的姐姐，也就是叔太爷的大侄女，是十里八乡有名的漂亮姑娘。叔太爷的哥哥嫂子，也就是姥姥的爸爸妈妈，为了报答瘸子奶奶对自己弟弟的救命之恩，强迫自己如花似玉的大女儿嫁给了瘸子奶奶的丑孙子——也就是后来我的姨姥爷，如果姨姥姥不嫁过去，没有姑娘愿意嫁给他，他们家就绝后了。

姨姥姥嫁给姨姥爷时，中华人民共和国已经成立了，叔太爷当时已经成了山东省济南市政府的领导干部。叔太爷、姨姥姥都反对嫁人报恩的做法。叔太爷主张可以给钱给物或用其他方法报恩，姨姥姥不想嫁给又丑又穷又无能的姨姥爷，但是叔太爷工作太忙，经常出差不在家，我姥姥的爸爸妈妈意志坚定,本着有恩必报的朴素思想,为了让瘸子奶奶家好人有好报,也担心别的媳妇进门虐待瘸子奶奶和老实无能的姨姥爷,坚持把姨姥姥嫁了过去。

姨姥姥嫁过去后,被她的公公婆婆和我姨姥爷各种疼爱,虽然生活在农村,但一辈子没下田干过力气活。连姥姥都说:"姨姥爷虽然丑点,但姨姥姥一辈子过得也是幸福的。"叔太爷一直对报恩下嫁的姨姥姥心怀歉疚。后来叔太爷调任上海市邮政局局长,叔太爷做的第一件事,就是把姨姥姥、姨姥爷接到上海住了很久。姨姥姥家的五个孩子、我姥姥及一个舅爷爷上学的学费、生活费一直都是叔太爷供应。叔太爷每月发工资后的第一件事,就是由叔太爷的妻子把工资中的一部分拿出来,寄给老家的这些亲戚,直到亲戚家各个孩子都学成一技之长有了谋生的饭碗,叔太爷才停止了对老家亲人的接济。在叔太爷的帮助培养下,姨姥姥家的五个孩子先后考上大学,成为医生、大学教授、军官。

抗日战争虽然离我的生活很遥远,但通过姥姥讲述的家族故事,我总能清晰地触到这段历史中的某些点。我在抗日战争数据文献平台上读了很多山东及泰安地区的抗日战争史料,读到史料中诸如"军民鱼水情谊深""兵民是胜利之本""人民群众是战争最深厚的伟力"这些话时,眼前总能闪过瘸子奶奶智救叔太爷的场景。叔太爷因为有知识有文化,面对国破家亡的社会现状和当时国共两党的斗争,他比一般群众觉悟得早、觉悟得深,所以早革命、早解放,为抗日战争也为中国革命的胜利做出了贡献,自己也成长为一名光荣的八路军干部。而很多没有觉醒的亲人或乡亲们,却冤死、惨死于凶残的敌人之手,等到付出沉重的代价后才明白过来。

我们家族在抗日战争中的悲欢遭际,像极了当时千千万万的普通家庭:家中有进步青年也有落后保守的亲友,家族为抗战做出了牺牲奉献也有收获成长,其中的事迹引人深思,耐人寻味。愿我们大家都铭记这段抗日历史,以史鉴今,认清并顺应时代潮流,主动把自己的命运和国家民族的命运紧紧连在一起,主动迎接社会大时代的挑战,创造中华民族更加美好的明天。

(北京师范大学第二附属中学 李奕颖)

人民的力量

——从《中国必亡论》到《国史大纲》

　　1931 年 9 月 18 日夜,在日本关东军安排下,铁道"守备队"炸毁沈阳柳条湖附近的南满铁路路轨(沙俄修建,后被日本所占),并栽赃嫁祸于中国军队。日军以此为借口,炮轰沈阳北大营,是为"九一八事变"。次日,日军侵占沈阳,又陆续侵占了东北三省。1932 年 2 月,东北全境沦陷。

　　1932 年 5 月,一位医生完成了一部作品——《中国必亡论》。这位医生便是时任广东省佛山崇德医院院长、广东光华医科大学药物学教授的梁心。身为医生,梁心一生著作颇丰,有《新药大成》《痔核注射疗法》《药物学临床注射宝典》《无痛的分娩》《全古诗》《国耻纪要》《红楼梦索真》《中国必亡论》《对日作战方略》等。医生除了治病救人尽力于本职工作之外,还以笔为刀给自己的祖国剖析病因。他在《中国必亡论》一书的序言中列举了当时中国的种种问题,阐述了中国人民当时懒散无忧患意识的表现,如"无强固团结力、无捍国之组织、无一贯之恒心、无坚毅之责任、具慕富贵之虚荣、图利禄而忘雠仇、言论多而实践少"①。书中,梁心哀婉地说:"全国病态为期已陷入膏肓矣,外侮自外侮,内残仍内残。"的确,当时中国以蒋

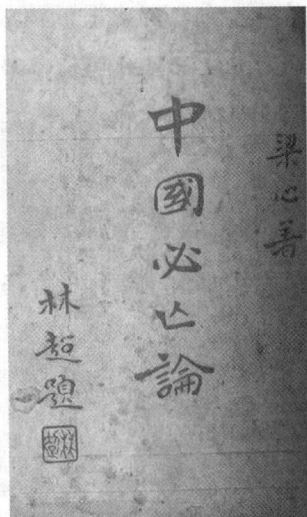

图 1 《中国必亡论》书影

---

　　① 梁心:《中国必亡论》,1932 年。

介石为首的国民党坚持"攘外必先安内",对日采取"不抵抗政策",继续加大对共产党"围剿"的力度。而一些国人甚至还当了汉奸走狗,对国家的安危漠不关心……面对种种状况,作为医生的梁心写下《中国必亡论》一书,阐释当时社会的问题,也算起到了警示国人关注祖国安危的作用。

1985 年,中国台湾作家柏杨著有《丑陋的中国人》,该书结集作者的数十篇杂文,主要内容也是批判中国人的劣根性。也许,和梁心的这本《中国必亡论》一样,观点未必十分正确,只是有着"恨铁不成钢"的态度。对此,冯骥才在《中国人丑陋吗》一文中的回应是:"鲁迅先生的重要成就是对中国人国民劣根性的揭示;柏杨先生在《丑陋的中国人》所激烈批评的也是中国人国民性的负面。应该说,他们都不是进行严谨而逻辑的理性剖析,而是凭着作家的敏感与尖锐,随感式却一针见血地刺中国民性格中的痼疾","其实任何国家和地域的集体性格中都有劣根。指出劣根,并不等于否定优根。应该说,揭示劣根,剪除劣根,正是要保存自己民族特有的优良的根性"。①

1933 年,阳江梁编著的《对日作战方略》出炉。与 1932 年的《中国必亡论》相比,《对日作战方略》应该被称为"日本必亡论"。这是两本截然不同的书,"或许梁心后来写作《对日作战方略》是对其上一本《中国必亡论》的纠偏与完善"②。

下面是《对日作战方略》的目录:

第一篇 唯战论

　　第一章 作战可以救亡

　　第二章 作战之优胜点

　　第三章 作战之顾虑点

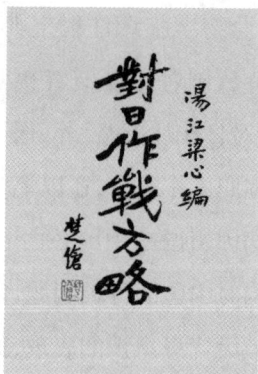

图 2 《对日作战方略》书影

---

① 冯骥才:《中国人丑陋吗?——柏杨〈丑陋的中国人〉序言》,《杂文选刊》(上旬版)2008 年第 6 期。

② 康康:《1933,一个医生眼中的对日作战》,2017 年。

第五章 我国应付世界环境之捭阖政策

第六篇 作战之筹备

第一章 财政之建设

第二章 粮食之建设

第三章 武力之建设

第四章 交通之建设

第五章 科学之建设

第六章 心理之建设

第七篇 作战方略

第一章 攻的方面

第二章 守的方面

第三章 行为的方面

第八篇 结论

第一章 我国不败之五大战策

第二章 亡国奴而可为哉

第三章 无敌国外患国恒亡

第四章 日本之必亡

而《中国必亡论》一书的章节安排：

自序

绪论

第一章 无强健之意志

第二章 无持久之能力

第三章 无寄托之精神

第四章 无强固团结力

第五章 无捍国之组织

仅是对比两书目录，我们都能看到梁心的进步。虽然《对日作战方略》"部分论点不无幼稚之处，反映出作者所代表的一大批人看待问题难脱旧时窠臼，但仍有部分论点则未必不是真知灼见，这些观点与叙述至少足资反映当时一部分人对未来中日大战的看法与期待"[1]。

书中第一篇第二章"作战之优胜点"第三节写的是"有输财之民众"："民穷国窘之处境，在今日言战，似乎困难。然除战之外，吾人已感无他出路，民气磅礴，弥漫全国，必惟战然后能得人民之同情，惟战能得人民之输助，马占山孤军一战，而人民集资援黑之款，一呼号间，便不下三四千万……故就经济方面而言之，可以作战者三。"[2]第四节写的是"有激昂之民气也"，而第一节是"有优裕之国力也"，第二节是"有能战之陆军也"。

---

① 康康：《1933，一个医生眼中的对日作战》，2017 年。
② 梁心：《对日作战方略》，1933 年。

从这几点内容的编排顺序,我们是否可以窥见梁心思想的进步与不足?中国确有优裕的国力,也有能战之陆军,但战争胜利的根本在哪里呢?梁心把富人的捐输列为"作战之优胜点"第三点,而把"激昂之民气"列为第四点,"然而,当偶尔出现的英雄壮举被漫长的,看不到终点与胜负的总体战、拉锯战取代时,人们时时都得应付不断袭来的军事需索,这种抗战热情究竟能持续多久呢?"①这也许是出身富有家庭的梁心的局限性。"民气磅礴,弥漫全国"的局面在当时中国也并不乐观,必亡论还是很有市场。

1938年,为坚定全国军民抗战的决心,为指引全国人民正确开展抗战,毛泽东写下了《论持久战》:"抗日战争是持久战,最后的胜利是中国的。"通过"防御中的进攻,持久中的速决,内线中的外线""消耗战,歼灭战""乘敌之隙的可能性""兵民是胜利之本"等篇章来向广大群众解释清楚为什么要进行持久战,如何取得抗日战争胜利等。毛泽东反复强调着"抗日战争是持久战,中国必将取得这场战争的最后胜利"。

毛泽东的《论持久战》与梁心的《对日作战方略》有相似之处,但绝对比梁心的作品更有洞见。两个作品中都提到需要得到人民的支持及全中国人民的团结一心才是可以获得抗战胜利的基础。但是在梁心那里,并未把民众视为战争胜利最重要的因素。而毛泽东认为"兵民是胜利之本","武器是战争的重要的因素,但不是决定的因素,决定的因素是人而不是物。力量对比不但是军力和经济力的对比,而且是人力和人心的对比。军力和经济力是要人去掌握的"②。毛泽东超越了梁心的高度。"战争的伟力之最深厚的根源,存在于民众之中。日本敢于欺负我们,主要的原因在于中国民众的无组织状态。克服了这一缺点,就把日本侵略者置于我们数万万站起来了的人民之前,使它像一匹野牛冲入火阵,我们一声唤也要把它吓一大跳,这匹野牛就非烧死不可。"③

<hr>

① 康康:《抗战时期富人的义务》,2017年。
② 《论持久战》,载《毛泽东选集》第二卷,人民出版社,2006年,第469页。
③ 同上书,第511—512页。

"估计军事实力时,必须将共军及其潜在民众之中广泛的武装力量考虑在内。在民众和共军的相互关系上,不论是由于共军的压力或是思想上的影响,民众有机地组织活动与党的地下工作相配合,就能起到加强共军实力、协助其战斗的作用。因此,也可以说,实际上扰乱我们治安就在于这些民众。"①这是日本战史《华北治安战》中所述内容。

1940年,钱穆先生在《国史大纲》的序言中说:

一、当信任何一国之国民,尤其是自称知识在水平线以上之国民,对其本国已往历史,应该略有所知。

二、所谓对其本国已往历史略有所知者,尤必附随一种对其本国已往历史之温情与敬意。

三、所谓对其本国已往历史有一种温情与敬意者,至少不会对其本国已往历史抱一种偏激的虚无主义,亦至少不会感到现在我们是站在已往历史最高之顶点,而将我们当身种种罪恶与弱点,一切诿卸于古人。

四、当信每一国家必待其国民具备上列诸条件者比较渐多,其国家乃再有向前发展之希望。②

在艰苦卓绝的抗战中,钱穆先生随着西南联大辗转到了昆明,在那里,他紧急编著了一本书,这就是《国史大纲》。编写这本书的目的很简单,为了"保留文萃,以期复国"。这话听起来无比心酸,但是文中"当信任何一国之国民"一语却铿锵有力。作者心系祖国,对祖国有着深深的依恋,在当时历史背景下,作者书中的内容处处以国家、民族为中心,挖掘出了中华民族独特的历史文化资源和内在的精神力量。

对,持续了十四年之久的抗战,我们打得十分艰难。1931年,九一八事

---

① 日本防卫厅防卫研修所战史室编:《华北治安战》(上下册),樊友平、朱佳卿译,傅羽弘校,团结出版社,2016年。

② 钱穆:《国史大纲》,商务印书馆,2013年。

变爆发,日军开始在我国的土地上,进行自己的侵略战争。也就是从那个时候开始,这场战争,我们打了十四年。这十四年,我们付出的艰辛难以想象。1932年,梁心医生认为中国必亡,因为人民"尚未有精诚团结之表现"。1933年,还是这位医生,写下《对日作战方略》,"夫战亡,不战亦亡,与其不战而亡,毋宁战亡",我们"有输财之民众、有激昂之民气"。1938年,毛泽东写下《论持久战》,"战争的伟力之最深厚的根源,存在于民众之中"。1940年,钱穆写《国史大纲》,"当信每一国家必待其国民具备上列诸条件者比较渐多,其国家乃再有向前发展之希望"。1945年8月15日,日本天皇宣布无条件投降。1945年9月2日上午9点,在停泊于东京湾的美国战列舰密苏里号上,日本外相重光葵在投降书上签字,第二次世界大战结束。这是近代以来中国第一次的全民族抗战,也是第一次反侵略胜利。

要证明什么是正确的吗? 没有什么比史实更有力量的了。我们赢了,人民赢了。奋斗,"当信任何一国之国民",不管遇到什么艰难,不管在哪个时代,领导、组织人民,团结一心向伟大目标出发,便是胜利!

中国人有缺点,但,中国人是爱国的,当自己国家有难,总有那么一些英雄为自己的祖国默默奉献。家国情怀,让他们把自己托付于祖国,把自己的利益与国家的利益相结合,为祖国奉献自己。医生、革命家、史学家和千千万万个中国人一样,为祖国抛头颅、洒热血。古往今来,依靠人民创造历史伟业的事件不计胜数,而因为没有以民为本、不关注民生导致全军覆没的悲剧更是数不胜数。没有全民族共同团结而为中国抗日战争付出汗血,也就没有1945年8月15日日本投降而中国胜利的一天了。我们应向伟大前辈们学习,纵使没有像范仲淹一般"先天下之忧而忧,后天下之乐而乐"的伟大志向,我们亦可以怀着一颗家国情怀的爱国之心,心怀梦想,带着诗和远方,一起为中华民族伟大复兴而奋斗,见证这一东方古国之崛起。

(广东省东莞市东莞高级中学 梁咏轩 指导教师 陈娓斯)

天地能知许国心

负弩效前驱,碧血黄沙殉一死;遗骸正丘首,青山白骨共千秋。

——国民革命军第 48 军军长苏祖馨挽 176 师阵亡将士联

已近立夏,这燥热的天气使人很有些心烦意乱。偏偏又赶上庆祝我爷爷(沈友三,原罗汉乡七里村沈湾组人)生日的日子,小小的屋子一大早就挤满了人。爷爷今年 88 岁了,这次生日自然是要热闹庆祝一番。我父母还有七大姑八大姨忙活了一上午,才张罗好一大桌菜。在亲朋好友喧闹的祝福下,爷爷多喝了两杯。或许是酒有点上头,爷爷脸色通红,一直嚷嚷着叫

图 1　我的学校安徽省潜山野寨中学

我下午陪他回老家收拾东西。我很乐意,因为爷爷年纪大了,妈妈想让他搬来和我们一起住,但我总觉得爷爷眼里透出几分深切的不舍与留恋。

到了老家,看着爷爷佝偻着身子,一件一件收拾着那些在我们看来是废品的东西,小心翼翼却又虔诚无比,我有点恍惚了。在我印象里爷爷是一个比较严肃的人,可能是因为他当过兵,我和他并不是很亲近。"啊呀!"正在思绪迷离时,我不小心打翻了爷爷最珍视的那个铁盒子,里面的小物件散了一地。"不好,这下我可要被爷爷骂惨了,以前这个盒子他碰都不让我碰呢!"我心里忐忑不安到了极点。没想到爷爷只是轻轻俯身捡起了一个泛黄的弹壳,

眼里满是柔情,还招呼我到床上去坐一会儿。我疑惑不解,心想爷爷怎么这么和蔼可亲了,但还是遵从了他的命令。"妮啊,你知道爷爷为啥让你努力学习考上野寨中学吗?"我摇了摇头。"那你就听爷爷讲个故事吧。"

图2　176师抗战老兵

说完,爷爷便陷入了对那段峥嵘岁月的回忆。"在我们年轻的那个年代啊,日本侵略中国,打仗是常有的事。我呀,也没啥远大抱负,就跟着一支部队,就是176师打打杂,也就是你们现在所说的后勤工作。他们是广西人,人生地不熟,我就给他们做向导。当时我们家里穷,吃野菜,喝稀粥,但他们是要打仗的,所以哪怕是家里省吃俭用要管他们吃饱喝足。实在没办法了,没有粮食,就挖野菜给他们,这也是我们节省下来的粮。""你问这176师啊?国民革命军176师是抗战期间一支活跃在大别山山区,进行敌后游击作战的国民党部队,它隶属于桂系,这支队伍在打日本鬼子的事情上做过重要贡献呢。"

我来跟你详细说道道:"1937年7月,卢沟桥事变爆发,日本全面侵华战争爆发。1937年8月20日,国民政府下令将西南各省的国民党地方实力派军队编成四路预备军开赴前线。其中广西的军队被编成第一预备军,司令长官李宗仁。原桂系的第15

图3　校园景忠亭内的纪念碑志

军改为第 48 军,下辖 176 师等 7 个师。9 月中旬,第 48 军作为先遣部队出兵北上,行至武昌时,因上海战事吃紧东进驰援淞沪战场。桂系第 7 军随后也增援上海,鉴于战局实际情况,为便于调度指挥,第 48 军与第 7 军另编为第 21 集团军,原第 7 军军长廖磊升任集团军司令,第 7 军军长由周祖晃接任。176 师属第 21 军团,参与淞沪会战。"听到这里我就疑惑了,平时记忆力不好的爷爷对往事竟然记忆得如此清晰,而且有些不是他亲身经历的,他也说得很清楚,这可算得上很不容易了。"那爷爷再给我讲讲你们抗战的故事吧!"爷爷可兴奋了,娓娓道来……

"要吃鬼子肉,除非一七六。"光是从这个民谣就可以看出 176 师的抗日功劳。1940 年,我爷爷娶了我奶奶,有几亩薄田,但在那个年代从来没过过幸福快乐的日子。日军在花山尖保卫战失利后,丧心病狂,兽性大发,他们见人就杀,见房就烧,见妇女就淫。爷爷告诉我,仅在李老屋一次就杀死 12 人。日本侵略者在黄泥凸抓住一姓蔡的农民,枪杀后还用刺刀剖开胸腔,割下血淋

图 4　校园内的景忠厅有 176 师抗战史展

淋的心肝食用。有的妇女被玷污后,双脚倒吊在两棵松树上,鬼子先将两棵树合拢,扭绑后将树松开,借树的弹力将人体撕成两半。日军犯下的罪行,罄竹难书,令人发指。我爷爷听到这些惨况后,义愤填膺地找到了 176 师,他要求当兵,虽然没能成为一名正式的士兵,但他一直跟随 176 师尽上自己的一点绵薄之力。

1940 年 10 月 16 日,驻守安庆的日军 116 师团趁 176 师换防之际,派兵分别从怀宁县月山、洪镇、甘露庵出发进袭潜山。18 日拂晓,日军进攻潜山县城,守军 526 团顽强抵抗。日军 300 余人经界牌石前来增援,526 团因

众寡悬殊撤至野人寨,潜山沦陷。176 师随即决定再行收复潜山县城。他们进行了一场恶战。爷爷回忆,那天天空晴朗,大地死一般地寂静。突然,一声炮响,震得山野回音。一时间,步枪声、机枪声、炮声大作,炮弹炸得山丘沙石横飞,硝烟弥漫。爷爷吓坏了,他除了一把斧头啥也没有,只好回家去。后来才知道,这场战役中 176 师 526 团击毙日军数百名,打死日军战马 12 匹,击沉日舰艇 1 艘,击落日机 1 架。虽然战果显著,但自己伤亡也很大。爷爷没有上战场杀敌,但他看到这样的场景, 记忆深刻。176 师"越时六年,转战数省,大小百战,歼敌数千",自损"中级军官六员,下级军官八十九员,士兵三千六百一十八名"。1943 年 9 月,当时的政府及社会各界共搜集到 176 师牺牲的 985 具将士遗骸,集中安葬在天柱山麓潜河之滨的野人寨,并设立景忠学校,校因陵建,以校护陵。今天的野寨中学是省级示范高中, 校训为景忠成人。"这也是我对你的期望啊。"爷爷说到这里, 眼泛泪花,

图 5 矗立在校园内的 176 师阵亡将士纪念塔

似乎想起了自己当时含泪搜寻他们尸骨的情景。"那漫山遍野的尸骨是我这辈子最大的痛苦,多数人死得连尸身和头部分离,衣服也破破烂烂,根本就找不到他的姓名。我只能偷偷捡了个弹壳以作纪念。他们都是我们的民族英雄,为了抗日救亡,这是他们的荣耀!"爷爷叹了口气。"那野寨那个清风亭下的千人坑便埋葬的是他们了?""是的,他们都是烈士,理应得到善待,我每年

都会去祭奠他们。"

"那爷爷也是抗日英雄！"我眨巴着眼睛望向爷爷。爷爷脸色又红了几分，看向我，道："妮啊，你一定要好好学习，勿忘国耻，爱我中华，忘记历史就是背叛未来。日本现在还有一部分军国主义者不认罪啊，现在好了啊，有共产党的坚强领导，我们走出了特色社会主义道路，正迈向中华复兴新时代。天下兴亡，匹夫有责，你们这一代也要担负起这个责任啊。"我望着爷爷的眼睛，郑重地点了点头。

图6 校园内的忠烈祠

一段岁月，波澜壮阔，刻骨铭心；一种精神，穿越历史，辉映未来。我生活在一个和平的年代，却不能忘记战争曾带来的痛苦。抗日精神就是"天下兴亡，匹夫有责"的爱国情怀，是视死如归、宁死不屈的民族气节，是不畏强暴、血战到底的英雄气概，是百折不挠、坚忍不拔的必胜信念！我们作为新时代的青年，一定要将这种精神传递下去，抗战精神永存！

（安徽省潜山市野寨中学 沈雨涵 指导教师 徐汉夫、吴旺）

百团大战原来是这样的

——浏览抗战文献数据平台所得和所感

在枪林弹雨中,两支部队激烈交火,炸弹产生的烟雾不断腾空:这是我想象中的战争场景。那历史上真实的战争是怎样的呢?我特别想了解一个非常大的战役——百团大战。但对于这次战役,历史书只是这样简单地描述:百团大战是中国抗日战争期间,八路军在华北敌后发动的一次大规模进攻和"反扫荡"的战役。由于参战的兵力达到了 105 个团,故称"百团大战"。是抗日战争相持阶段八路军在华北地区发动的一次规模最大、持续时间最长的战役。那这场战役的背景是什么,到底是怎么打的,有什么战争策略,结果和影响力又如何呢?

带着这些疑问,我点击进入了学校推荐的抗战文献数据平台,开始了历史求真之旅。平台简洁庄重的界面一下子吸引了我,我在上方索引框输入了"百团大战"四个字,立刻出现了很多条相关的资料,包括档案、图书、报纸、期刊等很多种,简直是太棒了!

说到百团大战,就要先了解八路军和抗日根据地,我从平台搜索到的《抗战八年来的八路军和新四军》这本 1945 年所著的书中了解到,八路军是国共合作的产物,是红军改编成的国民革命军第八路军,是进行抗日的正规军队,所以有 100 个团也是正常的。在经历了平型关大捷和太原战役后,中共领导的军队打击了日军的气焰,但是国民党正面战场的失败和武汉失守,共产党的敌后抗日根据地被分割和包围。在《敌后抗日根据地介绍》这本书中可以看得很清楚,八路军所在的根据地就是敌后,它们分布在城市外围的广大农村和山区。如何利用这样的地理优势和正规军的战斗力是当时八路军亟须解决的一个问题。单纯的游击战已经不适应当时的环境了,1940 年是世界法西斯势力最猖獗的时期,德国妄图占领欧洲,日本快速占领亚洲大部分地区。在此情况下,党中央和八路军决定要在华北地区打一场比较大的战役,来打破日军实施的"囚笼政策"和全面封锁,百团大战打响了!

《八路军军政杂志》是当时党中央和八路军总部负责出版的一份期刊,内部按月出版,详尽记载了八路军的各种行动和指战员们的事迹,非常珍贵。从中我也找出了当时战役的情况。这次战役由朱德、彭德怀指挥,从杂志中的《百团大战特辑》中提供的地图来看,日军盘踞在各个大小城市中,通过铁路和公路进行连接和转移运输,所以八路军决定第一阶段中心任务是破坏日军交通,重点摧毁正太铁路。这个阶段的战术是破袭战,八路军 129 师、120 师和晋察冀军区部队同时对各个区段的铁路进行袭击,并对敌人增援部队进行埋伏和阻击。《敌后抗日根据地介绍》中也详细记载了这一段历史,书中写道:"破击正太路的各部均配有工兵有一万余人,破路队组织严密,分工精细。透过正太路外围堡垒线,以猛扑之势扑向正太铁路……"经过一个月的艰苦破袭战,正太铁路及其他公路均被八路军破坏,其间也打了几百次小的战斗,钳制了日军的增援,阻止了日军继续西进和南下的整体部署。

第二阶段是中央指示扩大百团大战的规模,八路军总部也下达了第二阶段的作战命令:继续扩大战果,除了继续破坏日军交通线,还要摧毁深入根据地的敌军据点。这点在《八路军军政杂志》刊载的朱德总司令的文章中写得非常清楚:"百团大战不仅严重打击了敌军对我军的军事封锁,我们更克服了许多碉堡和据点,缩小了敌占区,扩大了我占区……"在第二阶段中,晋察冀军区部队进行了涞灵战役,129 师进行了榆辽战役,120 师主要击破了同蒲路。第二阶段侧重于正面交战,一方面日军据点逐步被八路军铲除,另一方面双方的伤亡均较大。八路军指战员英勇作战,气势上压倒了敌人,虽然付出了很大的代价,但是战果还是很大的。《中国工人杂志》上也记载了当时破坏的铁路和工矿山房屋、堡垒数量,以及解救工人数量和敌军死伤情况,非常详尽。

第三阶段由于日军在华北地区连续遭受到八路军的袭击和破坏，调集重兵对抗日根据地展开了残酷的"扫荡"行动。八路军总部制定了反"扫荡"计划，据此各根据地军民展开了反"扫荡"作战。《解放》周刊是延安出版的周刊，其中有一篇文章叫《八路军在华北反扫荡的百团大战》，进行了这样的描述："在日军力量最强盛，投降妥协危险降临的时候，八路军展开了空前未有的大规模的战役进攻，而不是战略反攻，粉碎了敌人对解放区扫荡的阴谋。"在这个阶段，日军的大"扫荡"和"三光政策"一度使根据地面积大幅缩小，人民生命、财产受到了巨大的损失，但是有了八路军的英勇作战和人民群众的大力配合，展开了广泛的游击战，袭扰和钳制进攻之敌，逐步夺回了根据地，粉碎了日军的进攻。

百团大战终于取得了胜利，日军全面占领中国的计划受挫。在《中华民国历史档案资料汇编》中，我发现了几篇蒋介石的嘉奖电文，文中充分肯定了百团大战的意义和战绩："八路军百团健儿连日以来，继续发挥其伟大威力，向各地猛烈破坏，断然出击，予敌甚大打击，特电嘉奖。"

现在我终于了解了百团大战的过程和意义，真的很震撼，尤其是军民的伤亡数字一次次触动了我。抗战不仅仅是军事上的抗争，也是抗日英雄和人民群众的伟大牺牲。我们中学生生活在和平年代，就应该更加努力，为祖国和人民做出贡献。

抗战文献数据平台中的珍贵历史资料仿佛让我回到了那个年代，《中华民国历史图片档案》中那一张张珍贵的照片，讲述了那个年代的故事，我看到彭德怀元帅脸上坚毅的表情，看到了八路军战士奋不顾身的战争场面。这个平台让我更深刻地了解了抗战的历史，百团大战原来就是这样的。

（首都师范大学附属中学北校区　王君阳）

巾帼登台，千古流芳
——论抗日战争对中国女性解放的重要意义

　　自1919年起，新民主主义革命的号角在中国吹响，伴随着中国人民反侵略求民主的探索，我国女性日益登上历史舞台，在中华民族近代化历程中发挥了重要的作用。历史潮流滚滚向前，在此七七事变82周年之际，我们回望过往的血泪与痛苦，然而"重温历史，不是为了仇恨，是为了汇聚和平力量"。如今中国发展迈入新时代，欲在风谲云诡的当代社会踏步向前，女性力量必将不可或缺地成为大国底气的力量源泉之一。"历史是最好的教科书，也是最好的清醒剂"①，女性先驱血与泪熔铸而成的历史启示，更需现代人继承与弘扬。本文主要论述了抗日战争对中国女性解放的重要意义，以及其对新时代中国女性力量建设的借鉴意义。

　　长期以来，中国妇女被束缚在封建礼教之中，"解放"二字在漫长的历史中遥遥无期。随着英国船舰的炮火敲开了闭关锁国的中国大门，中国开启了自己的近代化历程——这种近代化一直带有强烈的被动色彩。中国妇女就是在这种环境中逐渐取得一些解放的成就的，虽然不可否认，她们的崛起也是历史提供的机遇，但仍需关注的是她们对于适应历史潮流的主动性、自发性与顽强性，这也是中国妇女解放从一开始就与国家和民族的危亡紧密相连，对于如今新时代妇女事业具有一定历史借鉴意义。

---

　　①《习近平的历史观：历史是最好的教科书，也是最好的清醒剂》，中国共产党新闻网，2014年7月8日，http://theory.people.com.cn/n/2014/07/08/。

一、抗战对于塑造中国女权思想的独特作用

"女权"一词事实上起源于法国妇女运动领袖奥兰普·德古热（别名玛丽·戈兹）于 1791 年 9 月以《人权宣言》为蓝本所发表的《女权宣言》。从这一时间来看，西方的女权运动比中国早了一个世纪左右，在领先中国的这一百多年里，西方工业文明下的生产力迅速发展，使资本主义女性"摆脱繁重的劳动，留在家中成为幸福的家庭主妇，并获得更多高等教育的机会"[①]，具有同时期女性无可比拟的优越性，这也使她们所创立的女性文化"不可避免地带有浓厚的贵族气息和精英味道"[②]。这样的女权文化传入受"三从四德"束缚已久的中国传统社会，加之当时国情的不同，必然会受到地域性转化。在此转化过程中，抗日战争所代表的民族磨难是重要的催化剂——催生出一种有别于西方的独特的"女权思想"。

尽管很早玄庐在《劳动与妇女》中指出"女性的没有社会"，并且提出"我们历来埋藏着的本能，已经和世界潮流起了应声了"，[③]但是受传统封建思想的长期桎梏，中国的女权意识并不普及与深刻。这一点可以从《少年世界》中看出："这样的运动，趁五四运动名气稍着的时候，又稍稍发动了一些。当时的女革命家，固然奔走呼号的厉害，奈何只是上少数，让最大多数的妇女，确实都是深闺做梦，并且因为不会彻底了解，所以有许多运动参政的妇女以为是时髦。"[④]剧烈的变化发生在抗战时期，此时的社会忙于艰难抵抗，对于女权运动的呼声与思潮并不轰轰烈烈，但却取得了女性解放客观上的进步——女性越来越多地参与到社会事务之中了。这一点与抗战下的人力短缺与民族危亡具有根本联系。由抗战推广开去，近代中国被压迫者的任何一次伟大的运动都少不了劳动妇女的增加，女性意识也随着越来越多的社会

[①][②] 黄剑：《从女权到女性——西方女权主义在中国的传与变》，苏州大学硕士学位论文，2004 年。

[③] 玄庐：《劳动与妇女》，1921 年 2 月 13 日。

[④] 少年中国学会南京分会：《少年中国》第 1 卷，少年中国学会，1920 年。

参与不断增强。对此，王绯指出："中国女性的阶级、民族、国家的群体意识总是高于或超越于其性别主体意识，甚至中国女性的觉悟和行动总是要借助于超越性别的社会革命来带动和促发。"①

由此可以很明确地看出，中国的女性解放运动，或者说女权意识，并非像西方那样强调男性与女性权利单纯的对抗，而是更多地单方面强调女性与国家、民族的紧密联系，即"中国妇女解放运动始终同民族解放、人民革命事业紧密联系，女人的女性意识通常包含甚至于淹没于民族意识、社会意识和阶级意识中"。②

二、抗战时期女性解放的表现

《民族抗战与妇女的任务》明确指出："我们既已承认了目前这一阶段——民族抗战的新阶段的妇女运动的中心任务，就是争取神圣的民族抗战的最终胜利，完成中国民族的真正解放运动。那么我们就应该切实地布置我们在抗战中应担任的工作了。"③抗日战争时期，从农村到城市，从中学生到城乡妇女，各阶层、各年龄段的妇女同胞们都被动员起来，真正实现了中华民族的集体抗战。

首先，女性解放便可从女性参与抗战的角色中窥见踪迹。吹响女性解放第一声号角的便是《放脚歌》。1933 年的《改良风俗与女子放足》④明确提出"放足"一说。接着中共便广泛利用群众大会、宣传队、漫画、歌曲、戏剧、板报等多种形式来鼓励放足，培养典型，鼓励先进，鞭策落后。在此社会氛围的影响之下，女性解放从"身体解放"开始，用一双"自由大脚"奔走到抗战事业的角角落落。没了裹脚布的束缚，她们是护士，是士兵，是文艺创作者。

---

① 王绯：《空前之迹——1851~1930：中国妇女思想与文学发展史论》，商务印书馆，2004 年，第21 页。

② 盛英：《中国女作家和女性文学》，《中国文化研究》1995 年秋之卷。

③ 彭慧：《民族抗战与妇女的任务》，大众出版社，1938 年，第 23 页。

④ 陈玉科：《改良风俗与女子放足》，《民众生活》1933 年第 50—52 期。

在清末半殖民地半封建社会影响下，由传教士传入中国的护理专业中男护士居多，女性从业者则较少。抗战爆发后，中国军护制度的缺席问题逐渐暴露，专业医护人员人数始终跟不上前线的伤亡情况。此时，政府不得不寻求专业人才以外的资源，要求高中以上学历的女学生学习军事看护课程，通过短期的救护训练，迅速补充战时的医疗人力。与此同时，1936年起，全国各地的社会救济团体和妇慰总会、妇指会等妇女团体也担当起了协助战地救护的工作。1943年，政府终于建立起以招收女性为主的军护制度。

其次，不可否认的是，女性的解放在战争大背景下注定饱含辛酸，对于女兵来说更是如此。她们在战争中经受着比男兵更艰苦的磨炼。以新四军女战士为例，虽然绝大部分女兵属非战斗人员编制，但是由于新四军处在日军、伪军、国民党军队的夹缝之中，女兵经常参与军事行动，行军、转移，通过日伪的封锁线，对付日军的"扫荡"。工作中的她们不仅和男兵一样行军转战，和男性干部一样承担各种工作，还要尽到一个妻子和母亲的责任。这一时期上战场打游击的女兵战士，真正是"革命和革命战争，也从来都不光是男人的事业"的生动写照。

另外，同一时期，城市知识妇女也积极展开了下乡工作宣传的行动。其中具有代表性的是江西省妇女抗敌后援会、救国公债劝募委员会、各界抗敌后援会慰劳工作团及伤兵管理委员会慰劳课等妇女组织，以"牺牲""服务"为宗旨，积极投身于计划、应酬、筹钱，当文书、当会计，会写会讲、接近群众，投身于动员基层的工作之中。

除此之外，抗战时期也成为中国早期女性文学创作的重要时期。从辛亥革命秋瑾《勉女权》的"吾辈爱自由，勉励自由一杯酒。男女平权天赋就，岂甘居牛后？"①开始，女性解放思想便已经开始萌芽。抗战时期国统区张爱玲的《金锁记》《传奇》、苏青的《结婚十年》等都是女性早期文学的杰出代表。她们以新女性独特的文笔与思维，以文字之力进行着女性解放，对未来文学产生

---

① 王昭箕：《秋瑾女士遗著集》，白光书店，1937年，第23页。

了巨大影响。另外包括萧红、王莹、延安抗大女学生在内的知识女性，还创作、拍摄了一系列抗战救国题材的文艺作品，包括文学作品《生死场》《旷野》，话剧《包围大武汉》《炸弹》，以及电影《风云儿女》《八百壮士》等，吹响了中华民族抗日救亡的号角，动员和激励了中国人民的抗战热情。

三、对现代社会的影响与启示

"不强调性别对立，更关注国家利益"——这样颇具奉献精神的"女权意识"，根源于传统，衍生于历史，发展出了极具中国特色的形态。然而需要明白的是，女性意识的"非对抗性"并非意味着中国女权不再重要，抑或任由性别不平等蔓延，而是在相对稳定中把女性的力量日渐更多地纳入中国梦的奋斗进程之中，这一点仍须社会各界为之努力。

随着中华人民共和国成立、改革开放的发展直至今日中国步入新时代，女性的力量愈发受到关注。她们是母亲，亦是劳动者：一方面，女性更多地参与社会、经济、政治等多方面工作；另一方面，对于家庭来说妇女的作用更显独特。与女性作用一并发展的，将妇女融入国家命运的女性解放思想如今也有了新发展。习近平总书记指出："把中国发展进步的历程同促进男女平等发展的历程更加紧密地融合在一起，使我国妇女事业发展具有更丰富的时代内涵，使我国亿万妇女肩负起更重要的责任担当。"[1]揆诸当下，尽管我们在保障妇女权益上取得了巨大成绩，但是不可否认，直到今天，我们还无法做到完全保障妇女权益。据世界经济论坛发布的《2015年全球性别差距报告》称，中国职业女性的经济机会分数为0.657，全球排名为第81位。成绩可喜，问题尚存，国家和女性两个主体此时正待发力。

"历史是一面镜子，它照亮现实，也照亮未来。"今天我们如何看待历史，

---

[1]《习近平：使我国妇女事业发展具有更丰富的时代内涵》，央广网，2016年3月8日，http://news.cnr.cn/native/gd/20160308/t20160308_521565749.shtml。

未来就会如何记录今天。昔日,中国在抗战炮火与巾帼英雄的血泪中含泪向近代化前进;未来,我们将紧握历史遗贝,铭记巾帼先辈的无言教诲,坚实广大女性的步伐,以女性之力助推中国更加自信从容地走向时代辉煌。

(新疆生产建设兵团第二中学 王馨裕 指导教师 栾梅荣)

抗战中知识女性的贡献及影响

抗战时期，知识女性虽然面临着内外交困的社会形势，却依然克服困难，坚持开展各项工作支持抗战，为战争最终胜利做出了贡献，同时对社会及女性各方面的发展产生了积极而深远的影响。

一、抗战中的知识女性面临的社会形势

(一)家庭和传统观念的束缚

在漫长的封建社会中，随着自然经济的发展，男耕女织的需要，女性逐渐被困在家庭中，失去了所有的经济权，从帮助国家和社会繁荣的生产单位沦落为生育机器。由于这种畸形的经济关系，女性逐渐成为社会的寄生虫。辛亥革命后，尽管封建帝制被推翻，社会开始移风易俗，但是由于革命脱离了广大群众，这也导致革命不彻底的同时，也造成了某种程度上的"打草惊蛇"，引起一些封建家庭的恐慌，于是他们变本加厉地钳制女性的发展。抗战爆发后，一大批受过教育的知识女性的爱国热情被激发，但她们虽有心报国，却要面对家庭的严格束缚和来自社会的质疑。

(二)外敌入侵带来的极大风险

九一八事变后，东三省沦陷；七七事变后，全面抗战爆发，华北、东南相继沦陷，日本侵略者越发猖狂。他们不仅继续侵略，欲实现其野心，也在沦陷区大肆掠夺。而在这虎穴龙潭中，活跃着许多充满爱国热情的知识女性。在意识到知识女性的伟大力量之后，日本侵略者对她们的压迫也不断加深，烧杀抢掠，奸淫女性，无恶不作。为了开展工作，她们必须时时留心、处处注意，

躲避敌人。面对敌人日益严厉的盘查与搜索,知识女性面临着艰难的处境,遭受着肉体上和精神上的双重考验,生命安全面临极大威胁。

二、抗战中知识女性做出的贡献

(一)义无反顾冲出家庭

随着西方平等思想的传播和民族危机不断加深,在爱国热情的驱使下,知识女性不惧压力,摆脱礼教束缚,将实现价值的场所从家庭转移到了战场,在战争中寻求自己的人生价值。天津中学的女学生杨维芳,在战争形势下,从"立志成功成名"转向为抗战贡献力量。做抗日宣传时被封建的本族四爷看到,杨维芳被骗回家,软禁起来。但她没有后退,想尽各种办法,还把妹妹也带出来一起革命。勇敢地冲出家庭、走向社会是知识女性为争取自身解放取得的第一次胜利,是她们得以开展抗战工作的前提条件。

(二)成立妇女组织

女性的力量是伟大的,而将这股力量凝聚起来就必须有坚强的组织。知识女性作为女性中的骨干与核心,当仁不让地承担起了这份责任。在共产党的支持与政策引导下,许多知识女性首先走到了一起,成立妇救会,进行宣传工作。妇救会开展抗战宣传的方法多种多样,有时搞集日演讲,有时下乡宣传等。在饶阳县,严镜波、刘涛、吴悌三人筹建了妇女抗日救国会,她们串联了原女高同学杨继芳、赵可心、李纳、李轩等进步女知识青年,积极开展抗日工作。尽管各处建立妇女组织的方法不尽相同,但是很快在各县甚至各村,妇救会相继建立起来。此后妇救会逐渐成为妇女工作的中心,在宣传、募捐、支援前线等方面,做了大量细致而有成效的工作,妇女工作进入了一个新阶段,同时为农村妇女工作开展奠定了坚实的基础。

(三)创立识字班

中国妇女的觉醒,知识女性的引领功不可没。为了更广泛地发动妇女抗日,把她们从几千年的愚昧状态中解放出来,以知识女性为骨干的各级妇女组织,排除种种困难,创立识字班。一方面,她们筹集经费,寻找教室和教师;另一方面,为努力"招生",她们挨家挨户劝说妇女加入识字班,向女同胞宣传知识的重要性。如张各庄妇救会主任刘明珠,走东串西,耐心地对大家讲:"妇女要解放,没有知识翻不了身。"识字班是团结和组织妇女的一种形式,每天晚上集合学习,以青年妇女为骨干,也有壮年妇女参加,她们要学识字,学写信,学看通行证,等等。识字班主要进行两方面的教育:一方面是学政治,讲抗日救亡,讲当前形势,进行爱国主义教育;另一方面,宣传妇女解放、男女平等、参加劳动等。识字班在促进女性整体文化水平提升和解放思想上发挥了重要的作用。

(四)创作抗战文学作品

面对国土沦陷、民族危机不断加深的局面,知识女性愤而执笔,以她们独有的视角和智慧,创作了大量抗战题材的文学艺术作品,鼓舞前线的战斗和后方的生产。她们的作品描绘战争,更描绘战争中触动人心的人或事。女作家萧红在作品《生死场》中塑造的人物赵三、二里半,他们的精神代表着那个年代人们像铁一样的意志、反抗日军的斗志和民族气节。中国历史上第一位女兵作家谢冰莹,她在《重上征途》中写道:"亲爱的同胞们,我们加倍的努力吧! 无论在前线或者后方,我们要像在战场里的战士那么英勇和敌人拼命,以促成最后胜利的快快到来。"知识女性的这些作品,反映了当时人民民族意识的觉醒,歌颂了抗战中的英雄事迹,极大地鼓舞了广大军民抗日救国的意志和决心,也让后人真切地感受到民族解放的来之不易。

三、抗战中的知识女性对各方面的影响

(一)为抗战胜利做出积极贡献

在抗战中,知识女性作为女性中的精英群体,一方面承担起领导责任,充分发动妇女的力量,团结带领广大妇女投入抗日救亡的洪流;另一方面,她们投身战争,巾帼不让须眉,依靠人民群众完成各种困难任务。此外,她们

更以大无畏的精神与勇气，激发了越来越多的仁人志士参与到抗日救亡运动中来，为抗战胜利做出了卓越的贡献。

(二)带动广大妇女学习、解放思想

妇救会进行了广泛的宣传教育，知识女性挨家挨户劝说，将许多受封建束缚极深的妇女从家庭中解放出来，让她们和进步的人、进步的思想在一起。如河北饶阳县东歧河村的李景秀，她15岁就守寡，饱尝公婆的打骂和虐待，忍受着旧社会带来的苦难。1938年，吴悌来到东歧河当小学教员，两人结成了好姐妹。在吴悌的启发引导下，李景秀思想进步很快，懂得了只有跟着共产党走，穷人才有活路的道理，此后她加入共产党，成为一名优秀的妇女干部。识字班的开展，给了她们基本的阅读能力，也给予了她们认识新世界、认清自我价值的能力；而优秀的文艺作品也如雨后春笋般涌现，从不同侧面反映战争，给予女性关于自身权利和未来的思考。她们不再甘心做牺牲品，要成为社会中重要的一分子。

(三)提高女性社会地位

妇救会的成立，使女性团结起来，作为一个整体投身抗战。当时妇救会工作任务的一部分就是努力争取妇女的自身解放，把广大妇女从封建束缚中解放出来，提高妇女的家庭、社会地位，争取男女平等。在党的政策引领下和妇救会的帮助下，女性的地位开始逐步提高。

在抗战中，一大批女性走上领导岗位，开展革命工作。在工作中，她们积累了丰富的经验，展现出女性独有的智慧，所做出的贡献也被越来越多的人认可，得到了全社会的尊重；另一方面，随着男性到前线冲锋陷阵，广大妇女走出家庭参加田间劳动，不少青壮年妇女学会了耕、耩、锄、耪、拉车等技术，多数能担负起种地的工作。能够承担经济上的工作，妇女的社会地位也因此提高。

(四)提高女性政治地位

在国民政府统治下，政府表面上尊重妇女的权利，但实际上妇女的政治权利十分有限。"就约法第十二条之规定，人民有选举及被选举之权，观之，

其所称之'人民'应与第六条按同一之解释,认女子亦在其内,似不能谓女子无此项权利,然就民国元年所颁布之省议员选举法、众议院议员选举法、参议院法,各有关之规定,女子无选举权及被选举权,亦甚明显。"可以看出,即便《临时约法》为民主政治的进步做出了极大的贡献,但对于女性权利的说明仍是含混不清,导致许多有能力的知识女性不能享受应有的权利。

抗日战争进入相持阶段以后,敌人一方面加强对根据地的"扫荡",另一方面加紧对国民党的诱降。国民党政府反共投降的倾向日益增加。为了争取时局的好转,1940年,毛泽东强调指出:"抗战、团结、进步……这是三位一体的方针,三者不可缺一。"① 1940年秋,安新县开展了民主宪政活动,妇女在这次选举中获得了选举权和被选举权。当时妇女们情绪高涨,活跃在每个选举点上,积极地参加民主选举活动。饶阳县委在组织民主宪政活动时,把妇女参政作为一项重要内容,注意吸收妇女干部参加各级政权。在抗战中妇女的参政,一方面是党团结妇女的先进政策的引领,另一方面更是抗战胜利的需要。随着越来越多的知识女性走上领导岗位,广大女性群体的政治权利也在不断扩大,使妇女在政治上翻了身。

四、对现实中女性问题的思考

(一)女性保护

抗战中,知识女性依靠智慧和勇气坚持斗争,不少人落入敌手,惨遭酷刑甚至英勇牺牲,实在令人痛心。当今时代,没有了外敌的入侵,女性在某些情况下仍然会受到侵害。一方面,由于女性天生为弱势群体,在遭受暴力等侵害时极易造成重大损伤;另一方面,除一些特殊情况外,女性在求学、求职等方面有时也面临不公正对待。女性保护任重而道远,全社会应为之而努力。

---

① 《必须强调团结和进步》,载《毛泽东选集》第二卷,人民出版社,2006年,第729页。

(二)女权运动

中国的妇女运动肇始于辛亥革命前后。从辛亥革命到国民革命时期,由于女权运动受民族资产阶级领导,具有半殖民地性质,故其本质是争取资产阶级妇女利益,甚至在某些时刻牺牲妇女利益来保护阶级利益。

九一八事变以后,随着民族危机的不断加深,妇女基本的生存权都受到威胁,越来越多的妇女开始觉醒。这一时期女权运动是建立在劳苦大众的基础上,同民族解放运动结合起来,一方面争取民族解放,另一方面争取妇女自身解放,女权运动取得巨大成就。

今天,法治建设日益成熟,一系列维护妇女正当权利的法律体现着党和政府对妇女的尊重与关切。但在法律之后,更重要的是扭转人们的观念,改变那些长期以来的错误看法,让女性的力量被更多人认识到。与此同时,也要避免女权运动走向另一个极端,应鼓励支持女性通过合法方式维权,这既是对妇女本身的解放,也是推动社会发展、文明进步的重要动力。

(天津市第一中学 解家豪 指导教师 苏海)

入围作品

叩开历史之门，问鼎成功之路

今次研究中我们将采用资料查找法，通过抗战文献数据平台收集资料，通过真实事件来更好地学习与了解历史，了解这片红色的土地，了解抗日战争期间中国军民对世界反法西斯战争做出的种种巨大贡献与历史事件。结合史事客观分析，从而发现并认识抗战过程中中国大国地位的变化，得到启发。学习前辈们的宝贵精神，为中华民族的伟大复兴出一份力！

让我们一起叩开历史之门，追溯它的记忆吧。

随着帝国主义国家间经济、政治和军事发展不平衡的加剧，军事实力发展较快的德、意、日三国要求重新划分世界势力范围，使帝国主义之间的矛盾进一步尖锐起来。随着法西斯政权的迅速崛起，为摆脱危机而走上军国主义道路的德、意、日三国，相继发动了局部侵略战争，最终导致了第二次世界大战的爆发。而中国战场则是世界反法西斯战争的东方主战场，在这场战争中，中国贡献了必不可少的主要力量。

1937 年 7 月 7 日，日本开始向中国实施全面战略进攻，倾其全力，妄图在 3 个月内灭亡中国。然而战争的进程并不以侵略者的意志为转移。中国人民在中国共产党倡导建立的抗日民族统一战线旗帜下，以国共两党合作为基础，进行了全民族的抗日战争。在正面战场上，国民党军队进行了太原、淞沪、徐州、武汉等战役，在忻口、上海、台儿庄等作战中，给日军以重创。中国共产党领导的八路军、新四军、华南的游击队、东北抗日联军和其他人民抗日武装力量，先后深入敌后，开辟敌后战场，广泛开展游击战争，扩大抗日武装，建立抗日根据地和政权，发动和组织群众参加抗日战争，给日军以重大打击，从战略上包围了敌占城市和交通线。到 1938 年 10 月，日军由于兵力不足,战线延长,特别是中国共产党领导的敌后游击战争的蓬勃发展,被迫转入持久作战。中国军民打破了日军三月灭华的美梦。大捷使中国军队士气高涨,同时也给日军及世界法西斯势力以沉重的打击,鼓舞了反法西斯同盟国的信心。

在中国共产党的英明领导下,中国军队与人民团结一心,英勇抗敌,与日本侵略者展开了长达14年的艰苦卓绝的斗争,在亚洲大陆广大地区牵制住大量的敌军,支撑起了世界反法西斯的亚洲主战场。中国是世界反法西斯斗争中亚洲主战场的中坚力量与支撑。

中国人民以自己的鲜血、生命和财富为代价坚持抗战,打败了号称"东方第一国"的日本法西斯。

同时,我国的国际地位也在悄悄变化着。

日本帝国主义发动全面侵华战争,陷中华民族于亡国灭种边缘。在严重的民族危机面前,中国共产党向全国各界积极倡导建立抗日民族统一战线,领导并推动全国抗日救亡运动的发展。中国人民在中国共产党倡导建立的抗日民族统一战线旗帜下,以国共两党合作为基础,进行了全民族的抗日战争。正面战场与敌后战场互为依存、互相配合,给日本侵略者以沉重打击。正是在抗日民族统一战线旗帜指引下,中国人民以巨大的民族牺牲、大气磅礴的爱国之情,最终取得了抗战的完全胜利。中国在抗日战争中拖住了百余万日军,中国的抗战大大减轻了美英在东方的压力,保证其实现先欧后亚的战略方针。这也使中国成为第二次世界大战的胜利一方,国际地位大大提高。

抗日战争的胜利,不仅仅是打败了日本侵略者,更是在世界反法西斯战争中添上了重要的一笔,得到了当时强国的认可。二战"三巨头"曾这样评价中国:

美国总统罗斯福说:假如没有中国,假如中国被打垮了,你想有多少个师团的日本兵可以调到其他地区来作战? 他们可以马上打下澳大利亚,打下印度。

英国首相丘吉尔说:如果日本进军西印度洋,必然会导致我方在中东的全部阵地崩溃,而能够避免上述局势出现的只有中国。

苏联领导人斯大林说:只有当日本侵略者的手脚被捆住,我们才能在德国侵略者进攻我国的时候避免两线作战。

当然不仅仅因为这些,中华民族团结一心、奋力抗敌,不屈服于外来侵略的民族精神深深震撼、打动了世界。我们的武器装备十分落后,而日军则拥有先进的装备和武器。在如此艰苦的条件下,我们是如何坚持下来的?究竟经历了什么?相信这是当时许多国家所好奇的问题。在抗日战争中有许多著名的战役,其中令我印象最深的是台儿庄战役。台儿庄战役是抗日战争以来中国在正面战场上取得的最大的一场胜仗,共歼敌1万余人。

1938年3月中旬,日军两个师团企图会师台儿庄,进而攻占徐州。3月24日,日寇进攻台儿庄,大战打响。此战持续近半个月,中国守军伤亡惨重,但将日军牢牢地拖在了台儿庄。中国军队主力按原定计划迂回到敌后,将敌军分割包围,发起全面反攻。在中国军队的内外夹击下,日军被迫撤退,中国军队乘胜追击。

在台儿庄战役中,一件历史事件令我十分震撼、感动。在坚守台儿庄时,李宗仁命令军团司令孙连仲必须坚持到次日拂晓,如违抗军令,军法处置。孙连仲回答:"绝对服从命令,整个集团军打完为止!"孙连仲对死守台儿庄最后阵地的池峰城师长命令道:"士兵打完了你就自己上前填进去。你填过了,我就来填进去。有谁敢退过运河者,杀无赦!"孙连仲奋力呐喊命令的声音久久在我耳边回荡……是啊,正是因为有许多像他一样的士兵,他们勇敢坚强、团结一致,他们为国而战,不惜献出自己的生命,才换来了现在的和平。我为他们感到骄傲!这场台儿庄战役,不仅振奋了中国军民的精神,坚定了抗战意志和信念,更是体现了中国军民磅礴的爱国之心,中国全民族坚持抗战为国的决心!

经过上述分析,抗战时期中国大国地位的形成,既是全中国人民团结一致坚持抗战和努力外交的结果,也是世界反法西斯战争和美国等国的战略需要。我国抗战时期大国地位的形成,带给现在正处于新时代的我们很多关于如何提高我国国际地位的宝贵历史经验,还有许多值得我们好好学习、借鉴的地方,比如如何增强综合国力与外交、如何加强对外交往等。现在我国的国际地位能排在前列,前辈们的铺垫是十分重要的。当然,抗日先烈们的宝贵精神将会像一个个火炬一样一直传承下去的!他们的感人事迹与精神,以及他们如熊熊烈火般燃烧的爱国之情,作为新时代的小小接班人的我们会牢牢地刻在心里!为中华民族的伟大复兴出一份力。我们一定会好好学习,将每个中华儿女的小火炬汇在一起,火苗不断膨胀燃烧,终将在这片黄色的土地上绽放出最闪耀的光芒!

(广东省肇庆市端州区端州中学 戴润钘)

战时中国贡献与国际地位

二战是人类文明史上一场巨大的劫难，其是以德意日三个法西斯国家组成的轴心国与中美英苏等国组成的同盟国之间的对抗，其波及范围及影响都很广泛，其分为五大战场，中国作为五大战场之一，与其他战场相互配合，共同抗击法西斯。正是因为五大战场的相互配合，最终才能够战胜法西斯，赢得二战的胜利。

中国是世界反法西斯同盟的重要成员国，关于中国是否为二战胜利做出了巨大贡献，答案是肯定的。

日本自明治维新以来便走上了资本主义的道路，国力大大提高，又用从中日甲午战争及日俄战争中获取的利益来发展自身，成功跻身资本主义世界列强之列。日本对中国富饶的土地窥视已久。1927 年，田中义一在给天皇的奏折中提出了"惟欲征服支那，必先征服满蒙；如欲征服世界，必先征服支那"的侵略扩张纲领，将日本的侵略野心展露无遗。1930 年，经济危机的浪潮袭击日本，日本的阶级矛盾激化，军国主义势力趁机抬头，军部成为日本发动战争的首要核心。此时的日本为了缓解经济危机所带来的压力，必须将矛头指向正在内战的中国。

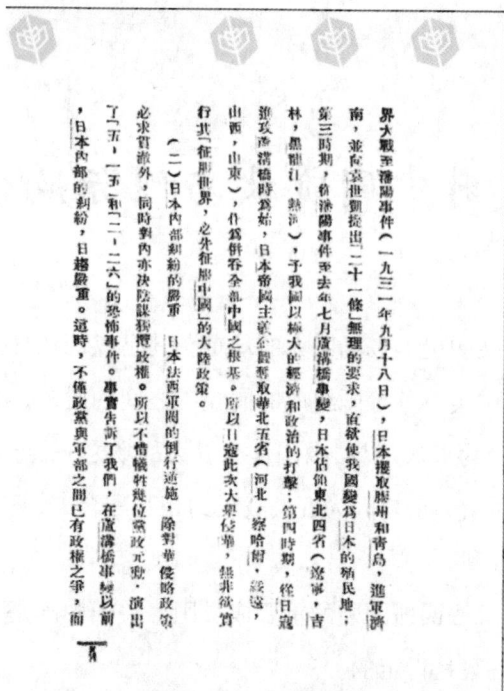

图 1　抗战文献数据平台存文献《人类公敌之
日本帝国主义》第二章中对日本侵华原因的描述

　　虽然中国的军力在当时与日本相比,确实是不占优势,但是中国凭借国共合作后形成的抗日民族统一战线和全民族抗战的支持,与日本展开了血战。

　　中国对日本的反击不仅仅是中国与日本之间的局部战争,更是世界反法西斯战争中重要的一部分。

　　1938 年 6 月,中国与日本展开了抗战史上规模最大的战役——武汉会战。在武汉召开的国民参政会第一次会议表明了"要求全国军民一切的奋斗,要巩固武汉为中心,以达成中部会战胜利为目标"的目的。中国投入了14 个集团军,200 多架飞机参与会战,而日本投入了 9 个师团等部队,以及300 余架飞机参与会战。可见中日都想要拿下这场战役的胜利,足见武汉会战之重要。

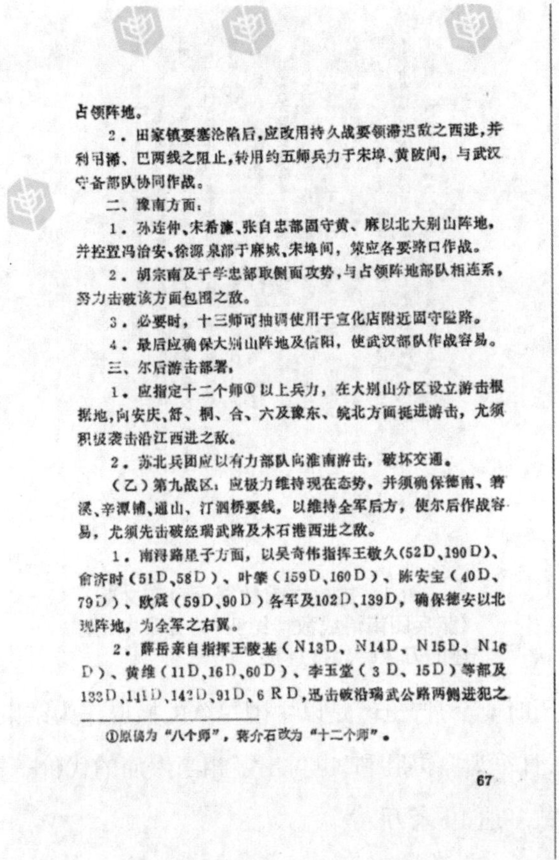

占领阵地。

2. 田家镇要塞沦陷后,应改用持久战要领迟敌之西进,并利用淠、巴两线之阻止,转用约五师兵力于宋埠、黄陂间,与武汉守备部队协同作战。

二、豫南方面:

1. 孙连仲、宋希濂、张自忠部固守黄、麻以北大别山阵地,并控置冯治安、徐源泉部于麻城、宋埠间,策应各要路口作战。

2. 胡宗南及千学忠部取侧面攻势,与占领阵地部队相连系,努力击破该方面包围之敌。

3. 必要时,十三师可抽调使用于宣化店附近固守隘路。

4. 最后应确保大别山阵地及信阳,使武汉部队作战容易。

三、尔后游击部署:

1. 应指定十二个师①以上兵力,在大别山分区设立游击根据地,向安庆、舒、桐、合、六及豫东、皖北方面挺进游击,尤须积极袭击沿江西进之敌。

2. 苏北兵团应以有力部队向淮南游击,破坏交通。

(乙)第九战区:应极力维持现在态势,并须确保德南、薯溪、辛潭铺、通山、汀泗桥要线,以维持全军后方,使尔后作战容易,尤须先击破瑞武路及木石港西进之敌。

1. 南浔路星子方面,以吴奇伟指挥王敬久(52 D、190 D)、俞济时(51 D、58 D)、叶肇(159 D、160 D)、陈安宝(40 D、79 D)、欧震(59 D、90 D)各军及102 D、139 D,确保德安以北现阵地,为全军之右翼。

2. 薛岳亲自指挥王陵基(N 13 D、N 14 D、N 15 D、N 16 D)、黄维(11 D、16 D、60 D)、李玉堂(3 D、15 D)等部及133 D、141 D、142 D、91 D、6 R D,迅击破沿瑞武公路两侧进犯之

———————
①原稿为"八个师",蒋介石改为"十二个师"。

67

图 2　抗战文献数据平台存文献《中华民国史档案
资料汇编》中录入的蒋介石对武汉会战的作战计划

　　会战规模之大,遍布徽、豫、赣、鄂四个省。日本知道打持久战是对自身不利的,因此日军不断调动增援,想要尽快结束武汉会战,但日军低估了中国军队的意志力和决心。中国军队在武汉会战期间创造了许多奇迹,例如万家岭大捷中,中国军队一举围歼了日本第 106 师团大部,这场战役歼灭了大量日军,提升了中国军队的士气与战斗力。

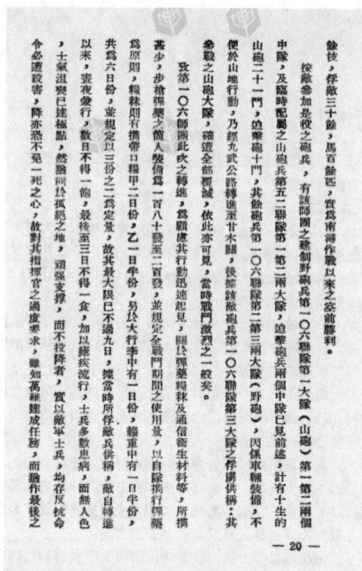

图 3 抗战文献数据平台存文献
《薛兵团南浔线敌情纪实》第五章中记
述的万家岭战役过程

武汉会战历时 4 个月,虽然是以中国军队的撤退作为结束的标志,但是在这场会战中,日军为赢得胜利,也付出了相当惨痛的代价——日军在武汉会战中伤亡人数多达 10 余万人。

图 4 抗战文献数据平台存文献《二次大战照片精华》
中对日本在武汉会战中伤亡进行的简述

武汉会战只是中日双方间数百场大小战役中的其中一场战役，可能我们会觉得武汉会战中的伤亡在抗战史中微不足道，但倘若将其他战役的伤亡人数总和在一起呢？那可能会超乎我们的想象。放大来看，二战的战场主要是陆上作战，陆军是军队中最重要的部分，正是因为中国战场消耗了日本军队大量的有生陆军兵力，这才能使东南亚其他遭受日本侵略的国家有喘息的机会，同时也推进二战中其他战场的胜利进程，使得世界反法西斯同盟的胜利又多出一线生机。

换一个角度看，假如中国因抵挡不住日军的进攻而崩溃，那么集中在中国战场的大量日军便可以自由分散到世界其他的反法西斯战场，这对于世界反法西斯同盟来说是可怕的一件事，也是最担心的一件事——如果苏联在西部抵御德国的进攻时，日军从远东方向进攻，那么苏联便需要抽调兵力去增援远东进行两线作战，若此，苏联可能被日、德两军合力击破……那么英美将要面对法西斯三国的共同进攻，可能也会溃败，甚至反法西斯同盟也可能因此破裂。可以说，正是因为有中国在亚洲战场与日本对抗，才能获得反法西斯战争的完美胜利，也正是因为日本深陷中国这个人民战争的汪洋大海之中无法脱身，才能促使日本投降的速度加快。中国，作为反法西斯同盟的重要成员之一，为二战的胜利做出了不可磨灭的贡献。

抗日战争是中国历史发展中一个重要的转折点，它标志着中国不再是近代以来封闭落后的中国，而是在国际上真正拥有话语权的大国。这并不是故步自封。我认为，想要成为一个拥有话语权的大国，军事实力是首位的。在抗战中，由于日本不断深入中国内陆，国共两党由内战中的相互对抗逐渐走向合作抗日，由此中国形成了一支一致对外的抗敌力量，这使得中国的军事实力有了飞跃式提升。也正是因为国共走向合作，才能缓解日军的攻势，这也是抗战胜利的原因之一。

另外，民族精神也是一个大国的重要表现之一。1938 年 10 月，随着武汉会战的失利，蒋介石认为想要赢得战争胜利，必须要提高民族抗战精神，因此"动员全国国民之精神以充实抗战之国力"已是迫在眉睫。为此，一场自上而下的国民精神动员拉开了序幕。直至抗战结束时,民族精神也仍保持着极高的状态。民族精神的不断丰裕,是抗战胜利的精神基础,也是中国得以强大的重要原因之一。

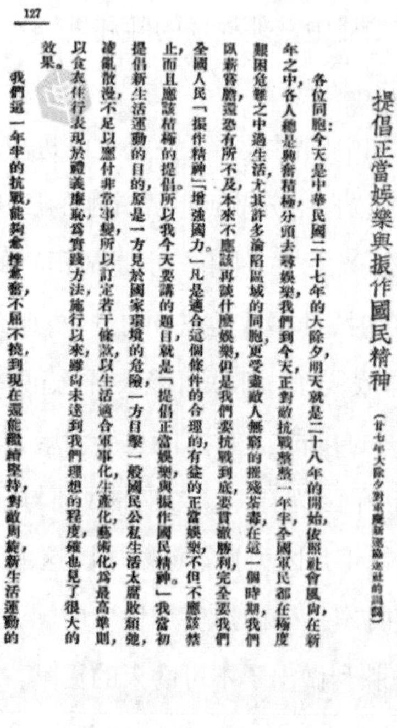

提倡正當娛樂與振作國民精神（廿七年大除夕對重慶新運總會的訓詞）

各位同胞：今天是中華民國二十七年的大除夕，明天就是二十八年的開始，依照社會風尚，在新年之中，各人總是興奮積極分頭去尋娛樂，我們到今天，正對敵抗戰整整一年半，全國軍民都在極度艱困危難之中過生活，尤其許多淪陷區域的同胞，更受盡敵人無窮的摧殘荼毒，在這一個時期，我們臥薪嘗膽，還恐有所不及，本來不應該再談什麼娛樂，但是我們要抗戰到底，要貫徹勝利，完全要我們全國人民「振作精神」「增強國力。」凡是適合這個條件的合理的，有益的正當娛樂，不但不應該禁止，而且應該積極的提倡。所以我今天要講的題目，就是「提倡正當娛樂與振作國民精神。」我當初提倡新生活運動的目的，原是一方見於國家環境的危險，一方目擊一般國民公私生活太腐敗頹弛，淩亂散漫，不足以應付非常事變，所以訂定若干條款，以生活適合軍事化，生產化，藝術化，爲最高準則，以食衣住行表現於禮義廉恥爲實踐方法，施行以來，雖尚未達到我們理想的程度，確也見了很大的效果。

我們這一年半的抗戰，能夠愈挫愈奮，不屈不撓，到現在還能繼續堅持，對敵周旋，新生活運動的

127

图 5　抗战文献数据平台存文献《抗战与革命》收录的蒋介石提倡振奋国民精神的致辞

一个国家是否真正强大,最能直接说明的便是外交,人们常说"弱国无外交",这是自古以来存在的真理。当一个国家在外交上不再任人宰割,那么也就证明这个国家正在不断强大。中国自近代以来，一直遭受着屈辱的外交,巴黎和会上屈辱的场景至今历历在目。而到了抗战期间,这种形势得到了好转,中国的外交地位正在上升。1941 年 5 月 31 日和 11 月 26 日,美国先后提出要与中国政府商谈废止美国和其他各国在华的领事裁判权及有关特权。1943 年 1 月,随着中国分别与美、英签订"中美、中英平等新约"后,其他国家也跟随美、英放弃了在中国享有的特权。特权的消失代表着中国政府

能够更加独立地处理国内外事务，也使得中国与其他国家的地位逐渐走向平等，中国在国际中的话语权也不断上升，这也体现了中国的大国地位正逐步确立，一个新兴的中国正在国际上崛起。

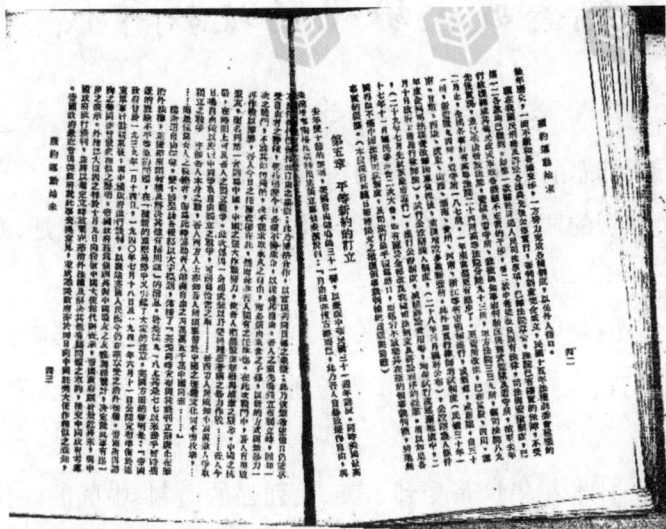

图6 抗战文献数据平台存文献《废约运动始末》第五章中对签订"平等新约"的描述

种种现象都在表明，中国自抗战起，其各方面的实力都有了很大的提升，这也足以说明，中国不再是那个留着长辫子的"东亚病夫"，而是正在崛起的世界性大国。

中国，为二战胜利做出了巨大的贡献，中国的大国地位也是中国人民耗费巨大牺牲所取得的，因此中国作为二战大国是理所应当的，中国的大国地位值得世界尊重。中国，二战史上一颗璀璨的明珠，正在不断闪耀着……

(广东省肇庆市端州区端州中学 张坤)

纪念战火纷飞的抗战年代

百年前,邪恶的帝国主义打开了中华民族的大门。

那时,惨烈的罪恶之火在祖国母亲伤痕累累的身躯上蔓延,遍布整个中华。

轻叩历史的大门,踏过漫漫长廊,当鲜血浸满双脚,耳畔回响着烈士有力的誓言,人民凄厉的惨叫,当枪林弹雨擦过臂膀,烽火漫天,浓烟滚滚。

一战后,日本在华扩张受到了英、美列强的遏制,中国的北伐战争使日本在华利益受到削弱,促使日本政府调整对华政策,加快了吞并中国东北地区的步伐。20世纪30年代初,世界经济危机发生,日本经济遭受沉重打击,陷入极端困境,并导致政治危机。在内外交困的情况下,日本法西斯势力决意冲破华盛顿体系对日本的束缚,趁英、美忙于应付危机,蒋介石大规模"剿共"之际,夺取东北,以摆脱困境,并图谋争霸世界。

1931年,密云遮天,暗流涌动。

9月18日夜,在日本关东军的安排下,铁道"守备队"炸毁沈阳柳条湖附近的南满铁路路轨(沙俄修建,后被日本所占),并栽赃嫁祸于中国军队。日军以此为借口,炮轰沈阳北大营,是为九一八事变。次日,日军侵占沈阳,又陆续侵占了东北三省。1932年2月,东北全境沦陷。此后,日本在中国东北建立了伪满洲国傀儡政权,开始了对东北人民长达14年之久的奴役和殖民统治。

九一八事变是日本帝国主义长期以来推行对华侵略扩张政策的必然结果,也是企图把中国变为其独占的殖民地而采取的重要步骤。它同时标志着世界反法西斯战争的开始，揭开了第二次世界大战东方战场的序幕。

今日，我颤动的指尖捻着薄薄的书页，泪光流过书行。啊！抗日战争！伟大的抗日战争！呈现在我眼前的是红色的纸张，红色的文字，满目的，让灵魂为之颤抖的无限延伸的红色！是革命先烈的鲜血，是中华民族坚贞不屈的可贵精神。

1937 年 7 月 7 日，是动荡和红色的日子。

邪恶的日军以士兵演练时失踪为借口，在北平挑起事端。自七七事变后，全国抗日民族统一战线正式形成，中华民族开启了浴血奋战的新阶段，为挽救民族于水深火热之中，为挽回祖国大地的尊严，为不负世界和平力量的企盼。中国，筑起了一道前所未有的巨大屏障，那是由无数中华儿女鲜血凝聚而成的坚不可摧的精神屏障！敌人妄图动摇中华民族的意志，但在人民群众的坚强意志前，敌人却是一筹莫展，一败涂地。

高天著先生在他所著的《八年抗战》中说道："从 1937 年的七七事变到 1945 年的抗战，是中国历史上最伟大的一次民族解放战争。"

抗日战争在七七事变后进入抗战第一阶段，很快达到了抗战高潮，全民族抗战，意味着抗日民族统一战线的形成，意味着妇女参战，迈出更大的一步是，妇女社会地位的大大提高。国家颁布施行了女子继承权，并明确规定反对虐待妇女，解除了妇女的疾苦，维护了妇女的权益。

战争的局势风云变幻，各县也成立了抗联会，会里部长名单上不乏女性的身影。抗日战争打响以来，各级妇女干部在中国共产党的领导下，不怕困难和牺牲，英勇地、坚决地坚持工作。

在艰苦的抗战中，我国的文化事业正踏步前行，迎来了文学的春天。在凄婉而残酷的战争背景下，进行了一场又一场文学救亡运动，涌现出一批又一批优秀的文学作品。例如何其芳的《夜歌》，诅咒黑暗，歌颂光明；艾青所著《艾青的诗》，其中饱含抗战中对祖国深深的担忧。举国上下的诗风由华美、雕饰、晦涩转向朴素、自然、明朗的风格。由浪漫主义、现代主义诗风转变为现实主义诗风。

从九一八事变,到江阴保卫战、南京大屠杀,再到武汉会战……在这一次又一次敌人疯狂的打击下,在这一回又一回的中日拉锯中,那一幕又一幕的惨烈景象,那祖国母亲赤红的身躯,点燃了中华民族奋发图强、不屈不挠的精神和意志。那钢铁般的民族啊,决定抗战到底!永不言弃!

在全民族的奋起抗争下,终于,在1945年8月15日,日本宣布无条件投降!

在《八年抗战》中,高天著又说道:"这一次抗战的伟大意义,不仅在于击倒了侵略者,促进了日本帝国主义的崩溃,使全民族压迫之下翻身,得到了独立;而且,更重要的是全中国人民为中国的独立、自由、民主、统一、富强而团结起来……民主运动达到了空前未有的高潮,因此,这一次抗战是中国民主革命运动的一个重要阶段,是全民族争取解放的人民战争,抗战胜利是人民战争的胜利。"

啊,十四年抗战!这火红的十四年,不但没有烧尽中华民族的意志,还萌发了许多春风吹又生的种子!

风铃摇醒了红色的梦,我在字里行间苏醒,猛然合上书页,转眼望向沉寂的青天。

萧瑟的秋风卷过,凉意中,眼前似是浮现一个又一个革命者的面孔,清晰的、含笑的。

在这一幢幢拔地而起的高楼中,繁华的街道里,城市,国家,向全面小康迈步前行;九州,巨龙,走向富强的康庄大道。在这美好的前景中,可曾还有人记得往日的红色世界?

滚烫的红色,再次涌上双眸,渐渐失重,飞向苍穹,染红了整片天空,燃烧了东方巨龙整个躯体。红色的土地,红色的人,长久的铭记,永垂不朽的精神,我的祖国!红色故乡!

东方,盘虬的巨龙浴火重生,涅槃归来,百年的风雨洗刷她充满血污的躯体,新生的第一束烈阳穿透她金色的瞳孔,直抵灵魂深处……

　　镜头拉远,声音淡出,九州旷远寂静,天地笼罩在一片鲜活的红色里,蔓延着……

　　　　　　　　(广东省肇庆市颂德学校　张月皓　指导教师　吴振杰)

抗战洗礼下中华民族意识的发展

20 世纪上半叶,中国人民浴血奋战,抵挡了西方列强与日本法西斯的入侵。唯物史观认为,社会意识是对社会存在的反映。民族意识作为一种特殊的社会意识,其改变反映了中国在抗战过程中完成的巨大变化。时至今日,中华民族正经历着以民族意识发展为先的民族复兴之路。在抗战文献数据平台上线之际,本文试图就抗战洗礼下中华民族意识的发展进行探讨,并挖掘其对中华民族伟大复兴的历史意义。

一、中华民族的历史与近代思想

虽然中国有文字可考的历史至少 3000 年,但"中华民族"概念则直到 20 世纪初期才出现。[1]章太炎表示汉族与中华民族基本相合,提出华、夏、汉无异的观点,认为中华民族复兴就是推翻满人统治的汉族复兴。[2]而梁启超的思想也有一定局限性,虽然他率先提出多源合流论,却也有"今之中华民族,即普通俗称所谓汉族者"[3]一类保守观念。梁启超个人的矛盾,可以反映出当时思想界的普遍混乱,还未能充分体会民族的多重含义和中华民族意识。但中华民族的近代思想在 20 世纪初已经萌芽。

---

① 梁启超:《论中国学术思想变迁之大势》,载《饮冰室合集》第 3 册,中华书局,1936 年。
② 章太炎:《中华民国解》,《民报》1907 年 7 月 5 日。
③ 梁启超:《历史上中国民族之观察》,1936 年。

二、中华民族意识的形成与发展

(一)中华民族意识的发展阶段

1924 年 1 月,国民党一大召开,国共合作正式形成,国民革命兴起。新文化运动解放思想和孙中山新三民主义,为中华民族意识提供了新鲜的思想文化血液。大革命虽然以失败告终,但在客观上打击了残余封建统治和帝国主义侵略势力。更重要的是,它开启了中国新民主主义革命航程,让广大人民前所未有地团结起来。

九一八事变后,面对民族灭亡危机,各地民众自发掀起抗日救亡运动,使中华民族对生存能力及荣辱观的认识上升到新高度。但是处于局部抗战时期的人们认识还不普遍、不系统、不深刻,只能说中华民族意识尚处于逐步觉醒的状态。

中华民族意识在全面抗战时期日臻成熟,也渐在人民中流行。不同于勒庞笔下"民族的循环过程"[1],中华民族激发出前所未有的民族意识。此外,抗战使中共经历了历史的锤炼,其"为人民服务"的根本立场受到国民的普遍支持,而抗战中提出的"新民主主义国家制度"与"民族的科学的大众的文化"[2],让黑暗中的人们看到中华人民共和国的曙光。

(二)抗战中中华民族意识的发展

1.政治上——抗日民族统一战线形成

中华民族意识的发展与抗日民族统一战线的形成紧密相关。一方面,通过联蒋抗日,激发出国民党的民族意识和其反帝反封建的革命传统;另一方面,通过国共第二次合作,真正实现全民抗战。

---

[1] [法]古斯塔夫·勒庞:《乌合之众:大众心理研究》,张波、杨忠谷译,华中科技大学出版社,2017 年。
[2] 《新民主主义论》,载《毛泽东选集》第二卷,人民出版社,2006 年,第 708 页。

中共领导的抗日民族统一战线符合抗战形势和中华民族意识发展的需要。虽然中共做出一定让步,但其在统一战线中始终"发挥引领作用,坚定自己立场"。①

2.思想上——马克思主义中国化

抗战过程中,与中国革命现实相结合而形成的毛泽东思想,实现了马克思主义中国化的质变,是中华民族意识的思想基础。

抗战早期,马克思主义传入中国不久,而当时的中共经验不足、力量单薄。1937年,从苏返国的王明坚持右倾的错误主张,直接导致党在统战工作上的损失。反对教条主义和马克思主义中国化命题的提出,使马克思主义高屋建瓴地与中国革命的具体实际相结合,成为这一时期中华民族意识发展以及取得抗战最终胜利的关键。

毛泽东的著作《实践论》《矛盾论》,用认识论和辩证法为理解事物提供了基本逻辑,告诉人们如何能动地改造世界,从哲学高度阐明了马克思主义在中国"到哪去"的问题。王稼祥写道:"毛泽东思想与中国共产党民族解放的正确道路是在与国内外敌人的斗争中,同时又与共产党内部错误思想斗争中生长、发展与成熟起来的。"②它肯定马克思主义中国化在理论和实践上达成了高度统一,表明中共在思想层面对中华民族意识发展的突出贡献。

3.民族关系上——少数族群中华民族化

九一八事变后,日本占领东北,建立伪满洲国,妄图弱化汉人反满抗日的力量。七七事变后,日本又通过多种手段催化回汉、汉蒙矛盾。

在如此高压面前,国民政府、中国共产党及地方政治力量开展了对少数族群的动员,较为贴近少数族群自身(包括族群和国族意识建构)民族化过程的节奏。③在民族视角下,涵盖"族群"和"国族"双重含义,抗日战争确为前所未有的全民族抗战。

---

① 张闻天:《关于抗日的人民统一战线的几个问题》,1936年。
② 王稼祥:《中国共产党与中国民族解放的道路》,《解放日报》1943年7月8日。
③ 吴启讷:《抗战洗礼下少数族群的中华民族化》,《江海学刊》2015年2月。

抗战期间，国民政府的组织和动员能力不足，很难直接控制少数族群的政治势力，只有期待在大规模战争情况下少数族群与国家利益的被动结合。虽然国民党没能有效地激发广大人民的国族意识，但客观上还是在古代封建社会向现代国族意识形成过程中汲取了少数族群的政治能量。

相较之下，中国共产党无论是在敌后战场还是舆论战场上，都积极地为全民族抗战创造合作机会，"领导全国民族革命战争，直接对日作战，反对帝国主义瓜分中国"。[①]中共在东北抗日联军等武装抗日活动中也起到关键作用。七七事变后，《新华日报》社论指出："我们必须动员整个中华民族……巩固团结、抗战到底，才能彻底解放。"[②]中共通过将党的群众力量深化为社会血脉，削弱了传统宗族组织对地方的控制，把少数族群的政治能量转化为对自身的支持和国族意识的发展。

抗战时期，中国的少数族群在与汉人休戚相关的历史进程中中华民族化，使全国人民从"四夷宾服"的民族状态迅速转移到团结抗战中来，中华民族意识进一步发展，积极推动了现代中国的国族建构和国家整合。

三、抗战孕育出的现代中华民族意识形态

（一）"民族国家"与"文明国家"

本文讨论中华民族的问题。而关于"民族"（Nation）一词，在汉语中较为模糊，既可指族群（Ethnic Group），也可指国族（State Nation）。国族与一般民族的区别反映在民族寻求政治自决，而国族和主权国家密不可分，如中华民族、美利坚民族就是典型的国族。

事实上，直到今天中国在"民族"一词上的混乱源于 19 世纪的日本。对

---

① 《中华苏维埃共和国临时中央政府对日战争宣言》，载《中华苏维埃共和国中央政府文件选编》，1932 年。

② 《巩固国内各民族的团结》，《新华日报》1938 年 4 月 24 日。

国家与民族几乎重合的日本人而言,根本没有区分上述三个概念。尽管孙中山的三民主义内涵体现了他对国族概念的理解①,但如梁启超般的中国近代民族主义思想家们,尚拘泥于"民族国家"的概念,还未深入"民族"一词的核心本质。

因此,当我们再次追溯至西方发明的"民族国家"与"文明国家"这一对概念时,不妨将其视为"族群国家"与"国族国家"。

若从民族国家来看,基于血统和族群的民族主义,在中国历史上是不受重视的。中华民族的自我认同观更倾向于对文明中心的认同。正如韩愈说:"诸侯用夷礼则夷之,夷而进于中国则中国之。"因而,不同于欧洲法国、德国等国家,我国始终把文明与教化程度作为自我与非我的判断标准。

(二)抗战后以中华民族为主体的国族意识形成

20 世纪前期,对于古老而崭新的中华民族而言,本质上是其与外部陌生的新世界的碰撞。抗日战争在这个时期内具有 "三位一体" 的特殊意义——民族解放、新民主主义革命、中国民族统一前途斗争。其最大功绩在于把中国国家、中华民族统一起来了。②

关于中华民族在抗战后的统一,我们还要溯源至抗战中。抗战中后期,国内两大政治势力领导人分别出版了他们的纲领性著作,毛泽东《新民主主义论》和蒋介石《中国之命运》。蒋介石写道:"如果今日的中国没有中国国民党,那就是没有了中国。如果中国国民党革命失败了,那亦是中国国家整个的失败。"③国民党将党派凌驾于民族之上,而共产党则逐渐成长,直至中间派民革、民盟响应《五一口号》,一同谋取国内的和平、统一、团结、民主。④中华民族国族意识进一步升华。

抗战前,只有少数知识分子触及了"中华民族"的模糊意识,而正是抗战

---

① 马璧:《孙总理思想的研究》,世界书局,1937 年。

② 刘大年:《抗日战争与中华民族的统一》,《抗日战争研究》1992 年第 2 期。

③ 蒋中正:《中国之命运》,正中书局,1943 年。

④ 《中国民主同盟临时全国代表大会宣言》,载民宪月刊社编:《中国民主同盟重要文献》(一)《和平民主统一建国之路》,民宪出版社编印,1946 年。

让国族意识在各阶层人们中确立流行，是现代中国的开端。

四、当代中华民族意识发展与民族复兴

对于一个几千年的文明而言，抗日战争在中华民族形成国族意识的过程中，伴生出中国在政治、思想、军事、文化等方面的长足发展，转变为中华民族伟大复兴的动力和源泉。

在中华人民共和国成立 70 周年的当下，中国的国族建构面临着内外双重使命。我们应该在西方普世主义浪潮中，在中华民族文明的特有意识中寻求出路。在"五经"中我们有"天下"的概念，这超脱出霍布斯式的"民族国家"，是文明国族化的升华。"天下为公"是最具中国特色的普世关怀。这和全球化背景下"构建人类命运共同体"的思想不谋而合。从中华民族的国族概念出发，只有以人类为关怀，以"天下"为使命，才能实现真正的民族复兴。

（天津市南开中学 余柏辰 指导教师 杨晓庆）

暗淡历史中镶嵌的红宝石——抗战精神

中国人民抗日战争,简称"抗日战争",是中国人民于20世纪三四十年代在中国共产党倡导建立的抗日民族统一战线旗帜下,以国民党和共产党合作为基础,全国各族人民包括港澳台同胞、海外侨胞共同进行的抵抗日本帝国主义侵略的正义战争。1931年,日本帝国主义发动九一八事变,相继侵占中国东北三省,中国局部抗战开始。1937年7月7日卢沟桥事变爆发,从此开始全国性抗日战争。

1931年,日军发动九一八事变后,完全侵占中国东北,并成立伪满洲国,此后陆续在上海、华北等地制造事端,挑起战争,国民政府则采取妥协政策避免冲突扩大。1937年7月7日,日军在北平附近挑起卢沟桥事变,抗日战争全面爆发。1941年12月7日日本发动太平洋战争后,12月9日重庆国民政府正式对日宣战。1945年8月15日,日本向同盟国宣布无条件投降。

中国人民14年的抗日战争终于结束,中华民族承受了巨大的苦难,最终取得了近代以来反对外来侵略战争的第一次彻底的胜利。到底是什么力量支撑着近代以来备受磨难的中华民族取得最后的胜利呢?

2014年9月3日,习近平总书记在纪念中国人民抗日战争暨世界反法西斯战争胜利69周年座谈会上的讲话中指出:"在中国人民抗日战争的壮阔进程中,形成了伟大的抗战精神,中国人民向世界展示了天下兴亡、匹夫有责的爱国情怀,视死如归、宁死不屈的民族气节,不畏强暴、血战到底的英雄气概,百折不挠、坚忍不拔的必胜信念。"①这正是在抗日战争中形成的如

---

① 习近平:《在纪念中国人民抗日战争暨世界反法西斯战争胜利69周年座谈会上的讲话》,《人民日报》2017年9月4日。

暗淡的历史中镶嵌的红宝石一般的品质——全民族抗战精神。这种精神支撑了 14 年抗日战争最终取得胜利,为世界反法西斯战争的胜利、世界和平发展做出巨大贡献。

抗战精神升华了以爱国主义为核心的伟大民族精神。在五千多年的发展中,中华民族形成了以爱国主义为核心的团结统一、爱好和平、勤劳勇敢、自强不息的伟大民族精神。

抗战精神是中华民族优秀历史文化传统的继承和发扬,也是抗日战争时期特殊历史条件的产物,它的产生与形成是历史的必然,是中华民族精神的继承和发扬。

伟大的抗战精神,是中国人民弥足珍贵的精神财富,是激励中国人民克服一切艰难险阻,为实现中华民族伟大复兴而奋斗的强大精神动力。

精神促使行动,抗战精神是整个抗战的主要支柱。从 1931 年 9 月 18 日日本发动九一八事变后,许多爱国志士纷纷开始反抗斗争,局部抗战的局面已然形成。在民族危机空前严重的关头,中国共产党于 1935 年 8 月 1 日发表《为抗日救国告全体同胞书》,呼吁全国各党派、各阶层、各军队团结起来,停止内战,一致抗日。[1]中国共产党抗日救亡的正确主张,在全国范围内产生了很大影响,有力地推动了全国抗日救亡运动的开展。

在中共地下组织的领导下,1935 年 12 月 9 日,北平学生举行声势浩大的抗日游行,喊出"反对华北自治""打倒日本帝国主义""停止内战,一致对外"等口号,遭到国民党军警镇压。12 月 16 日,北平学生和市民 3 万多人在天桥召开市民大会。会后,举行了更大规模的示威游行,即一二·九运动。它促进了中华民族的觉醒,标志着中国人民抗日救亡运动新高潮的到来。

在杨虎城和张学良的促使下,逼迫蒋介石联共抗日,这就是历史上著名的西安事变,正是他们的民族气节,才会让他们及时纠正蒋介石错误的决

---

① 中共统战部、中央档案馆编:《中共中央抗日民族统一战线文件选编》(中),档案出版社,1985 年。

定,促成国共合作,形成了抗日民族统一战线,为此后的抗战胜利提供基本保障。西安事变的和平解决为抗日民族统一战线的建立准备了必要的前提,成为由国内战争走向抗日民族战争的转折点。

1937年7月7日卢沟桥事变爆发后,全民族抗战精神才逐步形成。在其后的争取民族独立的战争中逐步发展,并得到进一步的升华。

这种精神即是天下兴亡、匹夫有责的爱国情怀,视死如归、宁死不屈的民族气节,不畏强暴、血战到底的英雄气概,百折不挠、坚忍不拔的必胜信念。正是有这种伟大的全民族抗战精神,才会最终赢得抗日战争的胜利。正是这种精神的指引,使我们中华儿女在困难面前不低头,面对敌国入侵毫不畏惧,坚决反抗。

正如在抗日战场上牺牲的八路军最高级别指挥员——左权将军在前线写给妻子刘志兰的家书,家书不仅揭露了日军的暴行,还表达了左权对家人,尤其是女儿左太北的牵挂。虽然不舍家人,但是作为军人,在民族危亡关头,左权毅然抛弃了小家,为祖国和人民奉献出自己宝贵的生命。如今,虽然这些家书的纸张已经泛黄,字迹也很模糊,但我们仍然可以从中感受到一位爱国将领在艰苦岁月中的铁骨柔情与不屈斗志,感受到抗战时期中国共产党人救国为民的初心使命。鲁迅先生在《答徐懋庸并关于抗日统一战线问题》一文中写道:"……但我在这里,有些话要说一说。首先是我对于抗日的统一战线的态度……然而中国目前的革命的政党向全国人民所提出的抗日统一战线的政策,我是看见的,我是拥护的,我无条件地加入这战线,那理由就因为我不但是一个作家,而且是一个中国人,所以这政策在我是认为非常正确的……其次,我对于文艺界统一战线的态度。我赞成一切文学家,任何派别的文学家在抗日的口号之下统一起来的主张。"①工农大众不仅以自己的劳动支撑着中国社会的生产和生活,有的热心的群众还在后方帮助照看伤员。一些在当地有名望的大家族也甘愿捐献出家产,为军队提供物资及物

---

① 鲁迅:《答徐懋庸并关于抗日统一战线问题》,载《且介亭杂文末编》。

质保障。人民群众也是参军、参战和支援前线的最基本力量，大部分都是工农子弟兵在支援前线，保卫自己的祖国。

虽然不同的人反抗的方式不同，有的在前线战斗，有的用自己的笔与敌军进行斗争，还有的同胞在后方做出贡献。这些做法都能充分显示出他们的爱国和爱好和平的民族精神，这些行为也向世界展示了我们中华儿女的自信与无畏。

1940 年，第 33 集团军总司令兼第 5 战区右翼兵团总司令张自忠①在枣宜会战中壮烈殉国。出征前，他这样说："为国家民族死之决心，海不清，石不烂，决不半点改变。"以此来勉励部下兄弟。这就是一个军人用实际行动对抗战精神做出最好的诠释。

当时的中国战火纷飞，百姓们都过着整日担惊受怕的生活。蓝柯等人著的书《一只胳臂的孩子》②中，就描写了孩子们在终日紧张的生活中，用自己的实际行动发扬着全民族抗战的精神，为抗战事业奉献自己的力量。

作为当今社会中的一员，我们肩负着实现中华民族伟大复兴的使命，我们也应该继承先辈们那种民族精神、民族气概，并在当今社会中发扬光大。在我看来，弘扬伟大的抗战精神，首先，青少年应该学会始终把自己的个人命运同国家、民族的命运紧紧联系在一起。其次，要努力学习科学文化知识，增强动手能力、创新意识，对知识要有好奇心、求知欲，热爱科学，为祖国的进步事业奉献出自己的力量。党员、团员要始终密切联系群众、依靠群众，为人民群众谋利益。俗话说"众人拾柴火焰高"，抗日战争之所以能够取得最终

---

① 张自忠(1891 年 8 月 11 日—1940 年 5 月 16 日)，字荩臣，后改荩忱，汉族，山东临清人，第 5 战区右翼集团军兼第 33 集团军总司令，中国国民党上将衔陆军中将，追授二级上将衔，著名抗日将领、民族英雄。1937 年至 1940 年先后参与临沂向城战斗、徐州会战、武汉会战、随枣会战与枣宜会战等。1940 年，在襄阳与日军战斗中，不幸牺牲。中华人民共和国成立后，追认张自忠将军为革命烈士，2009 年被评为"100 位为中华人民共和国成立做出突出贡献的英雄模范人物"。2014 年 9 月，张自忠将军名列第一批 300 名著名抗日英烈和英雄群体名录。

② 蓝柯等：《一只胳臂的孩子》，东北书店印行。

的胜利,一个重要原因就是我们党始终以民族大义为重,广泛发动和组织群众,充分发挥人民群众的智慧和力量,这样才能建立起抗日民族统一战线。最后,我们还要增强勇气,要养成坚持不懈的品质。抗日战争时期,我们在那样极端困难的环境下,顽强抗争,最终取得胜利。今天,在实现中华民族伟大复兴的道路上,如果我们青少年能时刻铭记先辈们是如何在艰难困苦中勇往直前的,将这种奋斗不屈、不畏困难的精神品质运用到我们的学习生活中去,就没有什么困难是我们战胜不了的。

历史是最好的教科书,也是最好的清醒剂。只有对历史进行深刻的了解,铭记历史教训,才能深刻总结历史经验、把握历史规律、认清历史趋势,才能在对历史的深入思考中时刻保持清醒头脑,走向更好的未来。今天,我们纪念抗战爆发 88 周年,并非要延续仇恨,而是要以史为鉴、居安思危,不让历史悲剧重蹈覆辙。我们作为新时代的青少年要牢固树立人类命运共同体意识,始终坚持维护世界和平,促进各民族共同发展,弘扬中华文化和中国精神,让全世界重新认识飞速发展的中国。历史经验昭示我们,"落后就要挨打,发展才是硬道理",在综合国力竞争日趋激烈的当今世界,安不忘危、存不忘亡、治不忘乱,这是一个大国应有的品质、品格,是一个民族迈向伟大复兴的应有的义务。全民族抗战精神的形成,是抗日战争伟大胜利的重要保障,是抗战精神的伟大胜利,是爱国主义的伟大胜利,是全体中华儿女共同奉献、群策群力的具有时代特征的产物。抗日战争的胜利,一扫近百年来中华民族在抵抗外来侵略中屡战屡败的阴霾,一雪中国近百年来屈辱、被奴役的耻辱,激发了民族的自尊、自信和爱国主义精神,极大地改变了中华民族的精神面貌。今天,我们站在新的历史起点上,伟大的抗战精神仍然具有宝贵的时代价值,是实现中华民族伟大复兴、维护世界和平、促进人类共同发展的重要精神力量。

我们要传承和弘扬全民族抗战精神,坚定信念,以史为鉴,肩负起实现中华民族伟大复兴的历史使命,让全民族抗战精神在新时代具有更加辉煌的光芒!

(新疆维吾尔自治区乌鲁木齐市新疆实验中学 高艺芯 指导教师 范青梅)

铭记那抹鲜红

——抗战精神的家族传承

抗日战争让中华民族付出了巨大代价,但是在中国共产党的领导下,中国人民以英勇无畏、视死如归的精神进行全民族抗战,并取得了伟大的胜利。我的祖辈亲身参与了这场伟大的民族抗战,以深沉厚重的情感和忠贞不渝的精神,凝聚成鲜红的爱国、报国情怀,时刻鞭策一代代后人刻苦学习、努力工作、报效祖国,把抗战精神不断地传承延续。

泱泱华夏经久不衰,五千年风云变幻、光阴流转中,中华民族精神历久弥新,屹立不倒。抗战时期先辈们的红色精神,正是民族精神中一抹永不磨灭的鲜红,无时无刻不在深化着对那段战火纷飞的岁月的回忆。纵然时光飞逝、世事变迁,那红色的精神由中华民族代代传承,从未淡出。

1937 年 7 月 7 日深夜,日本侵略者进攻卢沟桥,抗日战争全面爆发,成为中华民族的切肤之痛。南京大屠杀的惨案,更是令人毛骨悚然、潸然泪下。那是无数血与泪凝结成的教训,作为华夏儿女,作为中华民族的传承人,我们不能忘记!

然而战争已成为历史,时代的车轮不停,一味地细数过往种种,也是无益于民族之发展和振兴的。面对这一段令人无法忘怀的血泪史,我们该如何取舍、砥砺前行呢?试将目光放远、放广阔:平型关大捷、台儿庄战役,无不显示着中华民族强大的生命力和伟大的民族精神。抗日战争的胜利彻底打败了日本侵略者,捍卫了中国的国家主权和领土完整。它洗雪了鸦片战争以来中国人民受帝国主义奴役和压迫的耻辱,极大地推进了中国革命的历史进程,为中国新民主主义革命的最后胜利奠定了坚实的基础。由此,纵然血洗中华大地,纵然泪洒黄河长江,我们仍能从这场全民一心的战争中,感受到一股激昂向上、振奋人心的力量——一种带着鲜红颜色的、不可磨灭的抗日精神,一种视死如归、英勇无畏的爱国精神。这种精神,从我们祖辈的血液流淌而下,不断地被重塑、锻造、升华,随着时代的变迁,发挥着独特的作用。

于整个中华民族而言,抗战精神是一个重要的精神支柱。而于我个人而言,抗战精神以其历久弥新的丰富内涵,始终以那样一抹鲜红的颜色,闪耀在我的家族历史、家族传承中。

我的曾祖父,自1940年投身抗日战争,隶属中国共产党领导的胶东支队。在抗战中,他所在的部队长期活跃于胶东半岛,这也正是著名电影《地雷战》描述的战争发生地。抗战时期,地雷大显神威,不仅在山东海阳人民的革命斗争史上写下了光辉的一页,而且在胶东抗战史上涂上了浓重的一笔。在抗日战争中,海阳民兵共作战2000余次,毙伤俘敌1500余名,缴获各种武器600余件,涌现出县以上英雄模范500多名。生活艰苦、条件恶劣,而曾祖父和他的战友们克服种种制约因素,在抗战中英勇无畏,一心跟随共产党的领导,心系国家和人民,将那最热烈、最深沉、最本色的抗战精神刻入骨髓。

曾祖父带着那份炽热的情感与忠贞不渝的精神,走过了抗战岁月,走进了和平年代。家国之情,难以忘怀;报国之志,时时萦绕。曾祖父写下了一本又一本回忆录,满腔热血从未冷却,直至弥留之际,对我们说的仍是:"年轻人,要努力学习,报效祖国。"这样的爱国情怀、这样的顽强与坚忍,何尝不是抗战精神的延续呢?!

在曾祖父的精神熏陶下,祖父、父亲,再到我,都耳濡目染,被这一份抗战精神深深地影响和洗礼着。祖父带领县城人民治理水患,坚定不移地为人民服务,治理一方、安顿百姓、心系人民、建设国家;父亲坚守岗位、恪守纪律、严谨工作,为人民更美好的生活奋斗,为国家更兴旺发达努力……祖国发展日新月异,在我的家族里,薪火相传,带着一辈又一辈不同的时代特色,唯一代代坚守如一的是那历久弥新、不断丰富的抗战精神!是那一心为民为国、不畏艰险的奉献精神!是那带着鲜红色彩、永葆生命力的民族之魂啊!

中国人民抗日战争是近代以来中华民族第一次取得完全胜利的反侵略战争和民族解放战争，是 20 世纪中国和世界历史上的重大事件，也是战争史上的奇观。这场战争无疑是悲壮的，充斥着惨痛的血与泪；但在这场艰苦卓绝的战争中，中华民族充分彰显了伟大的抗战精神、顽强不屈的民族精神。这精神，是带着颜色的，是热血奔涌、流淌不息的鲜红色啊！

光阴流转，时代更替。代代相传的、不变的，是铭记于心底的那抹鲜红。

（安徽省蚌埠市第二中学 徐榕青　指导教师 汪焕香）

岳麓清华　景忠永存

夕阳洒落大地，天空被晚霞染成了血红色，远处传来沧桑的声音，我们几个孩子被吸引过去。

"要吃鬼子肉，只有一七六……"原来是村口的老爷爷坐在小石凳上，手里握着芭蕉扇，大声说着。太阳的余晖照在爷爷的脸上，脸上的胡茬可以看得很清楚。我很敬佩老爷爷，常听爸爸妈妈说他年轻时参过军，杀过日本侵略者，如今已经90多岁了，但身子骨依然硬朗。我注意到他每每念及"一七六"时，脸上流露出骄傲自豪的表情，声音也大了，于是我们感到好奇。

"一七六是什么呀，爷爷？"我们瞪大了眼睛巴望着他，渴望知道答案。

爷爷停止挥动扇子，坐得端正了些，开始了他的演说，而我们几个孩子则成了他的听众。

他提了提嗓子，说："一七六是一支中国抗日军队，在抗战期间一直活跃在大别山地区，主要进行敌后作战，它呀隶属于桂系，咱们中国抗战史上唯一一支两度参加淞沪抗战的部队就是一七六师呢。"

话音刚落，传来熟悉的声音，是娘亲们在呼唤自家的孩子回家吃晚饭呢。孩子们一个个都跑回家，我却无动于衷。我渴望继续听爷爷讲故事，可爷爷见孩子们都跑了，哭丧着脸："现在的孩子啊，都对抗战不感兴趣了哟，这些历史都没有人去了解了，哎。"

那时起，我第一次接触到"历史"这个概念，后来上了初中，我学习了历史这门科目，学习了抗日战争，知道了日本在中国犯下的滔天罪行。但那时对日军暴行的认知比较模糊与浅显，直到接触、了解到家乡的历史，才改变了这种情况。据太湖地方史料记载："日军驻潜山黄泥港期间，到花园鸣山村(今新仓镇鸣山村)一带'扫荡',抓到了当地人鲁传明、王顺宽两人。日军勒令鲁传明杀死王顺宽,从中取乐,鲁不依从,日军就用刺刀捅,鲁传明无奈只好杀死王顺宽。王被杀后,日军将鲁传明吊在大树上,把他的心挖出来分食下酒……"这些真真切切发生在我家乡附近的人间悲剧,深深地震撼了我年幼的心灵。

然而哪里有压迫哪里就有反抗,中国军队奋起抵抗,而爷爷口中的176师就是其中一支队伍。

我了解到176师参加过许多战役。1939年5月,鄂北、豫南方面中国军队在武汉对日军产生了威胁,为消除威胁,日军进攻湖北枣阳。176师隶属的第21集团军48军,被编入牵制和阻击日军进攻的右翼集团军,随后进驻皖西南地区。日军占领安庆后,向世界吹嘘安庆是稳定繁荣的地方。为粉碎日军欺骗国际舆论、混淆国际视听的宣传,第21集团军司令部命令176师,有力地打击了日军。在5月5日的安庆攻袭战中,城内日军数十人、城外日军500多人被176师歼灭,焚毁弹药库两所、飞机库数间。同时当英美兵舰驶到预定地点时,立即开炮轰击,从而粉碎了日军对国际的欺骗宣传,这无疑给了日军沉重一击。

6月,第48军频繁活动于安庆附近地区,安庆郊区被围攻,公路交通也被切断。8月15日,176师1056团团长率该团一个营与望江县县自卫大队、挺进队共1000多人,袭击望江城日军。9月,驻横山的176师526团被驻安庆的300多名日军夜袭,该团战士英勇反击,毙敌200余人。

此外,176师从1939年12月4日至1940年1月9日进行了安庆冬季攻袭,在这次历时37天的安庆冬季攻袭中,沉重地打击了安庆地区的侵华日军,安庆日军元气大伤,不得不撤回安庆城内进行休整。那时日军部队残余两百多号人,日军不得不向安庆继续增兵,以补充部队的损失。

纵观国民革命军176师在安庆地区的抗战过程,我们不难看出,正是出自对国家和民族的热爱,176师才北上出征并在安徽前线作战屡建战功,在中华民族全民族抗战的历史中留下了浓墨重彩的一笔。

1942 年 6 月,在范苑声将军的提议下,安庆各县党政及各界人士相聚潜山,经讨论,决定于野人寨修建烈士公墓,并从 176 师抗战的地方搜集了 985 名烈士的遗骨,埋葬于公墓之中。"景忠"意为景仰忠烈,这所依陵而建立的景忠中学守护英烈们近 80 年。中华人民共和国成立后,学校改名为野寨中学,其中的烈士陵墓、公祠、亭仍然存在。2013 年,学校花费物力财力修缮烈士陵园,并开工修建野寨中学博物馆。如今在安徽的大别山深处有着那么一所风景优美的学校,背后站着 985 名先烈的英灵,庇佑着每一个学子。

记得我第一次来到野寨中学是初三的研学活动,我们爬上小山冈来到忠烈祠前,在那儿我认识了王胜生校长,校长已经 70 多岁了,身板硬朗,给人一种精神抖擞的感觉。那天我有幸听他讲述了野寨中学校史,还了解了几位英雄人物。

其中一位是江汉节烈士,他是广西南宁人,毕业于中央军官学校第一分校,是长眠于野寨中学抗日阵亡将士公墓中的第一人。生于广西,不远万里,奔赴安徽战场,壮烈殉国,试问一下,这得是多么高尚的一个人?我深感敬佩。

另外还有一位陈林发老人,如今已经 90 多岁,他经历过抗日战争、解放战争和抗美援朝战争。王校长曾寻访过陈林发老人,一提起抗战,老人情绪就十分激动。陈林发老人说道:"桂军在抗日战争时期的表现最令人敬佩,绝大多数的大型会战都有桂军部队参与。但是在抗日战争时期,真正在保卫广西的桂军却很少,桂军部队主要是在外省,桂军最多的一个省就是安徽。有一次在战斗中,一连守南门,战斗得相当激烈。傍晚,报连长阵亡,营副官上去代理。没过多长时间,又报告副官牺牲,副营长去指挥。半个小时后,又报副营长已尽忠报国。排长亦相继牺牲,战斗到敌人败退,全连只剩下 15 个人。我们就是以血肉之躯迎击来犯的拥有飞机大炮的日军。"战斗结束后,想起长眠在身边的战友,陈林发却连伤残也没有上报。这就是中国军人的本色,这就是不怕苦不怕累、不抛弃不放弃的中国脊梁。

中国军队在战斗结束后,要安排打扫战场,牺牲者一般用担架抬回掩埋,就连日军尸体也照样掩埋。但是日军对中国阵亡将士尸体往往随意扔到沟渠或者洼地了事,并且从不放在路边。对待殉国亡灵,国人敬之、佩之、尊之,日军却草草了事。谁才是正义的力量、文明的国家,高下立判。

一寸山河一寸血,当生命之血流尽,烈士尸骨仍守望于斯土。英雄们舍身报效祖国,祖国也会永远铭记这些英雄。中华人民共和国成立以来,各级政府极为重视野寨抗战公墓修葺与保护,清明祭扫、国家公祭日等纪念活动已成为这所学校师生最珍贵的集体记忆。每年学校专门设立的"长城计划""长城奖",重在表彰考取军校和国防生的学子,每年有大批"野中"优秀学子投身国防建设。

时过境迁,琅琅读书声在亭祠间响起,大批优秀学子在烈士英灵护佑下学有所成,奋斗于社会各界。缅怀先烈,发奋图强,21 世纪的我们身处和平的国家,虽说远方的子弹再也飞不进我们强盛的祖国,但不应抛弃先烈们战争年代保家卫国的满腔热血。岳麓清华,景忠永存,带着新时代复兴中华的责任,出发,以你我之梦,圆中国之梦。

（安徽省潜山市野寨中学　张佳希　指导教师　徐汉夫、吴旺）

抗战精神在民间

历史的漫漫长河亘古不变地流淌,一代又一代人成就属于自己的辉煌。十四年抗日战争,流下了无尽鲜血,出现了无数英雄豪杰,在他们身后是无数的平民百姓,他们或许名不见经传,但正是这一个个普通人,用自己微不足道的力量,不畏强暴、奋起抵抗。在那个时代,他们每个人都是主角,共同谱写了华夏儿女的宏伟篇章。本文将走进那个惊心动魄的年代,见证人民群众所经历的苦难,感受他们深厚的家国情怀。

一、参军

1931年,日军发动九一八事变,以残忍的"烧光、杀光、抢光"政策践踏在中国这片沃土之上。肆意妄为的破坏,让人民处于苦难之中无法翻身。政府人员夺路南逃,国民党军队仓皇撤退,肆意掠夺,日军派遣汉奸、特务建立伪政权,胡作非为。在这样的情况下,人民自卫军逐渐组织起来。无论他们原来是怎样的身份地位,无论他们最初是善是恶,他们都有一个共同的目标,那就是抗日。中日力量相差悬殊,但他们终归还是拿起了武器,向着残暴的敌人进军,他们选择了一条拯救自己、拯救中国的道路。一支支拥有广泛群众基础和旺盛生命力的抗日武装如雨后春笋,带着明亮的曙光,照亮了一片灰暗的土地。

以博野民军为例,让我们了解其组建与发展。反动军阀张荫梧收编国民党军队中的散兵游勇,集中他所管辖的各县保安队,组建了河北民军。在张荫梧南逃时,一支队伍没有同行,在一定时期内与其断绝联系,服从中国共产党的领导。这支队伍后成为博野民军,克服了反动势力的威胁,在党的领导下,克服了一切困难。起初队伍只有县警察局、保安队的百余人，后来逐渐壮大到三个团、一个特务营。民军积极抗战，"1937年11月，在清苑县阻击日寇的进攻，1938年2月，打击石门日寇的进犯，同年4月与敌人激战三天三夜，敌人慌忙逃跑……"①此外，民军政治部还进行了大量抗日宣传工作，上演抗日救亡小戏，运用多种形式的文艺演出，让人们心中始终洋溢着抗日的热情，参军的百姓络绎不绝，掀起了"妻子送郎上战场，母亲叫儿打东洋"的参军高潮。

冀中军区将起义人员编成了两个团，后又增派了三个团，以此为基础，冀中民军产生了。民军壮志北上，经过近月战斗，收复高阳、安新两城，随后连日强袭，收复河间。"到1938年10月，据不完全统计，主力部队作战321次，毙伤日军3276人，俘100人，毙伤伪军1130名，俘296名，伪军反正1100名，我指战员伤1809名，亡1303名。"②不到一年时间，众多中华儿女献出了自己的生命，他们用鲜血铸就了战争的胜利，这是一种大无畏的爱国精神，让人为之感动与赞叹。

全国各地又何尝不是如此，那些尚有力气拿起武器的人民，不惜为国捐躯，只为和平的未来。

二、供资

抗日战争，前线是英勇杀敌的战士们，后方是无私的人民群众。他们虽未直接与敌人殊死搏斗，但他们如牛一般地不停工作，源源不断地为前线输送着资源。他们用自己的汗水奉献着，他们是最坚实的后盾。

在这支庞大又重要的队伍中，妇女们充当了主力军。几千年的封建压迫

① 肖泽西：《关于民兵的一些历史情况》，载冀中人民抗日斗争史资料研究会编：《冀中人民抗日斗争文集》第1卷，航空工业出版社，2015年，第56页。

② 郑扶：《冀中人民自卫军战斗历程之片段》，载冀中人民抗日斗争史资料研究会编：《冀中人民抗日斗争文集》第1卷，航空工业出版社，2015年，第119页。

使她们社会地位低下,成为男人们的附属品。在那个战乱的时代,女人们更是被视作累赘,不知何去何从。然而共产党带来了光明。女性知识分子率先打响了第一枪,走出了家门,参加了"动员会",并动员更多的女性积极参加抗日队伍。她们逐渐接受了"抗日才是生路"的主张,开始建立基层组织,积极支援前线,靠她们的双手,承包了战士们的衣服鞋袜。冀中妇女们"仅1939年一次号召就完成大鞋16万双,每当战后或战争中妇女们则自动募集慰劳,把鸡蛋食品送上前线,大大鼓舞了战士们的情绪"①。社会见识到了妇女的强大力量,妇女开始追求自由平等的权利,一定程度上推动了妇女解放事业的发展。

人民群众抗战热情高涨,积极参与各种资源的供给,下面将以冀中人民为例进行论述。

"人民自卫军在开平县组建被服厂,几月后便建成了拥有缝纫机150多台、技术人员1500多人的工厂。"②物资较为充足,工人们生产积极性高涨,担当起供给全军被服的任务。而后多次进行大规模生产,后来受日军封锁影响,人们靠自己现成的资源,巧妙灵活地解决了资源匮乏的难题。在最艰苦的地区,战士们自己也缝制衣物,缓解群众的压力。

对于士兵,不光是被服、粮食,武器更是必不可少。地方组织配合筹建了修械所,随着工匠、工人们纷纷响应加入,规模迅速扩大。"所内根据生产任务设置:修理课、机工课、锻工课、木工课、刺刀大刀课、翻砂课、火工课。除修理枪支和少量生产二七式步枪外,成批生产的产品有大刀、刺刀、手榴弹、迫击炮弹、地雷、马装具等。"③产品及时向部队提供。此外,知识分子们努力研

---

① 冀中妇女小组:《八年抗战的冀中妇女运动》,载冀中人民抗日斗争史资料研究会编:《冀中人民抗日斗争文集》第1卷,航空工业出版社,2015年,第190页。

② 吴尔祯:《抗日战争时期集中军区供给工作被装史料》,载冀中人民抗日斗争史资料研究会编:《冀中人民抗日斗争文集》第1卷,航空工业出版社,2015年,第267页。

③ 林博卿:《抗日战争时期冀中军区军械工作(含军工)史料》,载冀中人民抗日斗争史资料研究会编:《冀中人民抗日斗争文集》第1卷,航空工业出版社,2015年,第276页。

发威力更大的武器,全身心地投入抗战支援工作。

同时共产党组织群众开挖地道,将堡垒户联系起来,并通过试点积累经验,一项轰轰烈烈的"地下长城"工程就此展开。人们夜以继日、废寝忘食地开凿地道,为军队提供了比较稳定的环境。我军后来利用地道大败日军、躲避大"扫荡",凭借以守代攻、以逸待劳的策略,逐渐占据了主导地位。

军民们团结一心、众志成城,为抗战胜利铺好了坚实牢靠的基石。

三、民生

抗战时期,人民的生活虽然艰苦,但他们身上强烈的抗日精神,为他们的生活增添了许多色彩。

学校在各地相继开办。拿延安学校①来说,这是一所"革命军人子女保育院",养育着年龄不同、家乡各异的孩子们,培养他们的生活技能。学校物力维艰,让他们懂得人间疾苦;学校坚忍地走过了小儿病流行的岁月,让每个孩子平安地成长;学校对孩子们进行思想教育、纪律教育,让他们进行生产劳动,在工作中学习,以实事求是的教学作风培养出新一批小英雄,再次投入抗战工作。

报纸、无线电也迅速普及。报纸原在很多县城发行,后因敌人入侵转移到农村,又在群众的掩护之下隐藏在地洞里办报。群众千方百计地想让办报人吃得好一点,可是到了那些困难日子,也只能有难同当。报纸让群众了解了世界大事、进行政治学习,也指导群众从事生产劳动工作,人们如饥似渴地阅读着、坚定不移地支持着,再加上党对办报的指导,让报纸工作得到飞速发展。人民也为掩护电报员,冒着生命危险与敌人周旋。困难再大,只要有人民群众的支持,一切苦难便都能支撑下去。

---

① 程今吾:《延安一学校》,东北新华书店印行,1949 年。

各军区的剧社以"团结人民、教育人民、服务于人民、打击敌人、消灭敌人"①为宗旨,以文艺队伍成员的智慧与经验,创作出许多优秀作品,丰富了人民的生活,大大鼓舞了群众的抗日热情,让炽热的爱国之心紧紧相连。

人民在苦难中发现了生活的乐趣,以坚强乐观的心态期盼着美好的明天。

四、结语

他们仅仅是普通人,但他们的身体中蕴藏着饱满的抗战精神——天下兴亡匹夫有责的爱国情怀,视死如归、宁死不屈的民族气节,不畏强暴、血战到底的英雄气概,百折不挠、坚忍不拔的必胜信念。即使他们名不见经传,但他们的精神永垂不朽,激励着一代又一代的人民。

他们所具有的优良品质,值得中华儿女学习与传承。

(山东省青岛市第一中学 袁书琴　指导教师 丁彦平)

---

① 田野:《冀中八剧社作品目录》,载冀中人民抗日斗争史资料研究会编:《冀中人民抗日斗争文集》第 9 卷,航空工业出版社,2015 年,第 3000 页。

中国共产党与农村抗日民族统一战线

于 1937 年 7 月 7 日开始的全民族抗战，是世界反法西斯战争的重要组成部分。特别是随着正面战场的局势变化，敌后广大农村地区在抗日民族统一战线的旗帜下为抗战做出了巨大的贡献。全民族抗战是中国自近代100 多年来反抗帝国主义侵略第一次取得完全胜利的民族解放战争。而在这场伟大的反侵略战争中，中国广袤的农村也在统战的基础上为日后的胜利做出了卓越的贡献。因此，农村统战工作的开展，为正面战场提供了保障，赢得了时间和缓冲空间，是抗战得以胜利的一个很重要的举措。

一、树立开展农村统战工作的思想

中共早在 1935 年的瓦窑堡会议中就指出："中国工人阶级与农民，依然是中国革命的基本动力。广大的小资产阶级群众，革命的知识分子，是民族革命中最可靠的同盟者……共产党员必须深入到群众中去……把统一战线运用到全国去……"[①]通过在根据地的农村工作实践，长征之路上更好地观察与了解，中国共产党早已经熟知了农村的重要性。1937 年 8 月，中共中央在洛川召开了政治局扩大会议，决定开展独立自主的抗日游击战争，开辟敌后战场，这更进一步表明了农村的重要性。1940 年 3 月，中国共产党在总结抗战以来根据地政权建设经验的基础上，为了更好地贯彻执行抗日民族统一战线的战略策略，争取和团结各界人士共同抗战，首次在党

---

① 《党史研究与教学》2005 年第 9 期。

内正式提出了"三三制"政权建设思想,进一步实践农村统战工作。在 1932 年之后,国民党多次在会议决议中强调农村合作运动的重要性。1934 年,国民党公布了合作社法,减轻了农民的后顾之忧。

二、农村统一战线的联合实践

抗战时对军需物资的需求量很大,蒋介石认同了中共的民族危机高于阶级矛盾的主张。他在谈话中指出:"在抗战之现阶段中,则民族主义之地位尤为重要;如其民族不能获得自由与生存,则民权无由发挥,民生无所附丽。"①蒋介石对于地主富户财产的分配并没有过多干涉,他只是定下一些地主富户们力所能及的捐献义务,让他们也能认识到抗战的重要性。用一句话总结他的思想,便是我们今天所说的"有钱出钱,有力出力"。

"有钱出钱,有力出力"一语,在国共 10 年内战期间亦曾出现在蒋介石等国民政府军政人员的讲词中,但抗战爆发后,这一句话迅速流行,不惟在蒋介石的讲词中经常出现, 更是为中国共产党所使用。《抗战时富人的义务》通过历史事件的例子及评述,号召民众为国家尽自己的力量。最后,该书总结抗战以来"有钱出钱"的态势并对未来做出展望:"抗战以来,人民自动献金的虽然不少,但是这种运动还没有做到普遍,那些家产有几十万、几百万、几千万以上的人,能慷慨解囊的并不多,至于毁家纾难的更是凤毛麟角了。所以我们希望要做到'人人出钱,个个解囊'的地步。"表明了当时发动城市中较为宽裕的人民捐献的困境。然而在农村地区,这种号召也同城市的境况一样,作用不是很大。旋踵,蒋介石便了解了地主富户们囤积居奇的不配合:"川省各县稍有财力的富户, 藏积一年两年前陈粮者, 必不在少。"有些想将囤积三四年的粮食卖出时,才发现国家急需的粮食已经被发放了;有些人甚至干预国家征购,提出少交粮的要求。随即蒋介石进行了行

①《抗战时富人的义务》。

政干预,硬性规定地主富农的征收额,对殷富大户强制募债储蓄,并让其在各种捐献的场合成为地方上的榜样。①这在一定程度上保证了他们在农村开展统一战线时的配合。

中国共产党是倡导建立抗日民族统一战线的先行者,也是率先在农村进行统战工作的实践者。共产党一直扎根于基层建设,知道农民们对抗战的重要性。早在1937年2月,中国共产党便在《中共中央致国民党三中全会电》中表明:"停止没收地主土地之政策,坚决执行抗日民族统一战线之共同纲领。"②中国共产党在对国民党独裁统治暂时做出让步、以全民族抗战为重之后,立即配合开展乡村地区的统战工作,积极消除根据地阶级矛盾,为日后打下良好基础。1937年10月16日,党在关于农民土地政策和群众运动政策中提出:"必须废除旧的农会法,保障农民有组织农民协会及言论、集会、出版的自由","在抗日根据地的各种群众,首先应自己组织起来,在群众自己的政治、经济与文化的各种要求的纲领上,建立真正群众的工会、农会、学生会、商会及青年、妇女、儿童等团体","工会、农会是抗日政府最重要的群众基础与柱石。没有强大而有力的工会、农会作为抗日政府的基础与柱石,抗日政府是沙洲上建立起的房屋。工会、农会及一切群体的中心任务,是在广泛发展群众为改善生活待遇斗争的基础上,引导广大群众去参加抗日政府与抗日武装部队建设。派遣自己最好的干部到政府和军队中去负责工作,动员群众去参加抗日各方面工作"。③党制定了一系列的政策协助群众团体,并且给予这些农会自主的权力来协同运行,尊重加入团体的群众的个人生活。日后,中国共产党在其制定的规划中还提出,农民

---

① 《国民月会讲材丛书》,福建省党支部翻印,1939年9月18日。

② 《中共中央关于改变没收地主土地的政策》,载陕甘宁边区财政经济史编写组编:《抗日战争时期陕甘宁边区财政经济史料摘编·1·总论》,陕西人民出版社,1980年,第43页

③ 刘少奇:《抗日游击战争中各种基本政策问题》(1937年10月16日),载中共中央书记处编:《六大以来——党内秘密文件》(上),人民出版社,1981年,第878、882—883页。

救国会、抗敌后援会等组织"是需要组织的"①。1940年,中共中央北方局在给鲁西区党委的指示中再一次强调:"农教会应该是群众工作的重心,党必须注意发挥其作用。"②

农会最重要的任务就是发动群众开展抗日救亡活动,而人民通过农会积极为抗战部队提供帮助。在广东,农民抗日武装队伍打击伪军队伍,奋起抗击日军,进行大小战斗数十次,曾在水战中炸毁日本侵略者汽艇2艘,击毙了包括1名少尉在内的10余名日本侵略者,在里仁洞战役中歼灭日本侵略者30余人,极大地打击了日军在两广地区的嚣张气焰。在鲁东地区,蓬、黄、掖三县集合了数十万以农民为主体的抗战自卫队,打仗时他们配合作战,平时防伪锄奸,有力地配合地区抗战。晋察冀边区的人民破坏了日本侵略者的通信设施和交通线,让日本侵略者出行不便;而据农会不完全统计,边区17县农会会员参战的达2万多人次,配合作战327次,袭击敌人284次,破坏交通线达4万余千米……这些只是部分地区的贡献。敌占区农民们伏击、偷袭日军和伪军,救护伤员,协同作战,为地方抗战的胜利立下了汗马功劳。

正是在中国共产党的组织和推动下,这些团结统战的农村基层组织才能如雨后春笋般建立起来。这些团体的建立极大地促进了抗日民族统一战线的实践和发展,为抗战打下了坚实的基础,也调动了农民们投身抗日斗争的积极性。

三、小结

抗战离不开战士们视死如归的顽强抗击,也离不开国共两党再一次开

① 刘少奇:《抗日游击战争中各种基本政策问题》(1937年10月16日),载中共中央书记处编:《六大以来——党内秘密文件》(上),人民出版社,1981年,第878、882–883页。

②《中共中央北方局给鲁西区党委的指示信》(1940年7月20日),载《中共中央北方局》资料丛书编审委员会编:《中共中央北方局·抗日战争时期卷》(上),中共党史出版社,1999年,第257页。

诚布公的合作,更离不开以中国农民为代表的广大人民。他们在广袤的土地上践行着抗日民族统一战线,是这场旷日持久的大战胜利的幕后英雄。

(山东省青岛市第一中学 高子旭　指导教师 刘玉琪)

论中国共产党在促成和维护
抗日民族统一战线中的主要理论贡献

自九一八事变以来,东北沦陷,华北地区危急。在国家生死存亡之秋,南京政府不仅一味寄希望于国联,最终"李顿调查团"的闹剧草草收场,而且奉行"无可掩饰的极端无耻的不抵抗主义"[①],使东三省不经抵抗而沦丧,热河不战而失全省,其签署丧权辱国的《塘沽协定》后,使日军气焰更嚣张,华北局势进一步恶化。国难当头,全国民众痛感已到国亡无日之地步,强烈要求停止内战、一致抗日。可蒋介石不仅对民众的诉求置之不理,还提出"攘外必先安内"的方针,全力"剿共"。

中国共产党在经过第五次反"围剿"失败和长征初期重大损失的情况后,痛定思痛,召开遵义会议,纠正"左"倾错误,完成伟大长征,后力促抗日民族统一战线的形成。抗日民族统一战线的形成为国内、国际反法西斯战争的胜利做出了不可磨灭的贡献。本文即从理论贡献这个方面剖玄析微,阐述中国共产党在促成和维护抗日民族统一战线一事上的历史贡献。

一、准确地把握了当时中国社会主要矛盾的变化,
深入分析建立抗日民族统一战线的必要性

毛泽东在 1935 年 12 月指出:"中国很久以来就是处在两种剧烈的基本的矛盾中——帝国主义和中国之间的矛盾,封建制度和人民大众之间的矛

---

① 邹韬奋:《无可掩饰的极端无耻》,《生活》第 6 卷第 41 期,1942 年。

盾。一九二七年以国民党为代表的资产阶级叛变革命,出卖民族利益于帝国主义,造成了工农政权和国民党政权尖锐对立,以及民族和民主革命的任务不能不由中国共产党单独负担的局面","由于中日矛盾成为主要的矛盾、国内矛盾降到次要和服从的地位而产生的国际关系和国内阶级关系的变化,形成了目前形势的新的发展阶段"。①面对错综复杂的国内、国际形势,以毛泽东为代表的中国共产党人敏锐地洞察了这一根本变化,理清了全体中国人需要直面的最主要问题。

九一八事变之后,中国共产党发表了一系列宣言,主张"不分男女老幼、宗教信仰、政治派别"联合起来共同抗日。因为彼时的情况是"敌强我弱"。抗日战争爆发时,日本已经完成了工业革命,成为一个现代工业化国家。无论是工业总产值,还是国民生产总值,以及在军力、战争动员力等方面都远远超过中国。中国仍然是一个半殖民地半封建的弱国,力量对比悬殊。另外中国的无产阶级已经走上历史的舞台,它有先进性,但是还相对弱小,一个阶级的力量不足以面对如此强大的老牌帝国主义国家,因此要"团结一切可能的革命的阶级和阶层,组织革命的统一战线"。

中国共产党准确把握社会主要矛盾变化,从敌强我弱的角度来论述建立抗日民族统一战线的必要性,这对抗战胜利具有深远的指导意义。

二、在对中国社会各阶层现状的科学分析的基础上,指明建立抗日民族统一战线的可能性

日本侵占东北,进一步将魔爪伸向华北,制造了所谓的"华北五省自治运动",企图进一步吞并全中国的野心昭然若揭。"华北危急""中华民族危急",中华民族到了亡国灭种的关键时刻。毛泽东对中国社会各个阶级的政治态度进行了深刻的分析,他认为"中国的工人和农民都是要求反抗的",他

---

① 《中国共产党在抗日时期的任务》,载《毛泽东选集》第一卷,人民出版社,2006年,第252页。

们"是中国革命的最坚决的力量","中国的小资产阶级也是要反抗的","现在他们眼看就要当亡国奴了,除了反抗,再没有出路","问题摆在民族资产阶级、买办阶级和地主阶级面前,摆在国民党面前,又是怎样的呢?"[1]毛泽东认为,民族资产阶级经历过大革命时期,但是他们被革命的烈焰吓坏了,跑到人民的敌人方面去了。但是他们也没有得到什么好处,得到的是民族工商业的破产或者半破产的境遇。他们既讨厌帝国主义,又害怕革命的彻底性,这也就是民族资产阶级两面性、软弱性的最真实的写照了。也这是因此,帝国主义才会欺负他们,反过来,也使得他们更加不喜欢帝国主义,因此在日本帝国主义侵略面前,民族资产阶级的态度是有可能改变的,他们是有可能参加抗日民族统一战线的。买办阶级和大地主在日本帝国主义的侵略下也不是完全统一的,也可能产生分化。"当斗争是向着日本帝国主义的时候,美国以至英国的走狗们是有可能遵照其主人的叱声的轻重,同日本帝国主义者及其走狗暗斗以至明争的。"[2]在这种情况下,"党的任务就是把红军的活动和全国的工人、农民、学生、小资产阶级、民族资产阶级的一切活动汇合起来,成为一个统一的民族革命战线"[3]。

因此只有充分认识到日本帝国主义欲把中国变为殖民地的行动,才能够充分认识建立抗日民族统一战线的可能性,才能拿起统一战线这个武器,团结一切可以团结的力量,同日本侵略者进行顽强的斗争,才能取得抗日战争最后的胜利。

三、对中日战争走向的科学预见, 揭示建立抗日民族统一战线具有长期性

1938年5月26日至6月3日,毛泽东在延安抗日战争研究会上发表

---

[1]《论反对日本帝国主义的策略》,载《毛泽东选集》第一卷,人民出版社,2006年,第144页。
[2]同上书,第148页。
[3]同上书,第151页。

了著名的专题演讲《论持久战》。针对当时国内的"速胜论"和"亡国论",通过对中日双方各个要素的全面分析,斩钉截铁地回答了抗日战争为什么是持久战、怎样进行持久战、最后胜利为什么属于中国等重大问题。毛泽东的《论持久战》一发表就引起轰动,给困惑中的抗战军民指明了战胜看似强大的日本帝国主义的方向。在《论持久战》中,毛泽东科学地预见了整个抗日战争必将经历的三个阶段——战略防御、战略相持、战略反攻。后来的战争进程证明,毛泽东的预见是正确的。《论持久战》为抗日战争的发展指明了正确的方向,成为中国共产党抗日民族统一战线理论重要的组成部分。

其实在抗日战争的第一阶段,处在"敌人之战略进攻,我之战略防御"之时,国共两党齐心协力,共抗外辱,抗日民族统一战线颇为稳固。但当抗战进入相持阶段后,蒋介石对中共的态度便发生了急剧变化。1939 年 1 月,国民党五届五中全会的召开标志着其政策重点由对外抗日转移到对内反共,开始推行消极抗日积极反共的反动政策。随后从 1939 年到 1943 年,以蒋介石为首的国民党顽固派发动的三次反共摩擦,正是其对抗日民族统一战线的破坏。而之前毛泽东对抗日战争进程的正确论断和预言,表明了抗日战争将持续很长时间,故抗日民族统一战线也应当长期存在,这对共产党人机智巧妙地化解国民党制造的反共摩擦和维护抗日民族统一战线,有重要理论意义。

四、在具体制定和实施抗日民族统一战线的策略时,秉持与时俱进的灵活性

1935 年 10 月 1 日,中共驻共产国际代表团王明等人,以中共中央、中华苏维埃共和国中央政府的名义在法国巴黎出版的《救国报》上发表《八一宣言》,这标志着实行抗日民族统一战线策略的开始。1935 年 12 月 17 日至 25 日,中共中央在陕北的瓦窑堡召开了政治局会议,通过了《中央关于目前政治形势与党的任务决议》,这标志着党的抗日民族统一战线总策略总路线

的形成。但是即便到此时，中国共产党仍然没有把蒋介石和他领导的南京政府包括在统一战线之中，毛泽东仍说"他们组成了一个卖国贼营垒……他们的总头子就是蒋介石"①。仍然延续着之前的"抗日反蒋"。随着局势的进一步恶化，尤其是日本炮制华北事变之后，把南京政府逼到几乎无路可退的地步。因此南京政府也开始调整它的对日政策。在这种情况下，中国共产党开始着手调整对蒋介石集团的统战政策，即由"抗日反蒋"到"逼蒋抗日"。毛泽东和中共中央最终促成了西安事变的和平解决，从而进一步形成了"联蒋抗日"的第二次国共合作局面，拉开了伟大的全民族抗日战争的序幕。

五、提出在抗日民族统一战线中要坚持独立自主原则，即中国共产党的独立性

1937 年 2 月 10 日，中共中央为推动国民党早日实行国共合作抗日而发表了《中共中央致国民党三中全会电》，其主要内容为五项要求四项保证。五项要求，一、停止一切内战，集中国力，一致对外；二、保障言论、集会、结社之自由，释放一切政治犯；三、召集各党各派各界各军的代表会议，集中全国人才，共同救国；四、迅速完成对日作战之一切准备工作；五、改善人民的生活。四项保证，一、停止推翻国民政府之武装暴动方针；二、工农民主政府改名为中华民国特区政府，红军改名为国民革命军；三、特区实行普选的彻底民主制度；四、停止没收地主土地之政策。五项要求四项保证在当时的国内外形势下是必须的。因为只有这样，才能改变甚至结束国内两个政权——国民党和共产党的敌对状态，团结一致共赴国难。这种让步是有原则、有条件的，就是为了形成全民族抗战的局面。保持共产党在特区和红军中的领导地位，保持在国共两党关系上的独立性，这就是让步的底线，超过这种限度是不允许的。而且让步是两党双方的让步，也就是国民党抛弃内战、独裁和对

---

① 《论反对日本帝国主义的策略》，载《毛泽东选集》第一卷，人民出版社，2006 年，第 144 页。

外不抵抗政策,共产党抛弃两个政权敌对的政策。

"五项要求"和"四项保证"体现了中国共产党求同存异的原则,也就是以民族、国家利益为重,国共两党不管有多大的积怨,都是能够在大目标下统一起来的。同时也体现了独立自主的原则。第一次国共合作的血的教训是,如果共产党事事都与国民党统一,最终必然要被国民党消灭,所以必须坚持独立性。

中国共产党在独立自主原则的指导下,冲破国民党的限制,放手发动群众,开展游击战争,在敌后建立了大批抗日根据地。共产党在敌后战场奋勇杀敌,为抗战的胜利做出了巨大贡献,与国民党在正面战场的所为构成了一个有机的整体,这共同组成了中华民族伟大抗日战争的宏伟画卷。

纵观抗日战争史,中国共产党在促成和维护抗日民族统一战线中做出的历史贡献是极大的,其促成、维护抗日民族统一战线,最大限度地动员全国军民共同抗战,成为凝聚全民族力量的杰出组织者和鼓舞者。中国共产党领导敌后抗日根据地军民,开展了广泛的游击战争,抗击了半数以上的侵华日军和绝大多数的伪军,是全民族团结抗战的中流砥柱。统一战线是我党的一大重要法宝,在新时代,中国共产党定能良好运用马克思主义政党理论和统一战线学说,坚持其与中国实际相结合的产物——中国共产党领导的多党合作和政治协商制度,带领全党全国各族人民,走向新的辉煌!

(天津市第一中学 洪一凡 指导教师 苏海)

血洒碧云天，铁翼护中华

——纪念抗战期间的中国空军

1903年12月17日，美国莱特兄弟制造的世界上第一架真正意义的飞机——"飞行者1号"飞上了蓝天，标志着人类飞行时代的到来。人们很快就发现了飞机的军事价值，空军这个新兵种孕育而生。在第一次世界大战的催化下，飞机的性能得到了迅猛的提升，战场由传统的地面和海洋延伸到了天空，战争也变得愈加残酷。

我国的空军事业起步较早。1921年，北洋政府在北京南苑成立了我国第一所航空学校。[1] 1924年，孙中山在广州东山大沙头创办广东军事飞机学校。

感叹"无空防即无国防"的蒋介石，在原黄埔军校航空班的基础上，于1930年在杭州笕桥建立中央航空学校，亲任校长。航校教官都是在国外经过专业训练的中国人，同时雇用10位外籍顾问，其中大部分是美国人。对学员的招收可谓高标准、严要求，从中央航校飞行科第二期招生简章上可以看到，[2]考生必须具有高中以上学历才有资格投考，文化课考试科目包括政治、国文、英文、高等代数和解析几何、高等物理化学、本国及世界地理。除了文化科目考试，还要进行严格的身体检查，航校对考生的年龄、身高、体重、骨骼、肺活量、视力、听力等都有明确的要求。高高的门槛并没有挡住广大青年报考航校的热情，每当招生考试时，总有大学生来参加，每次考试只有10%的考生被录取。由此可见航校的入学考试竞争激烈，被录取

---

[1] 杨凌霄编：《空军战斗实录》，群力书店，1938年，第3页。
[2] 河北省教育厅转布《法规》，《河北教育公报》(天津)1933年12月。

的学员堪称精英。

　　航校不仅培训学员的飞行技能,更注重培养他们的精神意志。中央航校门口立有一块石碑,上书"我们的身体飞机和炸弹,当与敌人兵舰阵地同归于尽!"[1]这就是所谓的"笕桥精神",即我死国生、以身殉国的牺牲精神。

图 1　中央航校前的石碑

　　由于当时我国工业基础薄弱,空军装备的各型飞机主要依赖进口。20世纪 30 年代,我国从美国购买了霍克Ⅱ、霍克Ⅲ、波音 P281、马丁–139WC等型号的战斗机和轰炸机,其中主力战斗机霍克式[2]采用的是双翼设计,飞行速度慢、航程短。而日本经明治维新后走上了资本主义的道路,国力和军力迅速膨胀,其航空工业发展很快,在七七事变前已形成了完整的航空工业生产体系,能独立研制世界上领先的作战飞机。

图 2　霍克Ⅱ式战斗机

---

　　① 周佐治编:《空军忠勇故事集》,青年出版社,1946 年,第 23 页。

　　② 中国第二历史档案馆编:《中华民国历史图片档案》第 3 卷《抗日战争》(2),团结出版社,2002年,第 691 页。

1937 年 7 月 7 日日军挑起卢沟桥事变,抗日战争全面爆发。抗战初期,中国空军能起飞作战的战斗机有 300 余架。朱德总司令在《第八路军将领抗战回忆录》里写道:"据最近统计,日本空军有飞机 1670 架,空军人员有 21000 人,其中 6000 人系空军军官。至于其飞机性能,现在惯用的九六式和仿造德国亨克型制的九七式,性能上都是很优秀了。"①无论是飞机的数量还是质量,我空军实力和日军相比差距悬殊。

随着卢沟桥战火的蔓延,1937 年 8 月 13 日,淞沪抗战爆发,日本海陆空三军一起出动,大举进攻上海,战略矛头直指国民政府的首都——南京。在这场惨烈的攻防战中,日机对我军民进行了无差别轰炸,"日机除在沿江各线参战外,仍四处肆虐,分飞沪西南市及嘉定一带投弹,无辜良民死者不知凡几……中国红十字会第二救护队,驻于真如东南医学院,门悬红十字旗,八月十九日晨六时日机投弹轰炸该院,除院内房屋炸毁外,并炸死担架队长张松龄等四人。"②

"苟利国家生死以,岂因祸福避趋之?"面对残暴强悍的敌人,弱小的中国空军不但没有退缩,反而积极迎战。"八月十四日下午,敌机十一架由台北出发,往浙江海面向杭州广德袭击……我机即起飞迎击,敌机不支,队形瓦解。此役计被我击落七架。"③我机无一损失。这天的空战应该说是抗日战争全面爆发后空军的首战,我军首战告捷,后来国民政府就把"8·14"这天设立为空军节。此后我空军愈战愈勇,"十五日以后,敌机大举袭击我首都,首都上空发生剧战,我空军将士,人人皆抱必死决心,奋勇抗战,先后击落敌机一百余架,敌人航空官兵在我境内死伤俘虏人数,就八月份调查已在三百名以上"④。

---

① 朱德等:《第八路军将领抗战回忆录》,怒吼出版社,1938 年,第 105 页。
② 中国出版公司编:《中日空军血战记》,中国出版公司,1937 年,第 45 页。
③ 吴亮夫:《空军抗战纪略》,战争丛刊社,1937 年,第 2 页。
④ 同上书,第 1 页。

一位在医院养伤的飞行员写道："我所用的机，是一架陆上侦察机，此次我的任务是侦查敌方兵舰分布的地位……当我的机身距水面还不到七百尺的时候，敌舰对我发射出八九发强烈的钢炮，虽然这是我初回的际遇，但我心里并不慌张……我还是不走，在目的未瞭然之前，偏要降低些，近一只舰顶仅有五六尺，等不到他们开炮，我已经转了方向，刚来一个倒冲，再掠过一只可以看清敌人鼻目的巡洋舰，然后我才高速的拉升。"①连没有武装的侦察机的飞行员都如此勇猛，可见我空军士气之高昂。

凭着精湛的飞行技术和忠勇无畏的战斗精神，中国飞行员们取得了辉煌的战绩，产生了高志航、刘粹刚、乐以琴、李桂丹等四位王牌飞行员，他们并称为"中国空军四大金刚"。其中刘粹刚生于辽宁一个富庶之家，黄埔九期、中央航校二期生，创造了击落敌机 11 架、击伤 2 架的战绩。②他是抗日战争中击落敌机数量最多的中国飞行员。

战争也是残酷的，在一场场惨烈的战斗中，许多飞行员杀身成仁。壮士阎海文在攻击敌人阵地的时候不幸被高炮击中，跳伞落在敌群之中，"他还是青年的小伙子，最多只有 22 岁，飞行衣已撕破了，英武的直挺挺地站在一个大坟堆上，不肯屈服"。他打死了几个企图活捉他的鬼子，高呼"中国无被俘空军！"然后举枪自尽。日军将他礼葬，墓碑上书"支那空军勇士之墓"。《大阪每日新闻》也发出感叹道："中国已非昔日之支那。"③

从八一三淞沪抗战到南京保卫战、武汉保卫战，一次次惨烈的空中搏杀极大地消耗了本来就弱小的中国空军，"四大金刚"先后壮烈殉国。尤其是1942 年日军占领缅甸，中国最后的陆上国际援助路线——滇缅公路被切断，空军所需的零件和汽油无法得到补充，战场制空权一度落入日军之手。历史证明，中华民族向来不乏忠勇之士，但是没有自己的国防工业体系，靠买是买不来强大的，甲午如此，民国亦如此。

---

① 中国出版公司编：《中日空军血战记》，中国出版公司，1937 年，第 6 页。
② 周佐治编：《空军忠勇故事集》，青年出版社，1946 年，第 29 页。
③ 同上书，第 8 页。

8 年全面抗战里,中国空军用鲜血和战绩为国家赢得了尊严,为世界反法西斯战争的胜利做出了巨大贡献,同时也提高了我国的国际地位,最终形成了"美、苏、英、中"四巨头主导战后世界秩序的新格局。

20 世纪 30 年代, 能够供得起子女完成高中甚至大学学业的家庭都属于富裕阶层,那些报考航校的青年们堪称"富二代",目睹了国家的积贫积弱和强敌入侵,他们不但没有沉沦为纨绔子弟,反而立志航空救国,他们投笔从戎、共赴国难,用鲜血捍卫了祖国的蓝天,用身躯筑起了空中的长城,用铁翼托起了中华民族的未来,他们是民族的脊梁,他们的英雄精神是留给我们的宝贵遗产。

时光荏苒,沧海桑田。自 1949 年中华人民共和国成立以来,我国的航空工业从无到有, 从引进仿造到逐渐发展自己的飞机制造体系。改革开放以后,航空工业有了突飞猛进的发展,逐渐具备了自主设计、制造战机的能力,预警机、舰载机、隐形战斗机纷纷服役。如今的人民空军已经发展成为世界一流的现代化空军,而支撑我们从无到有、从弱到强的就是国家至上、牺牲小我的英雄精神。

一个英雄的国家不会忘记英雄, 一个崇拜英雄的民族才是一个顶天立地的民族。当今世界并不太平,大国沙文主义、冷战思维仍然在全球肆虐,抚今忆昔,吾辈应居安思危,警惕"和平病",传承和发扬先烈们流传下来的英雄精神,战胜复兴之路上的一切艰难险阻。

战鹰渐远,精神永存;青春向阳,不负韶华!

(山东省青岛市第一中学 刘峻杨　指导教师 刘玉琪)

碧血江阴　鲸波万仞

一、论文意义与前人研究

在抗日战争当中，我国由于科技相对落后，大规模的海战几乎无力发动，因此在抗战中海军很少进入人们的视野。但是中国海军作为一股重要且强大的战斗力量，在抗日战争中做出了十分重大的贡献，对于最终的胜利有着不可忽视的作用。

其中著名的江阴保卫战便是抗日战争中以海军为主力的最为重要的一场战役。这场战役对于整个抗日战争都有着重要的影响与意义。

而且，抗战前对于海军的发展和建设，政府同样投入了大量的人力物力。这些投入并没有白费，而是在抗日战争期间，发挥了它们的最大价值。

本文的意义便在于分析江阴海战的影响与抗战前海军建设所取得的成效。而前人关于抗战中海战的问题研究讨论较少，其中对江阴海战及海军发展成效的研究更是少之又少。

二、"江水汹涌硝烟起"——江阴海战前的准备

1937年7月7日，日军悍然发动卢沟桥事变，大举进攻华北，企图入侵中原。是时，中华民国海军部长陈绍宽正在西欧各国考察海军，闻讯急速回国，随后将分布在全国各地的中央海军（以闽系海军为主的第一、第二舰队）、东北海军（九一八事变后，大部分移入青岛的第三舰队）、广东海军（以粤系海军构成的第四舰队）以及海军电雷学校所辖海军之楚泰、正宁、肃宁、

抚宁、平海、宁海、应瑞、海容、海筹、通济、逸仙、甘露、大同、自强、永绩、中山、楚同、楚有、永绥、江元、江贞、民权、民生、咸宁等大小新旧共计 49 艘海军舰艇集中后[1]，陆续驶入长江。此举一是以集中海军力量以便战时调动；二是以避免单艘舰艇力量薄弱，遭遇敌军袭击；三是以求竭力拱卫京师——南京。

三、中华民国海军的构成与建立过程

中华民国海军部的设立时间很早，在中华民国建立前，1911 年 12 月便设置了临时海军司令部，中华民国海军于此正式成立。1912 年，南京临时政府设立海军部。由此可见当时政府对于海军建设是有着充分的认识与构想的。

但由于中华民国建立初期，军阀混战以陆上战斗为主，水面舰艇的作用仅在于沿江河游弋起威慑、绥靖作用，于是在军费紧张的民国建国初期，海军的建设是停滞不前的。

图 1　南京中华民国海军部

---

[1] 海军总司令部编：《海军战史》，1941 年。

直到 1928 年北伐战争结束,随着"十年经济建设时期"到来,中华民国海军建设的齿轮才开始缓缓向前转动。此前,中央海军的舰艇构成主要由清末向英、德、日等国订制的军舰,以及一战时中国作为战胜国所获得的赔偿舰等组成,舰队实力较为薄弱,装备大多老旧疲弱,无法进行现代化的战斗不说,单论舰艇类别,水面舰艇便几乎均为浅水炮艇,仅有驱逐舰一艘,至于巡洋舰等其他舰种竟无一艘。

于是迅速壮大海军力量便必须从增加正规海军舰艇数量与更换近代化装备两方面入手。

于前者,在向国外(以日、德为主)订制最新锐战舰的同时,国内的造船厂也昼夜不停地学习与建造。其中,国内的造船厂以 1912 年划归海军部直接管理的江南造船厂最为著名,从 1928 年建造的第一艘"咸宁"号浅水炮艇起,至 1936 年 6 月建造的"平海"号巡洋舰止,不足 10 年间,共建造大小新锐战舰 10 余艘,对中央海军的迅速发展起到了至关重要的推动作用。

于后者,海军部常年派遣人员在各海军大国学习借鉴,并购买了大量先进的武器设备以更替老旧的海军装备。其中"宁海""平海"号上所装备的最

图 2 "平海"号轻巡洋舰上的高射炮

主要防空武器——40.5mm 口径维克斯高射炮与 20mm 口径厄利空高射炮（也正是在下文江阴海战中起到主要防空作用的武器），便为此期间于英、德所购买。除海军舰艇外，民国政府也购买了大量新式火炮（以德制大口径火炮为主）更替了江阴炮台的老旧火炮。这些火炮在江阴海战中与"平海""宁海""逸仙""楚同"等主力战舰一同组建了密集的防空火力网，在抵御江阴海战日空军连续近两月的空袭中起到了至关重要的作用。

另一方面，在抗日战争爆发前，整个海军部队的构成，分为马尾海校的闽系海军、青岛海校的东北海军、黄埔海校的粤系海军与 1933 年建立的海军电雷学校所辖海军等四个派系。各派系虽在抗日战争爆发前长期独立、互相排斥，但当保家卫国的战争号角响起时，四支部队却展现出了惊人的统一与团结，同仇敌忾一致对日，届时那仅仅能被称为一支海军——中央海军、中国海军。

四、"炮火鸣啸震长空"——江阴海战的激烈战斗

（一）江阴海战中的主力战舰

中央海军的主力舰（也是在江阴海战中发挥最重要作用的舰艇）当数"宁海""平海"两艘轻巡洋舰。

"宁海""平海"两舰分别于 1932 年、1937 年加入中央海军。两舰为同级战舰，武器配备大致相同，140mm 口径双联装炮塔前一后二布置，舰尾两座炮塔采用较为先进的背负式结构，舰上配备有 530mm 双联装鱼雷发射管两具，防空武器配备为 6 门三年式 76mm 口径高射炮、8 门 40.5mm 口径维克斯高射炮、10 挺 7.7 mm 口径维克斯机枪、数门 20mm 口径厄利空高射炮。排水量约为 3000 吨，属于轻巡洋舰。尤其是"平海"号轻巡洋舰为中国江南造船厂完全自主建造。[①]

---

① 海军总司令部编：《海军战史》，1941 年。

图3 "宁海"号(左)与"平海"号(右)轻巡洋舰,为同级战舰的两舰十分相似,较明显的区别是"宁海"号拥有水上飞机弹射装置

"宁海""平海"两艘轻巡洋舰是抗战前中国海军所拥有的最先进、最强大的两艘战舰,两舰所拥有的防空武器在当时十分先进,其具有的防空能力能够与当时的旧日本海军巡洋舰的防空能力相媲美,甚至优于日军的部分舰艇。两舰依次作为旗舰带领并指挥了江阴海战中中国军队的防空作战,做出了重大的贡献。

除"宁海""平海"两舰外,"逸仙"号轻巡洋舰则是中央海军中实力第三的战舰,于1931年建造。"逸仙"号由中国江南造船厂自主研发设计并建造下水,于中国而言该级战舰的设计是十分成功的,舰上配备舰首152mm口径主炮1门,舰尾140mm口径主炮1门,76mm口径高射炮4门,排水量约为1500吨。[1]"逸仙"号轻巡洋舰在"宁海""平海"两舰相继战沉后,接替旗舰任务,继续带领舰队作战,亦做出了重大贡献。

图4 "逸仙"号轻巡洋舰

[1] 海军总司令部编:《海军战史》,1941年。

（二）舰队防空的发展所取得的成效

江阴海战中，中央海军采取的是不惜一切代价扼守长江入海口的防守策略。在江阴舰队的固守及沿岸君山、黄山等六大炮台的监视与长江中密布的水雷威胁下，日军不得不放弃了通过舰队决战而突破江阴防线西进的企图。

图 5　江阴要塞中东山、西山两大炮台的岸防炮

由此，日军只得将"渐减迎击"的战术手段通过空袭来实现：在 1937 年 9 月 20 日前，通过长时间、少架次、多批次的袭扰作战，对江阴舰队进行消耗、损伤；9 月 20 日后，再发动大规模的飞机群对江阴舰队发动决战。为应

对江阴海军，日军还出动了第一航空战队最强大的航空母舰之一——"加贺"号航空母舰。

但日军的企图并未轻易得逞，在前期的抗袭扰作战中，江阴舰队大展了中央海军发展近10年的成果。由第一舰队"平海""宁海"等舰与江阴要塞的岸防炮一同组织起的密集的防空火力网，每次都给予前来侦察、偷袭的敌军舰载机以强有力的反击，使敌机始终不敢低飞进犯。从而敌侦察机无法有效地探查我江阴防线布置，而轰炸机更无法低飞俯冲投弹，每每被我高射炮火逼迫提前投弹。

我舰队取得的最大成就便是在9月20日前的抗袭扰作战中，做到零战损，江阴海军的各主力舰艇均未受敌机一发直接弹乃至近失弹的命中伤害。与此同时，我舰队还击落了数架前来进犯的敌机。

据日军战史公布的9月末中国战场轰炸机所取得的成绩，日军承认，在中方强大的防空火力面前，轰炸精度仅仅是平时的一半左右。日军前导机群的分队长高桥赫一大尉在日记中写道"（日军）投弹高度不足，侧风修正不良，因此除了一枚直接命中以外效果不够。敌方始终勇敢地以高射炮进行着反击。"

例如，日军记载9月末在中国战场轰炸机的俯冲轰炸命中率仅为10%，而在之后1941年日军偷袭珍珠港一役中，在美军拥有从陆基飞机场起飞的大量战斗机参战的情况下，日机的俯冲轰炸命中率仍高达59%。由此充分可见，在江阴海战中，中国舰队在对空防御方面的英勇作战与战斗中取得的重大战斗成果。

而对于江阴海战整体而言，各舰击落的敌机总数为20余架，被击伤遁逃者亦不在少数。

在战斗中不仅我舰击落众多敌机，而且拥有数量最多且最为先进的防空武器的"宁海""平海"两舰击落敌机数量占比最大，约为整体击落数的1/2以上。由此可见，先进的科技力量对于军队战斗力的影响之大。而且相较于其他战舰，也突显了防空力量对于海战的影响，体现了由火炮舰艇制胜的时代已经悄然被航空母舰时代所取代，拥有制空权的海军才能在海战中取得最终胜利。

(三)战斗中体现出的舰员的素质与意志

在江阴海战中，我舰之所以能击落众多敌机，不仅仅是因为购买并装备了大量先进的武器装备，更与我国海军部队的勤加训练有关。

当"宁海""平海"两舰相继沉没后，"逸仙"号轻巡洋舰接替了舰队旗舰的任务。由于此时"平海""宁海"的沉没导致江阴防线防空火力网出现了严重的空缺，加之防空弹药的匮乏，江阴防线的防空火力愈发稀疏。9月25日，身为旗舰的"逸仙"号遭受敌机三度大规模轰炸，防空火力强度的降低使得敌机肆意地低飞俯冲投弹。

此时，"逸仙"舰已然身负重伤，为数不多的防空武器全部损毁。在这样的情况下，"逸仙"舰的舰员仍然沉着应战，等待敌机不断迫近后，使用舰首的单装152mm口径舰炮一炮击毁了两架日军舰载轰炸机。

"逸仙"号所使用的是英国阿姆斯特朗单装6英寸口径舰炮，其最大仰角无法超过40°，即此舰炮完全为对海舰炮，无法有效对空，而且其弹药也均为对舰炮弹，难以对空射击。然而"逸仙"号的主炮手竟然在这种情况下用舰炮轰下了敌机，甚至是一石二鸟！

该款舰炮在当时虽然不算落后，但已经算不上非常先进。加之中国海军并没有先进的火控雷达系统，却仍能精准命中敌机，令人不由得对"逸仙"号舰员的素质、对江阴舰队舰员的素质心生敬佩。纵使不提一石二鸟之事，使用对海舰炮与对舰炮弹击落敌机的先例亦可谓前无古人。

而这高素质的舰员水准，离不开中国海军夜以继日地辛勤训练。正所谓"养兵千日，用兵一时"。

舰员拥有的不仅是高水平的战斗素质，还有那誓死战斗的坚强意志。

"以血肉之坚城，补物资之不足。"[1]《名城要塞陷落记》中如是形容江阴

---

[1] 长江等：《名城要塞陷落记》，战时出版社。

守军。在江阴海战中,9月23日,日军组织了由72架飞机组成的第一批次空袭,"平海"号机关枪指挥刘馥在机枪手阵亡时上前补充,亲自持枪射击以保障防空火力网的密集程度。其间,"平海"号遭受敌机轰炸,一枚近失弹炸断了机枪的支架,刘馥不顾枪管灼热,手持机枪向敌机扫射。战斗结束后,刘馥双臂已经被枪管重度烧伤,他竟浑然不觉。

像刘馥一样的舰员们虽陷苦战,"然犹精神百倍,前仆后继"①。这份无畏的精神使得当时几位特许观战的外国顾问都叹为观止,称:"就是在第一次世界大战中,也没有像现在这场恶战一般激烈的。"

五、"碧血江阴壮士心"——江阴海战的结局

虽然在战斗中,我军将士英勇抗敌,但科技发展落后导致的装备过时,以及悬殊的兵力差距,仍然无法避免地导致了江阴舰队的覆灭。9月23日,"宁海""平海"两舰遭受多次轰炸后,最终相继重伤战沉。"逸仙"舰亦于9月25日被日机轰炸导致重伤沉没。此后,前往增援的第二舰队"楚有"号等军舰接替了防守任务,但因为防空力量薄弱,难以再次组建防空火力网,亦于9月29日战沉。至此,江阴舰队几乎全军覆没,再无力应战,江阴海战宣告结束。

六、江阴保卫战的意义

江阴保卫战是中国首次大规模海陆空三栖立体作战,虽然因为军力的悬殊而以失败告终,但其对于抗日战争的各个方面都有着不可磨灭的贡献与影响。

(一)选择江阴设置防线的战略意义

选择江阴作为首道防线是在竭力地扬长避短,纵使日本在海陆空各方

---

① 海军总司令部编:《海军战史》,1941年。

面的战力仍然远胜于中国，但江阴乃历代用兵的易守难攻的重要关隘——北枕长江，东拥巫段群山，西有萧山、青山为屏障，南有秦望山、茅山此起彼伏。而且江阴所拥有的靠近首都的更短的补给线、更完善的岸防武装等条件，也能够最大限度地发挥中国海军积蓄已久的实力，使得海军在战斗中能够取得尽可能多的战果，使得中国军队对日军的反击强而有力。

(二)对于配合淞沪会战的战略意义

江阴保卫战于淞沪会战的意义不仅仅是在于海陆军的联合对敌，更在于拼死护住陆军兄弟的背后，使之免陷腹背受敌的困境。

将大规模决战由华北转移至邻近首都的华东，面对强大的日军无异于引狼入室，首都南京时刻面临着如饿狼般的强敌压境。

死守江阴的作用正在于此：于陆路而言，江阴乃小笠山至青山一带防线的最东北端，江阴如若失陷，则整条防线便失去了意义，毗邻江阴的镇江亦将不保。如此，日军便可自江南渡至江北，侵占扬州。①届时，南京将南北两面腹背受敌，必然无法保全片刻。

于水路而言，江阴扼守长江入海口，如若失陷，则日军舰队便可由此沿长江溯流直上，从海路直接对南京发起攻击。届时，南京亦会海陆两面受敌。

南京一旦失守，不仅开辟华东战场以转移华北抗敌压力这一举措全然无用，更重要的是，短时间内的首都陷落会使中国军队的战斗意志大受打击。日军的闪电战得逞，欲"三个月灭亡中国"的狂妄气焰便也愈发猖狂。

而江阴保卫战的存在，彻底地粉碎了日军的妄图。

这正是江阴保卫战真正意义上的与陆军正面战场的配合——拱卫京畿，为陆军提供充分的掩护。而且江阴保卫战不仅封锁了长江下游，使日军舰队无法通行，江阴要塞中的陆军部队也在花山至南闸镇一带②对日军进行了激烈的反击，有效地延阻了日军的西进。

---

① 长江等：《名城要塞陷落记》，战时出版社。
②《七月》半月刊。

(三)对于长期抗战的影响与意义

江阴保卫战不仅使日军遭受了相当损失，也在一段时间内保证了长江航道的安全畅通，使江苏、浙江、武汉等地大量的沿江工厂、企业、人员得以安全地撤退进入内地，为长期抗战保存了有生力量。

同时，江阴海战防空方面的失利也使中国军队意识到海战中制空权的重要性，而中央海军一直相信的舰队决战的思想已然过时落后。

(四)对于中国军民精神方面的影响

虽败，但却使中国军民在看到了中国海防希望的同时，更加坚定了誓死抗战的决心与意志。诚然，中国海军在物质上由盛而衰，但在战斗精神上却由衰而盛。

"中国海军军人特具的性格、沉着英勇和誓死牺牲的伟大精神，以及他们破釜沉舟的做法，这是值得世界上任何国家所效仿的。"[1]美国远东问题最权威报刊《密勒氏评论报》如是刊载。战后，在中国也可以见到大量关于江阴海战的记述，如1938年《我们在那里打了败仗》[2]等报文。由此均能够看出，江阴海战使得中国军民的抗战意志再次觉醒。

(五)对于现代的影响与意义

江阴保卫战不仅仅能够使我们更加深刻地体会到抗战时期中国军队对日军侵略的誓死抵抗的精神，使我们在缅怀先烈的同时更加珍惜今日生活的来之不易，它更能够使我们清楚地认识到，在制海权愈发重要的今天，发达的海防建设对于我国至关重要，而江阴海战使我们领悟的绝对制空权等思想，也对我国现代化海军的建设有着重大的现实意义。

（北京市第二中学 吴昀翰 指导教师 郝万清）

---

[1] 长江等：《名城要塞陷落记》，战时出版社。
[2]《七月》半月刊。

常德保卫战
——一寸山河一寸血

在常德会战开始之前,请让我们把时间轴划回 1943 年。当世界反法西斯战争进入到 1943 年 10 月的时候,在欧洲战场上,意大利已于 9 月向盟军投降,在他的法西斯道路上画上了句号。中国的邻邦苏联即将收复整个乌克兰。于此时,美、英、苏三国的外长于 10 月 23 日在莫斯科举行了外长会议,为开罗会议的胜利召开奠定了基础。在太平洋战场上,逐渐占据优势的盟军开始节节反击。中国方面蒋介石抽出 7 个军转向云南、印度,准备协调盟军打通中印公路。此时,世界反法西斯战争的胜利已不是遥不可及的事情了。

日本在诸多种威胁下,为达到牵制中国军队继续向滇、印运兵的目的,发动了常德会战。可为什么日军会选择在常德会战呢?我想这与常德的地理位置有很大的关系。

常德是湖南西部地区的军事、政治、经济中心,素有"粮仓"之称,这也是 1000 年前陶渊明笔下的世外桃源的发源地,与东部的湖南首府长沙相望,可以说是华中、华南及西南地区中国军队的命脉所在。假使日军占领常德,向东南可以监视长沙、衡阳,向西可以顾及四川东部,成为足以威胁战时陪都重庆的战略要冲。除此之外,还可以获得充足的粮食供应。

这一次日本大本营方面拿出了大力气,想要大作为一番,一口气吃掉眼前的这块"大肥肉",以至于投入常德战场的日伪军兵力达 10 余万之众,统一由第 11 军司令官横山勇亲驻沙市附近的观音寺进行指挥,可以说这是在抗日战争已经进行到战略相持阶段中罕见的规模。日军要开战,那我们便要迎战,此时的中国军队历经了数年的抗战磨炼,已不是抗战初期那军心涣散、不堪一击的任人宰割的羔羊了。中国方面第六战区司令长官孙连仲紧急动员了近 21 万的中国军队参战,全面迎战日军的进攻,自此拉开了常德会战的序幕。

首先,双方在常德附近的地区进行了激烈的战斗,尤其是阻击战中的中国军队第 74 军与日军第 13 师团,他们打得不可开交,王牌对王牌、刀锋对刀锋的搏斗,难分彼此。由于我方为了保持在战争中的主动优势,决定进行转移攻势,这是孙连仲沿袭老长官薛岳的"天炉"战法的结果,将敌人引入常德这个"天炉"的炉心,希望打一场漂亮的歼灭战。完成战略转移攻势后,中国军队的主力便转向了常德方向,这样常德外围的作战基本结束,战斗转向了第 57 师驻守的常德城。

依我个人的观点而言,常德保卫战可以大致分为四个阶段:一是常德城外围阵地的防御战,二是常德城的守卫战,三是日军突破城墙后的巷战,最后的是突围阶段。其中常德城外围的阵地防御战打得最为激烈,正如"好钢要用在刀刃上"一样,第 57 师的官兵们在城郊给予日军沉痛的打击,同日军展开殊死搏斗,无愧于"虎贲军"的称号。

常德保卫战于 1943 年 11 月 3 日即我方第 57 师的主力部队进入外围阵地开始,在城外的阵地上与日军展开了激烈的战斗。其中日军的陆航飞机也加入攻击的序列,狂轰滥炸,那阵势甚至比步兵还要疯狂,地面上的日军步兵较其航空兵而言是有过之而无不及。从这一天起,日军天天组织大规模的进攻,但均被第 57 师的官兵们击退。日军不甘于此,每一次攻击较前一次而言是有增无减,甚至其师团长赤鹿理也亲自来到城外督战。我军鏖战多日,直到 11 月 24 日,第 57 师常德城外的据点全部失守,余程万师长率领仅余的两千余官兵,退守孤城,战斗愈加困难。由于我军的主力已经转向常德的方向,实际上是第 57 师以一城的官兵面对数万余众的日军进攻,日军围住城墙进行猛攻,第 57 师的守城官兵牺牲很大。其中,日军于 28 日上午在小西门连续发起了 4 次冲锋,但都被我守城官兵顽强地击退了,日军始终没能攻下一个缺口。当天晚上,赤鹿理把攻击的重点放到了北门,下令连夜攻城,守军依靠城墙拼命抵抗,战至最后的紧急关头,连炊事员都拿起了枪上了战场。但到最后北门还是失守了,由此常德保卫战转入巷战阶段。

第57师的官兵们在日军重兵压境的情况下,坚守常德10余天,援军被阻,自身牺牲惨重,然而官兵们在余程万师长的激励下以一当十,抱着"宁死不能屈,与城共存亡"的信念,困守孤城!战到11月底,城内的守军粮尽弹竭了,日军攻城更急,打到最后,全然不顾国际公法,在城内到处施放毒气。结果,全师的官兵或战死或中毒而亡,只剩下炮兵团的500余名官兵了。

12月2日,东城也被突破了,敌我逐屋逐堡地进行争夺,常德城已经成了一片火海。由于日军的兵力多于我守军10多倍,区区500余人怎么也抵抗不了日军的大部队。战至下午,小西门、大西门两道防线先后被突破。最后,第57师仅剩下从兴街口的中央银行师指挥部到笔架山这么一块狭小的阵地了。仗打到了这个地步,师长余程万并没有想投降,他不怕死,之所以坚持不走,就是要使自己充当"磨心",纠缠日军,以便大军从四面八方向常德围攻而来。但官兵越战越少,眼看已经起不了"磨心"的作用了,余程万决定突围。就在余程万带领一小部分人突围后的第二天,常德失陷,第57师全师官兵8000余人抱着"与城共存亡""宁战死不能屈"的决心守城,血战30余天,仅剩下83人成功突围。

"一寸山河一寸血,十万青年十万军",有虎贲在,常德还在!壮哉我虎贲男儿!

尚且不论战事之后如何,就我个人的观点而言,这场艰苦卓绝的常德会战有3个积极的意义:其一是沉重地打击了日军的嚣张气焰,消灭了日军的大量有生力量;其二是常德会战有力地支援了太平洋作战和反攻缅甸的作战,迫使日军滞后"打通平汉线作战计划",客观上达到了牵制日军的目的,减轻了盟军在太平洋战场和东南亚地区作战的压力,为世界反法西斯战争贡献出中国人的一份力;其三是常德会战充分体现了我中华民族的抗日御侮的精神。这不仅仅是一次会战的胜利,更是我抗日民族统一战线旗帜领导下的一次胜利!

(广东梅县东山中学 何颖睿)

全面抗战烽火下的家乡贵阳

1937 年 7 月 7 日晚,随着日军在宛平城外的一声炮响,全面抗战爆发。蒋介石在《对于卢沟桥事件之严正表示》中提出:"临到最后关头,便只有拼全民族的生命,以救国家生存。最后关头一到,我们只有牺牲到底,抗战到底,地无分南北,年不分老幼,皆有守土抗战之责!"①全面抗日之热潮腾涌。

然而日军装备精良,不及一月便相继占领北平、天津两城。1937 年 8 月 16 日,江阴保卫战开始。面对日军的步步进逼,在江阴保卫战的三个月间,位于长江下游的政府机关、工矿企业大多奉命迁往了黔滇川大后方。

我的家乡——贵阳便位于抗日战争的大后方。贵阳"为川黔粤桂之中心",这里群山环绕,"层峦叠嶂,巨镇雄藩,一人荷戟,可战可守"。②凭借地理优势,贵阳成为时人躲避战火的目的地之一。抗战期间人口的流入为这座小城注入了新鲜血液,不但推动了贵阳城市的发展,亦为抗战胜利埋下了火种。

一、离乡——入黔路上之见闻

随着抗战局势恶化,中国北部各地民众饱受战争侵扰。昔日热闹繁华、灯红酒绿的城市,变成了黑墙焦土、炮火连连的地狱。无家可归、食不果腹、饥寒交迫的人随处可见,大量平民惨死在早已破碎不堪的街头。那些得以幸存的人们便想着如何逃亡,"日军南京攻破城门之前,那些稍有财力、权力或

---

① 蒋介石:《对于卢沟桥事件之严正表示》,载沈云龙主编:《八年抗战与台湾光复》,文海出版社,第 141 页。

② 交通书局编:《贵阳指南》,交通书局发行,1938 年,第 3 页。

先见之明的居民都已闻风而逃,不知所踪"①,他们大多乘着人满为患的蒸汽火车、船只离开他们的故乡。

黔省省会贵阳,原是一个大山深处的小城,在抗战以前"大多数国人都把她看做一个不毛之地"②。不过,层峦叠嶂的地势也使贵阳"不容易受到敌人武力的威胁",在抗战期间,大量人口从日军占领的区域迁入贵阳,使贵阳摇身一变为"抗战后方的重镇"。③

从外地来到贵阳,有两条较为安全的路线:一是穿越长江诸省,翻越山路来到贵阳;二是取道香港经云南再翻山至贵阳。第一条路线主要是由东往西走,例如文人陈志雄从汉口出发,经长沙、常德、沅陵、晃县、黄平,历时10天到达贵阳。而第二条路线据时人回忆,则需先乘船至香港,如顾胜钟"在汕起椗",约18小时的航程至香港,随后"送走香岛……含笑进昆明"。④至昆明后又经曲靖、平彝、胜境关,乃入黔省,此后便是"高耸的广延山峰"⑤。

无论沿长江流域进入贵州,抑或取道云南入黔,在离人进入贵州后,无不对贵州的地形、地貌留下了深刻的印象。贵阳被山水环绕,想进入这里是一件极难的事,"走了一段段的路,一个个的山峰,各有不同的形状"⑥,"因为路面不十分平坦,车行又速,所以颠簸跳跃得相当厉害。个子高一点的人,头顶便时常和车顶接吻"⑦,"山路崎岖,震动甚烈,令人头脑昏涨"⑧。时人笔下这些生动有趣的句子很好地印证了这一点。

---

① [美]张纯如:《南京大屠杀》,中信出版社,2015年,第63页。
② 戴广德:《西南重镇的贵阳》,《全民抗战》1939年第63期。
③ 赵澍:《今非昔比的贵阳市》,《西南导报》1938年第2卷第1期。
④⑦ 顾胜钟:《我怎样来到贵阳》,《旅行杂志》1939年第13卷第11期。
⑤⑥ 黄光第:《车上的忧郁——昆明至贵阳》,《大风(香港)》1941年第78期。
⑧ 陈志雄:《湘黔滇旅行记》,《旅行杂志》1938年第12卷第11期。

二、寓居——贵阳风貌之变化

大量人口的迁入,为抗战时期贵阳城市的发展注入了新鲜血液,促使这一时期整个城市的风貌为之一变。

风貌的改变最为重要的一点便是城市精神的变化。抗战初期,外地人初到贵阳时对筑城的印象往往不佳,其原因多与贵阳的抗战气氛有关系。1939年,邹韬奋等人编辑的《全民抗战》中便有提道:"正像袖手旁观,隔岸观火一样,贵阳的老百姓对于已经艰苦奋斗一年多的抗战的感觉,实在太微弱了。"①贵阳的民众在灯红酒绿的街上,毫不在意抗战的情况。"贵阳真是太沉闷了,自从抗战爆发到现在,从没有个人,对老百姓做过有系统的有关抗战问题的讲话。"②不过自从外来人来到贵阳后,贵阳的城市精神得到了进步。"在抗战期中,能组织这些戏剧的游艺队向普遍的民□作救亡宣传。"③

除了城市精神有改变,城市的建设方面也出现了可喜的变化。"抗日战争前的贵州,各方面都很落后,经济上基本上属于以落后农业为主体,工业、交通业、商业也十分落后。当时的贵阳人口、面积都没有形成规模。"④后来各地的外来人都逐渐地迁入了贵阳,使得贵阳——这个在远山深处的小城有着翻天覆地的变化。"仅1938年至1939年迁移到贵州的工厂即达101家,这些工厂入黔带来了大批专业人员和技术人员,对贵州特别是贵阳城市化起了一定的作用。"⑤外地人迁入贵阳后,不仅扩大了贵阳的面积,更使得贵阳逐步变得现代化。昔日只有一条街的"小镇",变得城市化,贵阳风貌焕然一新。"贵阳市于抗战时期,握五省交通之枢纽,车辆往返频繁。"⑥

---

①②《抗战后方的贵阳》,邹韬奋、柳湜《全民抗战》,1938年,第10页。

③ 维嘉:《救亡戏剧在贵阳》,《抗战戏剧》1938年第1卷第4期。

④⑤ 周翻翻:《浅析抗日战争时期贵阳城市化进程》,《大观周刊》2011年第26期。

⑥ 何辑五:《贵阳市区建设》,载王尧礼辑录:《抗战贵州文录》(下),贵州人民出版社,2015年,第42页。

在外来人为贵阳带来技术、文化的同时，一个问题也随之而来。"抗战以来，贵阳人口数字由战前十余万，一跃而达三十余万，房荒现象，与日俱增。"[①]为解决这一问题，贵阳开始扩建城区，"开辟南明新住宅区"[②]。新住宅区开发了，外来人也逐渐恢复了以前在家乡的生活。贵阳这个抗战的大后方，生活稳定，发展迅速，"所有建筑房屋，悉为最近流行西式，美奂美轮，为筑市之新天地，较之广州市之东山住宅区未遑多让，旅黔中外人士，靡不称许。"[③]正是因为这些外来人的到来，使得贵阳这个落后的小城得到了前所未有的进步。

三、血泪——坚强抵抗之后方

贵阳这个抗战的大后方，迎来了众多的外来人。他们将自己在战区的那些故事带到了这里，把自己的满腔抗日热血，都在这里挥洒。

1944年的秋天，日军已攻至贵州独山，企图占领黔桂区域。此时日军已经占领中国大部分重要地区。在独山的美军空军基地，美国人炸掉了他们的机场，随后炸掉了深水大桥，徒步去往贵阳。随后日军又占领了黔南部分地区并派机轰炸贵阳，据时人记载："突如其来的十八架敌机，在这正给久雨新霁的阳光，照耀着和平的山城——贵阳，撒下了一阵弹雨之后，跟着，也把灾难、毁灭、死亡撒下来了！大十字，这繁华、热闹的市中心区，如今是成了一片瓦砾之场了！断壁，残垣，向东，向西，向南，向北，稀稀落落，孤零零的矗立着，倾倚着，到处是烧焦了的木段，烧红了的碎砖，无限的荒凉，无双的凄寂！"[④]面对日军的进攻，贵阳民众惊慌不定，"路道两侧连串地停放着车辆、牲畜，满街熙熙攘攘的，不是军人，就是难民"[⑤]。惶惶不安的民众，直到看见

---

①②③ 何辑五：《贵阳市区建设》，载王尧礼辑录：《抗战贵州文录》(下)，贵州人民出版社，2015年，第43页。

④ 鞠孝铭：《悲惨的画面》，第126页。

⑤ 严正路：《黔南新战地》，载王尧礼辑录：《抗战贵州文录》(下)，贵州人民出版社，2015年，第54页。

源源不断赶赴前线的军队才渐趋安定。①

贵阳开始了一场抗日大行动。"怒吼吧！贵阳！你，敌人狂炸下的城池，几百个无辜死难同胞的鲜血，为你染上了耀人的颜色！"②贵阳的人民掀起了一场前所未有的大抗争。"知黄沙街，大布塘等地，民众房屋被敌焚毁，稻粟遭虏，妻女被奸，一时敌忾同仇，直与军队并肩作战，使用民间锄头锋刀等武器，除在大布塘歼敌二千余外，并将残敌追过新墙。"③由此可见，不仅当地军队抗敌勇猛，民众更是热血沸腾。贵阳，充满着抗日的战歌。

贵阳，被群山环绕，是个得天独厚的战略要地。这里易守难攻，熟悉地形的贵州人民在群山环绕间穿梭，与敌人打游击战。七坡乡乡长岑起龙被敌打伤后，佯装已死，当敌人离开时，便举枪击毙了两个敌兵。上道乡某村的绅士石玉森君，痛恨家乡陷敌，乃登高一呼，将全村壮丁武装起来，有组织地打击敌人。④

贵州人民在付出了巨大沉痛的代价后，在 1944 年 12 月 6 日，日军撤出了贵州。贵州，这个在深山中的地方，靠着人民的坚定信念、不败决心，最终使侵占大半个中国的日军止步于此。随后国内外各方面坚定抗击日军。1945年 8 月 15 日，日本无条件投降。中国这场"最伟大的卫国战争"终于以胜利结束了。

（贵州省贵阳市观山湖区普瑞国际学校初中部 孙砚珂　指导教师 沈强）

---

① 严正路：《黔南新战地》，载王尧礼辑录：《抗战贵州文录》（下），贵州人民出版社，2015 年，第54 页。

② 博敏：《怒吼吧，贵阳》，《贵州》1940 年创刊号。

③ 黑子：《湘北慰劳行》，载王尧礼辑录：《抗战贵州文录》（下），贵州人民出版社，2015 年，第 48 页。

④ 公诚：《黑石关大战记》，载王尧礼辑录：《抗战贵州文录》（下），贵州人民出版社，2015 年，第 57 页。

风雨如磐暗故园，我以我血荐轩辕
——记新四军在安徽的重要事件及影响

鲁迅先生曾说过："我们自古以来，就有埋头苦干的人，有拼命硬干的人，有为民请命的人，有舍身求法的人……虽是等于为帝王将相作家谱的所谓'正史'，也往往掩不住他们的光耀，这就是中国的脊梁。"十四年抗战，风雨飘摇，家破人亡；十四年抗战，山河不屈，浴血奋斗；十四年抗战，千千万中华儿女挺身而出，用鲜血和生命谱写了反抗外来侵略的壮丽史诗，他们就是中国的脊梁！

在江淮大地上，也有一群安徽的脊梁、中国的脊梁，在抗战时期保家卫国、奋勇前进，他们就是抗日铁流——新四军。

七七事变后，安徽形成了第二次国共合作的局面，新四军建立了淮南、淮北、皖江等3块抗日根据地，发动了"工合运动"，带领安徽人民掀起了如火如荼的打击日本侵略者的斗争。自此，安徽的脊梁、中国的脊梁，"风雨如磐暗故园，我以我血荐轩辕"。

一、新四军在安徽建立抗日根据地

1935年华北事变后，日军长驱直入中原地区，安徽也未能幸免于难。1937年11月29日，日军占领广德县城，12月10日，占领芜湖。12月下旬，日军从皖东、皖中两路北犯，又从芜湖沿水陆两路西侵。

进入安徽的日军一路烧杀抢掠，无恶不作，制造了温家套惨案、牛眠惨案、淮南万人坑等多起惨绝人寰的罪恶暴行。据不完全统计，日军在近四年里对安徽广大城市狂轰滥炸达 4461 次,出动飞机 8513 架次,投弹约 18779 枚,被炸死共 14412 人,被毁房屋 128351 间。饱受摧残后,群情激愤的安徽人民站起来了,他们再也无法眼睁睁地看着自己的家园被外来侵略者践踏,自己的亲友遭受迫害,自己的人格与尊严就这样被邪恶的日本侵略者踩在脚下。

1938 年 4 月,新四军军部进驻皖南后,联合当地民众,于 1938 年 5 月 12 日在巢湖蒋家河口歼灭日军 20 余人,于 8 月下旬在当涂小丹阳击退日军 4500 余人,于 9 月初在桐城取得两次伏击日军的胜利。在一次次的战斗中,新四军实现了从被动防守到主动伏击的进展,广大安徽人民也在新四军的带领下责无旁贷,奋勇出击,浴血杀敌,保家卫国。

1939 年 2 月,中央军委副主席周恩来接到党中央"发展华中"的指示,来到驻扎在安徽泾县云岭的新四军军部,确定了新四军"向南巩固、向东作战、向北发展"的战略方针,为新四军在安徽的抗日斗争指明了方向。

此后在中共中央的领导下,新四军先后在安徽建立了淮南、淮北和皖江(包括皖中、皖南)三大根据地,打开了安徽抗战的新局面。其中较为著名的抗击发生在灵璧、冯庙一带,1939 年 7 月,新四军东进部队炸毁日军汽车 20 多辆,打死打伤日伪军 300 多人,是根据地建立以来较为成功的一次袭击。

数年抗战,无数英雄在江淮大地上抛头颅、洒热血,在安徽的抗日战争中起到了中流砥柱的作用,为抗战的胜利做出了巨大的贡献。

二、新四军与皖南"工合运动"

新四军军部在皖南期间,除开展对敌的政治斗争、军事斗争外,还开展了经济斗争,不仅破坏了敌人的经济,还发展了皖南人民的战时经济。

日本侵略者侵华期间,不仅扩大军事侵略,而且对中国实行野蛮的经济掠夺。许多重要城市如北平、上海、武汉相继沦陷后,中国绝大部分的工业也落到了日本人手里。时任全国生产会议主席的孔祥熙在《论工业合作运动》一文中说道:"中国的工厂主要都在沿海各省份,现在已经被日本人摧毁了百分之七十,中国工业的精华被摧残殆尽……居住在内地的群众一天天地感到工业品缺乏……还有更重要的一件事,那就是近代战争,经济资源也是决定胜负的重要因素……换一句话说,摧毁中国工业是日本政策的一部分,而中国的急务是要赶快用潜在的力量发展工业,如果把中国的经济资源和工业百分之百地动员起来,则中国在此次战争中的胜利,可以得到保证。"

为了解决物资奇缺、人民生活和军需供应紧迫的问题,应对发展战时工业的要求,国内各界爱国人士、国际进步友人于 1938 年 8 月 5 日正式成立了"中国工业合作协会","工合运动"在全国范围内兴起。浙皖"工合"办事处也于 1939 年 7 月在屯溪中山正街(现老街)还淳巷 5 号正式成立。在皖南开展"工合运动"的直接目的是支援新四军的抗战,而皖南地区"工合运动"由于得到了新四军的支持而获得十分迅速的发展。

其中最为著名的是小岭宣纸联营生产合作社。小岭是宣纸生产集中地区,由于反动派的长期剥削和日军的入侵,小岭宣纸业几乎倒闭。此时新四军的领导人为解决印刷用纸,也为了保护祖国的宝贵文化遗产不受损害,决定帮助小岭重振宣纸行业。于是新四军在 1939 年 7 月办起了"皖南宣纸联营生产合作社",带动了当地宣纸业和经济发展,帮助了许多失业工人重获职位,让小岭人民有了安身立命的保障。

皖南"工合运动"蓬勃发展,在发展战时工业、战时经济的基础上,还密切了党、新四军与人民群众的血肉联系,皖南人民对共产党、新四军有着无限深情。1940 年 10 月,日军进攻云岭新四军军部时,丁桥烧炭合作社的社员积极配合新四军参加战斗,打退了日军的进攻,取得了云岭保卫战的胜利。在皖南事变后腥风血雨的日子里,皖南人民,特别是"工合"社员千方百计地掩护新四军指战员突围脱险,北上抗日……

三、皖南事变

1941 年 1 月 6 日,蒋介石发动了震惊中外的皖南事变。

蒋介石为了一己利益,不顾大局,迫切地期望削减新四军在黄河以南的势力,于 1940 年 10 月 19 日发出"皓电",限令黄河以南新四军于一个月内撤到黄河以北,其反共的狼子野心昭然若揭。中共为了维护抗日民族统一战线,保全大局,答应将皖南的新四军调到江北。但在 1941 年 1 月北移的途中仍遭到了国民党部队的袭击,导致大部壮烈牺牲。

皖南事变发生后的 1941 年 1 月 17 日,周恩来在重庆《新华日报》上发表亲笔题词:"千古奇冤,江南一叶;同室操戈,相煎何急?!"1941 年 1 月 23 日的《新中华报》报道了中共中央发言人对皖南事变发表的谈话:"歼灭皖南新四军之无耻罪行,不过是整个阴谋计划公开暴露之一部分,仅仅是亲日派阴谋家和反共顽固派以内战代抗战,以分裂代团结全部阴谋实行之开端。"

随后,在中共的坚决斗争和社会各界的强烈谴责下,国民党反动派的第二次反共高潮最终被打退,蒋介石的阴谋也被戳破。皖南事变给予了国民党和蒋介石政府政治上的强有力的打击,同时提升了中国共产党在全国的政治地位和在全国人民中的声望。

四、新四军在安徽抗战的影响

习近平在颁发"中国人民抗日战争胜利 70 周年"纪念章仪式上讲道:"在抗战英雄身上,充分展现了天下兴亡、匹夫有责的爱国情怀……视死如归、宁死不屈的民族气节……不畏强暴、血战到底的英雄气概……百折不挠、坚忍不拔的必胜信念。"[1]我想,新四军在安徽的三年里,已经完美地诠释

---

[1]《习近平在颁发"中国人民抗日战争胜利 70 周年"纪念章仪式上的讲话》,中华人民共和国中央人民政府门户网站,2015 年 9 月 2 日,www.gov.cn。

了抗战精神,他们带领安徽人民冲锋陷阵、积极抗战,用血肉去换取安徽、中国的和平;同时他们也带头发展了安徽自身的实力,联合安徽人民在经济、军事、政治等方面取得巨大成就。

回望80多年前的历史,新四军保家卫国之时,心中蕴藏的大抵也不过是那一份"风雨如磐暗故园,我以我血荐轩辕"的誓死决心和赤诚之情,也确是因为有了这样的一份情感,他们才能在国家危亡之时挺身而出,成为中国的脊梁。

而80多年后的今天,山河已无恙,他们终以血荐轩辕。历史无言,岁月有声。数十载长河浩荡,九万里风鹏正举。每当我们回顾多年前的那段血泪史时,心中盛满的应是对先辈们的敬意与沉甸甸的责任感。作为21世纪的新青年、新时代的筑梦人,我们应永远珍视这份来之不易的和平,学习革命先烈们"天下兴亡、匹夫有责"的责任担当,传承与发扬他们热爱祖国的赤子之心,将对国家的热爱投入新时代中国特色社会主义事业,成为新时代中国的脊梁!

不忘国之殇,吾辈当自强!

(安徽省合肥市第一中学 张柯欣 指导教师 肖琼)

日军侵华带来的沉重影响
——以海南省乐东县黄流镇为例

1939 年日本侵略者的铁蹄踏向了一片宁静和睦、历史悠久的海南岛。在长达 6 年的血腥史和反抗史中,不仅有着侵略者的残暴罪行,又有许许多多为保护这片土地而抛头颅、洒热血的英雄烈士。重燃抗战记忆,不忘日军侵华历史!

一、日军入侵海南岛的背景

1931 年 9 月 18 日,侵华日军发动了九一八事变,之后完全侵占中国东北,并成立了伪满洲国。此后陆续发动了"一·二八"事变、华北事变等一系列战争冲突。1937 年 7 月 7 日,日军在北平附近挑起卢沟桥事变,抗日战争全面爆发。日军在 1938 年 10 月下旬占领广州、武汉后,迅速挥师海南。为了摆脱在中国战场上的胶着状态,加紧处理"中国事变"、解决中国问题,日军企图切断国际援华通道,遏制中国高涨的抗战气势,迅速地使重庆政府屈服。

海南岛不仅具有丰富的亚热带动植物资源和矿产资源,而且战略位置显要,是联系东南亚和中国之间沟通的枢纽。日军决定以海南岛为跳板,通过夺取海南岛,将其作为继续入侵东南亚及太平洋地区的中转站和补给站,实现"以战养战"的经济自给自足的体制。

除此以外,日本作为一个岛国,在石油等战略物资方面对美国的依赖程度很高。而美国在 1939 年突然终止《美日商约》,显现出了日本扩张政策与美英在亚太和全球利益的激烈冲突,使日本感到美国对日本的安全威胁。另一方面,日本深陷中国战场,持久战必不可免,其耗费的能源物资大大超出日本所能料想的情况,而石油更是日本能打赢战争的关键因素之一,东南亚许多地区拥有丰富的石油资源。综合多种因素,入侵东南亚成为必然。可见,侵略海南岛并将其作为"南进战争"的支点对日本战略的意义。

二、日军入侵海南岛的进程及犯下的滔天罪行

1939 年 2 月 14 日,日本海军近藤信竹中将指挥日本第五舰队下属的海军陆战队占领榆林、三亚两港。登陆前后,日军的舰载机肆意在三亚至黄流沿海一带袭击村民。2 月底,乐东沿海地区全境沦陷后,日军实行"三光政策",即杀光、烧光、抢光,屠杀大量无辜村民。同年 6 月 30 日,日军侵犯黄流地区,并在黄流(今黄流中学校址)设立司令部。

日本军队攻占港口后不满足于既得利益,于是在 1939 年 4 月 1 日,日军驻扎三亚地区的海军部队吴港镇守府第六特别陆战队改为第六防备队,4 月 3 日从三亚向陵水县城发动进攻,4 月 21 日占领了陵水全境。7 月 3 日,日军在黄流附近海岸再次登陆,占领了佛罗、莺歌海、岭头等城镇。1939 年 7 月,日军向昌感县发动进攻,7 月 8 日占领八所、墩头,15 日占领北黎。1940 年初,日本军队攻占乐东县,不久后又占领了大安、志仲、三平、万冲等地。

伴随着日军侵略步伐的是其罄竹难书的滔天罪行。1939 年 5 月初,日军江波户带队来黄流,在木头园村遭到国共联合游击队狙击后,于 7 月 3 日到木头园村抓孙元凤、陈人贞母等 18 位老弱,双手被缚后活埋在一口水井里。7 月,日军包围镇远村,杀害 18 名村民,避难在该村的黄流村丘景福等 5 人也死于日军刺刀下。12 月,日军借"追剿"游击队之名,进入赤龙村,大肆抢劫群众财物,又杀害了 10 位村民。1940 年 1 月 10 日夜,驻黄流日军再次包围镇远村,把避难在该村的黄流村民刘义荣一家 4 口人,用刺刀活活刺死。18 日夜,日军又刺死黄流村民孙炳超等 4 人,把尸体抛到田中,尸体浮水中几天几夜,亲人才冒死捞出安葬。2 月,驻黄流日军窜到铺村烧杀抢掠,

将正在坐月子的妇女孙氏强奸。1941年,驻黄流日军对黄流地区进行大屠杀。在一年中,先后在黄流司令部杀害或活埋抗日志士、进步青年和无辜群众共150多人,其中有邢治壮(保老人,28岁)、林葆栋(佛老人,30岁)、孙受寰(黄流人,21岁)、吴世仁(多能人,32岁)、吴祥祯(多能人,37岁)等。日军为了杀人灭尸多在夜时进行,每杀一批就埋在同一个洞穴,再埋上地雷多个,不让亲人拾尸,其心肝之恶毒、手段之毒辣,惨绝人寰!据统计,日军占领黄流6年间,制造了三大惨案,活埋黄流地区人民350多人,强奸妇女100多人,拆毁村庄24个、街道10条、瓦房3450多间、楼房店铺450多间,毁坏农田5340多亩。

为配合"南进战略",日军还在黄流修建南进机场。机场于1940年底动工,1943年建成,是日本水陆战斗使用机场,占地面积5平方千米。日军掠来3000多名民工为其修建机场,推平5170多亩坡地,填平8600多亩良田,拆毁了新荣、官园、赤龙、茅坡、酸梅头、多能、海棠等24个村庄的约6950间民房。机场设有指挥塔楼、炮台、哨所、暗堡、兵营及慰安所等。除破坏大量农田、屋舍,强征人民劳役外,驻机场日军还迫害与残忍杀害无辜村民、掠夺物资、杀害孩童、强奸妇女、强征慰安妇等,其手段之凶残、人性之扭曲,给当地居民的心理与身体上带来了恐惧,也极大地破坏了黄流地区的经济发展。

日本攻占黄流后还对黄流地区人民进行殖民教化,企图从政治、经济、思想与文化等方面改变黄流人的文化信仰和国家认同。开设了一系列的"小学教育",企图达到洗脑的目的。同时为了强化在黄流地区的统治势力,日军一方面实行恐怖屠杀政策,企图以武力使黄流人民屈服;另一方面又印制大量军用券,强迫人民使用,从而造成了黄流地区通货膨胀,经济崩溃。

三、"天下兴亡、匹夫有责"

1939年5月6日,日军占领黄流,并派重兵把守,大肆屠杀无辜人民。在民族存亡关头,我中华儿女谁能坐视待死?"天下兴亡、匹夫有责。"当时的中共武装力量和国民党地方武装,团结抗日,由共产党员陈世德领导的共产党游击中队和陈曼夫、陈蓑双领导的国民党第四游击大队以及黄流抗日民众与敌人进行游击战争。5月7日、8日,陈世德、陈曼夫等人领导的抗日军民三次袭扰驻黄流日军,给敌人迎头痛击,大大地挫伤了侵华日军不可一世的气焰。

1940年初,李尚来带领抗日游击队(即国民党崖县自卫队)化装到佛老村,在佛老村通往黄流村的路上杀死日伪黄流维持会会长陈气清,为民除了一害,大大鼓舞了广大群众的抗日信心。1944年,黄流青年孙劲草、孙受枯等10多位小伙子,赤手空拳夜袭日伪黄流维持会,缴获步枪6支、子弹4箱,把日本汉奸、走狗吓破了胆。

(海南省乐东县华东师范大学第二附属中学乐东黄流中学 孙小惠 指导教师 羊彩美)

我了解的地道战

暑假到来,爸爸让我看他小时候看的电影,在他"威逼利诱"下,我迫不得已开始看《地道战》。这一看,竟迷上了这部电影,对它产生了浓厚的兴趣,想更深一步地了解,于是我就登录抗战文献数据平台查找资料。通过认真阅读史料,使我对抗战中的这一段历史有了更深入的认识。

一、地道战的历史背景

(1)地道战体现了毛泽东在《论持久战》(1938 年 5 月)中提出的思想,即游击战在抗日战争中的重要地位。

(2)地道战是游击战争的一种。刘为章在《敌我战略战术之研究》(1942 年 10 月)中提出我抗敌战术的研究,其中革命战术包含"改变地形限制敌优势装备"。

(3)1942 年春,"五一"反"扫荡"后,冀中形势剧烈变化,敌人为达到战略目的,采取堡垒政策,"在冀中 8000 多个村庄,6 万多平方公里的土地上,建立了 1700 个据点,修筑了 7500 多公里公路,挖了 4000 多公里封锁沟。据点周围碉堡成群,铁路公路沿线岗楼密布,点、碉、路、沟互相连接密如蛛网。把我冀中根据地分割为 2000 多块,每一块都置于严密火网封锁下,然后分区逐块进行'清剿''剔抉'"。

在上述的历史大背景下,冀中人民抗日武装为了保存自己的力量,保护人民群众的安全,为长期坚持开展平原游击战,开始挖掘和利用地道与日伪军展开了艰苦卓绝的斗争。

二、地道的发展和演变

(1)单层单口地道:仅具有躲藏功能,且洞口较容易被发现,无法防御敌人火、水、烟、毒气等攻击。通常是我们所指的地窖,只能起到暂时躲避功能。

(2)单层多口地道:能躲避敌人的追击,且洞口较为隐蔽,可以从隐蔽的洞口逃生,依然无法防御敌人火、水、烟、毒气等攻击。

(3)双层多口地道:洞口分散且十分隐蔽,上层与下层有翻盖连接,有一竖井连接下层(敌军误以为连接的地道是有人的),只要把翻盖盖上并填上土,便可防御敌人火、水、烟、毒气等攻击(水、烟、毒等都将留在下层)。

(4)具有战斗功能的地道:在地道内有埋伏,可以防止敌人进入地道,如果日军进地道便可一举将其歼灭。地道四通八达,可以通往地面建筑及屋顶,组成地下、地面及高层的交叉火力网,可以有效地消灭敌人。

(5)由单个村庄变为多个村庄交织成的"地下长城",形成了村与村、户与户的互联互通(仅 1944 年以后地道就挖了一万多里①)。

三、地道战的优势

(1)在冀中平原上没有天然的防御屏障,没有有利的战斗环境,通过人造工程,最大限度地扭转了无险可依的被动挨打的局面。"地道战的高度发展,保证了党政群干部的安全","有了'地下长城'做依托,胆子就壮了,办法就多了"。

(2)斗争条件大大地改善,斗争的方式方法也变得多种多样。"使我军在敌碉林立、路沟如网的平原上,到处都有巩固的后方。它既利于小分队活动

---

① 冀中人民抗日斗争史资料研究会编:《冀中人民抗日斗争文集》第 8 卷,航空工业出版社,2015 年,第 30 页。

打击敌人,也利于较大部队集结隐蔽突然地歼灭敌人;既利于防御,也利于进攻,还可以依托四通八达的野外地道,封锁敌人的岗楼和据点。"

根据史料,地道战实际上打破了敌人将冀中平原分割成 2000 多块区域、分而治之的格局,达到了反封锁的目的。

(3)减少了军民的牺牲,保存了有生力量。"在高阳县皮里村,我九分区司令部与日伪军近千人激战,由于凭借地道的有利条件,我方只伤了一老一小两个人,敌人丢下百具尸体,狼狈逃窜。"

四、我的思考

(1)人民的智慧是不可估量的——地道的演变与发展体现了人民的智慧。

(2)把人民组织起来才是最有力量的——大规模"地下长城"的建造,体现了人民的力量。正如毛泽东在《论持久战》一文中说:"战争的伟力之最深厚的根源,存在于民众之中。日本敢于欺负我们,主要的原因在于中国民众的无组织状态。克服了这一缺点,就把日本侵略者置于我们数万万站起来了的人民之前,使它像一匹野牛冲入火阵,我们一声唤也要把它吓一大跳,这匹野牛就非烧死不可。"[1]

(首都师范大学附属中学 姚怡和)

---

[1]《论持久战》,载《毛泽东选集》第二卷,人民出版社,2006 年,第 511—512 页。

铭记历史，辉映未来

夕阳的余晖染红了天际，同墨水般在宣纸上一滴成晕，似一盏昏黄的街灯铺在奶奶的竹椅上，在她花白的发迹上掩映出胭脂般的红色，她浑浊的双眼深情地眺望远方。

"回来啦！"笑靥如花的奶奶回头望向我。话音刚落，她又望向窗外。我轻轻走向她，俯下身，朝她的视线一同望去。"怎么啦？是又回想起以前的事情了吗？""是的，以前啊……"只见她的嘴角轻轻上扬。奶奶接着喃喃道："今年是抗战胜利74周年了吧？现在想想那个时候真是不容易啊！"她情不自禁地摇了摇头。我仔细地注视她的侧脸，眼角像是被巨斧割下的痕迹，沟沟壑壑里填满了岁月的沧桑，夕阳的余晖下，终是不能找到她头上的一根黑发。"当时啊，襄阳可是处在我们全国的中心地带啊。我清楚地记得1940年左右，小鬼子们要进攻城中心，路过我们村时展开大屠杀、烧毁。农民们拿着砍刀、叉就往前冲。你想想，那怎么能打得过呢？大量的人员伤亡啊！最后终于等到了军队的支援。那时候我几乎每天没闭过眼，整天为战士们做饭、送粮食。我像你这么高时，每天都扛着几十斤的大米，背着锅碗。有时候背着伤员去医疗站，真是争分夺秒。每天衣服都没有干的时候。现在想想真是不容易！"渐渐地，泪水浸湿了她的眼眶，"但是，很多战士的命还是没有救回来"。她哽咽了一下，没有继续说下去，而是陷入了沉思。

出生于1927年的奶奶，如今已年过九旬。抗日战争爆发时，她也不过如我现在一般的年纪。童年时抗战的苦难记忆深植于脑海中，即使现在已经忘却了很多往事，但抗日战争时期的这些事情却总让她念念不忘。这也让出生、成长于和平年代的我对此充满了好奇，"纸上得来终觉浅"，历史课本的记载结合奶奶的亲身经历,使我更加着迷于研究襄樊①抗战,不断去挖掘尘封的历史。

中国人民抗日战争全面爆发于 1937 年 7 月 7 日卢沟桥事变。"从那时起,大江南北,长城内外,全体中华儿女冒着敌人的炮火共赴国难,无论是正面战场,还是敌后战场,千千万万爱国将士浴血奋战、视死如归,各界民众万众一心、同仇敌忾,奏响了一曲气壮山河的抗击日本侵略的英雄凯歌,用生命和鲜血谱写了一首感天动地的反抗外来侵略的壮丽史诗。"②

襄樊地处中国腹地,位于豫鄂交界,地理位置得天独厚,汉水穿城而过,拥有便利的水路、陆路交通,自古便是兵家必争之地。抗日战争时,中日两军曾在此展开四次激烈争夺,双方累计动用军队近百万,6 万余日军命丧黄泉。③

在 1939 年到 1945 年间,襄樊人民同日本侵略者进行了艰苦的斗争。日本侵占襄樊期间,妻离子散,流浪街头,孩子的哭声,婴儿的啼叫,老人的啜泣,一片破烂不堪的景象惨不忍睹。1938 年武汉会战之后,抗日战争进入相持阶段。1940 年,日军为了消除鄂北、豫南方面中国军队对武汉汪伪政权的威胁,企图进攻襄樊。4 月 28 日,汪伪政权急于讨好日本,汪精卫与阿部西尾等人在武汉决议发起大会战,以占领鄂北老河口、宜城一线为目的,这就是枣宜会战。④"五月初,敌军从各战区陆续集结约七师团的兵力,以攻略南阳及襄樊为目的,采取分进合击战术,企图一举攻击我军于白河、唐河流域,其进犯路线,计有五路:(一)由长台关经明港至泌阳;(二)由信阳至桐柏;(三)由随县至枣阳;(四)由随县至吴家店;(五)由钟祥至双沟"⑤,计划十分

---

① 襄阳,原名襄樊,2010 年 11 月 26 日经国务院批复同意,襄樊市更名为襄阳市。因陈述所需,后文统称襄樊。

② 习近平:《在纪念全民族抗战爆发七十七周年仪式上的讲话》(2014 年 7 月 7 日),《人民日报》2014 年 7 月 8 日。

③ 胡若晨:《论抗日战争四次襄阳会战》,武汉理工大学硕士学位论文,2014 年。

④ 孟凡明:《枣宜会战的历史意义》,《日本侵华史研究》2016 年第 4 卷。

⑤ 高越天编著:《抗战史话:第一辑》,独立出版社,1941 年,第 65 页。

详密。由李宗仁将军带领的中国军队在敌军发动战斗之前，即已知来者不善，并进行了周密的计划。在敌人没有防备的情况下，于5月1日占四港，6日陷泌阳、枣阳，8日陷唐河，日军反坠入我军坚如磐石的包围圈内。5月8日，开始实施反攻，在唐河以南地区，对日军迎头痛击。5月9日，钟毅将军英勇牺牲，这刺激了我军战士，经过彻夜的血战，将日军的主力击溃，其狼狈逃走。因我军周密的计划，早已将其后路截断，日军落入我军各个包围圈之中。此时恰逢襄樊地区大雨滂沱，数日不止，日军精锐之机械化部队，陷于泥泞中，无法行动，被我军歼灭殆尽，我军大获全胜，日军所有坦克车及战车60余辆，以及用于战场之上之汽车2000余辆，皆被截获。[1]最后，中国军队先后收复枣阳、桐柏等地。这便是著名的随枣会战。这次会战是抗战进入相持阶段之后第五战区进行的第一次大规模会战，会战历时20余天，敌我双方共投入兵力30余万人。[2]这次会战使日军无功而返，伤亡惨重，也使其近一年内未对襄阳地区展开攻势。因此第五战区各部得以充分休整，对日军的后续进攻做了充分的准备。

经过第一阶段的胜利之后，中国军队对日军后来的作战计划也有着充分的准备。第五战区军将在战前敌我形势分析中指出："本集团军于鄂北冬季攻势作战时，曾予敌以溃灭的打击后，在敌退守随应信阳期间，汤总司令奉命将本军仍调回南阳地区整补，此为二月间事。时届三月下旬，本军之兵员整补虽已大体竣事，然而训练刚开始未久，至三月下旬，汤总司令即奉我最高统帅部的命令，准备随时出动，并南进侧击敌人。"[3]1940年5月1日，张自忠亲笔昭告各部队、各将领出战。7日拂晓，张自忠东渡襄河，率部北进。14日，双方发生遭遇战。15日，张自忠率领的1500余人被近6000名日

---

① 高越天编著：《抗战史话：第一辑》，独立出版社，1941年，第66页。

② 胡若晨：《论抗日战争四次襄阳会战》，武汉理工大学硕士学位论文，2014年。

③ 苟吉堂：《中国陆军第三方面军抗战纪实》，1947年，第188页。

军包围在南瓜店以北的沟沿里村。激战到 16 日拂晓,张自忠部被迫退入南瓜店十里长山。日军在飞机大炮的掩护下,一昼夜发动 9 次冲锋。张自忠所部伤亡人数急剧上升。5 月 16 日,张自忠自晨至午,一直疾呼督战,午时他左臂中弹仍坚持指挥作战。到下午 2 时,张自忠手下只剩下数百官兵,他将自己的卫队悉数调去前方增援,身边只剩下高级参谋张敬和副官马孝堂等 8 人。5 月 16 日下午 4 时,张自忠所部全军覆没,张自忠战死。6 月初,襄阳、荆门、宜昌相继沦陷,蒋介石指示汤恩伯"趁敌部署未定,予敌意打击"①。随后敌我双方在宜昌地区展开多次激战,但由于国民党军战略失误,至 6 月 24 日,日军已在宜昌夺得了绝对的控制权。1945 年,随着国际反法西斯战争形势的变化,盟军在欧洲、北非、太平洋战场取得了一系列胜利,法西斯集团逐渐处于弱势,但日本法西斯不甘颓败,试图以襄阳地区为中心,向老河口和芷江机场发动进攻,打击中美空军基地,这是日军在中国战场发动的最后两次会战。但由于日军在国际战略上的颓势无可挽回,此次会战也不可避免地失败。

1940 年的襄樊会战,张自忠死守襄河,抵抗日军,为抗战献出了自己的性命。蒋介石在当时曾发表《悼念张自忠将军告全体将士手启》一文,赞扬其"以一身当樽俎折冲之交,忍痛含垢,与敌周旋,众谤群疑,无所摇夺,而亦未尝以一语自明"②,"迨抗战既起,义奋超群,所向无前"③。如今,人们在缅怀先烈时,纷纷回想起这位民族英雄,言语难以表达对他的敬仰,他是中国人民奋力抵抗日军侵略的重要代表人物。而奶奶作为广大人民中的一员,全民族抗战时也参与其中,发挥作为一名中国人的小小作用。

"你看看这高楼大厦,如今时代发展得我已经快不认识啦!但你想想,没有战士们的艰苦奋战,哪里来的幸福生活呢?现在正是你们这一代的舞台,

---

① 苟吉堂:《中国陆军第三方面军抗战纪实》,1947 年,第 196 页。
②③ 福建省政府教育厅编审委员会:《福建教育通讯》第 6 卷第 1 期,1940 年。

好好珍惜,好好闯一番天地!"正是因为战争的残酷,我们才会珍惜现在来之不易的生活,珍惜和平。奶奶用力握住我的双手,我感受到她传递给我的力量、精神,那是一股顽强拼搏、永不服输的劲头;那是团结一致、心系祖国的美好品质;那是抵抗外侵、坚守祖国的坚定意志。

全民族抗战的意义,不仅在于它赢得了抗日战争的胜利,更在于它教会了后辈如何用双手创造明天,以及以一个尽力拼搏、积极参与、无怨无悔、贡献祖国的态度、实干的精神去迎接未来。青年们,积蓄力量,储备知识,磨砺意志,培养精神,铭记历史,以一个出发的姿态,接过历史的接力棒,担起历史的重任,让祖国焕发出更加灿烂的光芒!

(湖北省襄阳市第四中学 陶维希 指导教师 薛勤)

"光大街"的由来

放暑假了，我和父亲一起回四川老家看望爷爷奶奶。穿行在自贡的大街小巷里，一个路牌引起了我的注意——光大街。我觉得好奇，便问父亲，父亲说这是因为它曾在抗日战争期间被日军的飞机夷为平地，炸得精光，故称"光大街"。

我以为父亲开玩笑，回家上网一查，发现确有其事。

光大街原名叫复兴街，是当年自贡市区通往荣县、威远、乐山方向的要道。20世纪三四十年代，复兴街周围井灶密布，有盐井、气井上千口，沿街道的右面（今海潮寺一侧）商铺林立，热闹非凡。但是在1939年10月到1941年8月期间，可恶的日本侵略者一共对自流井进行了7次狂轰滥炸，共投下炸弹1079枚、燃烧弹465枚，复兴路惨遭毁灭，"光大街"的名字由此得来。

自贡并非抗战的前线，亦非军事要塞，为何日军要一而再再而三地对此地轰炸呢？

自贡位于四川南部，有着极为辉煌的历史。自贡盛产井盐，在清朝末期，太平天国定都南京后，江淮一带的淮盐无法上运，清廷就下令利用自贡等地所产川盐，供应湖北、湖南数省。于是自贡井盐的产量大幅度提升，年产量占全川的一半以上，年征税银则占全川盐税收入的40%。"盐都"美誉不胫而走。井盐带动了其他产业的发展。一时自贡富商云集，俨如大都市一般繁荣。

1937年抗日战争全面爆发后，沿海盐区相继沦陷，华中、西北、西南等省食盐困难，国民政府下令川盐增产加运，济销楚鄂，形成历史上第二次川盐济楚。为适应盐业生产的需要，国民政府废除川盐运销引岸制度，实行官收官运和招商代运，并于1939年9月1日建立了自贡市。

盐场大量起复旧井,开凿新井,增设盐灶,改进技术,原盐产销量迅速上升,创中华人民共和国成立前历史最高年纪录,不仅为抗战做出了重要贡献,自身也因此获得了快速发展,形成了自贡历史上的第二个经济繁荣时期。而日本本土雨量较大,海岸线曲折少滩,盐产量较低,是盐的进口大国,对自贡盐场早就有所窥视。随着自贡大后方工业重镇战略地位的日益突出,构成了对日本侵略的强大威胁,日军为了截断国民党政权的经济命脉,发动了对自贡盐场的轰炸。

据日军战史资料记述,当年日军轰炸四川制定有"101号"和"102号"两个作战计划。轰炸自贡市及各地制盐工厂按"102号"计划实施,这就是日军先后发动的以"挫折敌国民战意"为目的、被他们称为"盐遮断"的专题轰炸。

日军战史披露了专题轰炸的目标:"该时期的中心课题,是基于派遣军的指导而切断盐的补给(此时有情报分析中国内地正由于盐生产不足而造成困难)。四川省的自流井地区使用卤笕井灶数量很多,在轰炸这一地区的同时,要大量攻击盐的集散城市","以内地的飞机场、制盐所(自流井等)为目标"。

日军对自贡的"盐遮断"轰炸,从1939年10月10日至1941年8月19日,共进行了7次,17批,共计483架次飞机,投下炸弹1544枚,造成死亡622人,伤365人,毁损房屋2785间。据当时核查测算,仅财产直接损失即达法币1.24亿元,间接经济损失更是无法估计。

在日军的狂轰滥炸面前,英雄的自贡人民不屈不挠、巍然挺立,掀起了"抗日救亡,卫国从军;增产赶运,献金救国"的热潮。

据《中华民国忠烈将士姓名录》记载,全面抗战时期在淞沪会战、武汉会战、台儿庄大战、长沙保卫战、怒江战役、印缅战场等牺牲的自贡籍官兵有1942人。他们用生命实践了自己的誓言:"不雪国耻,决不生还","愿化作一颗燃烧的星,照亮祖国这被侵略的黑暗时期"。

川盐作为后方唯一产盐要区,"成为战时特需之使命,成为食盐增产赶运能否奏效的主要关键"。自贡作为抗战的军需大后方,盐场的大量增产和急剧增加的盐税,不但为国统区提供了充足的食盐保障,还以上缴的盐税为前线提供了巨额军费开支,担负起了国难当头挽起危局的历史重任。在敌机狂轰滥炸面前,自贡盐业却一直生产不辍,食盐产量由占全国总产量的7.9%上升为1945年的34.7%,为国统区1/3的人口提供了充足的食盐保障;创造了近21亿元的盐税,占全川盐税收入的80%,有力地支撑了战时政府财政,为前线提供了巨额军费开支。

尽管饱受战争创伤的自贡已经是地竭民贫,可在冯玉祥将军发起的节约献金救国运动中,自贡人倾其所有,作为只有22万人的小地方,一共捐出了1.2亿元血汗钱,捐款金额在全国各城市中排列第一,超过了成都、广州、武汉,令所有自贡人感到无比骄傲,为中华民族奉献了自己的忠诚。这次捐款不仅创下全国城市捐款数额之最,还创下个人捐款数额、人均捐款数额等其他21项全国之最。当时人口上百万的"陪都"重庆,献金的数量仅为自贡的2/3。不仅捐款,自贡还捐飞机。光是自贡盐工们就捐款购买了两架飞机,取名"盐工号"和"盐船号",以此来支援抗战。

英勇不屈、大义凛然的自贡人民当年为抗战做出的贡献而骄傲,也永远不能忘记这些残酷的狂轰滥炸,这段刻骨铭心的悲惨记忆!

正如1937年9月5日,在《烽火》(原《呐喊》)创刊号中刊载的著名作家巴金的《所谓日本空军的威力》一文中所写的那样:"日本空军展露给世界人士看的,并不是它的威力,而是一种虐他性的疯狂!不管日本的代言人用怎样的花言巧语企图蒙蔽世人的耳目,日本军人却用他们自己的方法向世界人士说明他们只是一群没有理性的渴血的生物!所谓日本空军的威力,除了道德的堕落外,能有什么呢?"

日本侵华战争带给中国人的痛是无法抚平的。牢记国耻,勿忘历史!

(首都师范大学附属中学北校区 姚镕驰)

浴血东瓜守，一师一海鸥

——评析第一次入缅作战的第 200 师和戴安澜

1938 年，一条极具战略意义的大道——滇缅公路在极其困难的条件之下修筑，漫长海岸线遭完全封锁的局势注定其意义不凡。滇缅公路作为中国与外部世界联系的交通要道，为满目疮痍的中国不断输送着血液。①然而 1941 年，二战中最不平静的一年里，盛夏的红色北国燃起熊熊战火，隆冬时远洋港湾飘起滚滚硝烟。日军"不宣而战"终于激起了远方国度的怒火，太平洋战争一触即发。而这时的英美盟军正经历着最难以启齿的耻辱，谁也不知道烧着战火的海湾上空还会有几只海鸥在翱翔。当日本帝国的阴影笼罩东南亚，南蛮之地的上空盘旋着一只远征境外的海鸥。那一抹洁白曾一时驱散阴霾，但"服从命令"的天职，却让为国效忠的海鸥将军于滇缅战场壮烈牺牲。

这是自 1894 的甲午战争以来，中国军人首次踏出国门，前赴海外作战，他们就是——中国远征军。②

一、异域之地扬国威，同古血战见卓绝

曾在长城抗战中担任团长的戴安澜将军自号海鸥，而今正指挥着第 5 军

---

① CCTV《走近科学》编辑部编：《二战纪实——中国远征军》，巴蜀书社，2014 年，第 4 页。
② 同上书，第 3 页。

第 200 师,中央军的嫡系,也是当时中国唯一一支复合型战略军中的主力师,通过机械化运输,其精锐冠绝三军。也正因此,才有"师称机械化,勇夺虎罴威"①之说。而令人唏嘘感慨的是,这样一支精锐部队,最后却要在山野丛林中作为轻装步兵使用,乃至损兵折将含恨败北,如此"大材小用"实在令人痛心不已。

对于戴安澜的评价,更多其实应该是"域外死忠第一人"等。②在远征之前,他也曾参加过古北口、保定、漕河、台儿庄及一战成名的昆仑关大捷。1942 年新年,伴随着第三次长沙会战的开门红,即将扬威国外,全军上下士气高昂,但远征作战却比许多人想的要残酷而壮烈……

第一,敌我双方火力差距:历史资料显示,日军参战两个步兵联队、一个骑兵联队和一个搜索联队,并加强有野战重炮兵第 3 联队的几十门 150 毫米口径重型榴弹炮和几十辆装甲作战车辆。同时掌握制空权,有第 4 飞行团第 8 飞行队的轰炸机协同作战。而中国远征军第 200 师虽士气高昂,并且有第 5 军直属骑兵团配属作战,但装备多为轻武器,炮兵主要为迫击炮,没有空中支援。③

第二,中国军队的防御对策:守军事先构筑了大量坑道工事,并以坚硬的柚木覆盖,能抵抗飞机、大炮的轰炸,当日军步兵出动时,守军立即冲出坑道,向日军猛烈反击,将日军杀得大败而逃。④并且"阵地上设有拉着数层屋脊型铁丝网的掩盖枪座,市区东南角构筑了用砖墙围着的复廊阵地"⑤。从古北口的反斜面阵地再到同古的坑道作战,中国军队面对日军火力优势不断改进守备策略,因地制宜地修筑工事。

---

① CCTV《走近科学》编辑部编:《二战纪实——中国远征军》,巴蜀书社,2014 年,第 12 页。

② 史迪威评价戴安澜"立功异域扬大汉声威的第一人"。

③ 沈铁、黑马编著:《1942 远征将士碑:滇缅大会战影像全纪录》,长城出版社,2015 年,第 22页。

④ 李航:《缅甸远征记》,文献出版社,1944 年,第 42 页。

⑤ 日本防卫厅防卫研究所战史室:《缅甸作战》,天津市政协编译委员会译,中华书局,1987 年,第 62 页。

第三，来之不易的战术胜利：相持阶段的中日正面作战中，因武器装备和兵员素质的差异，双方交换比常为 5∶1 甚至更高。但在同古战役中，200师以牺牲 2000 余官兵的代价打出了接近 1∶1 的交换比，在当时十分不易。通常国民政府宣传的"大捷"往往是待日军主动退去，勉强守住城池或"跟进反击"的惨胜；而同古一役真正做到了战术与战略上的双赢，既是 200 师将士们良好素质的体现，更是海鸥将军用兵有道的明证。

第四，包围圈中全身退：第 200 师在 29 日与日军激战一天后，于 30 日凌晨突围。突围时，再次表现了良好的战斗素养。负责掩护的小部队向当面日军发动突然袭击，日军被打得阵脚大乱，陷于混乱，200 师的大部队趁机撤退。第 200 师于拂晓前全部到达色当河东岸，连伤兵都没丢一个。①最后这一段的撤离战略无疑是保存了我主力的有生力量，保存了后续实力。

从最开始的指挥混乱、运输不畅，再到友军"挖坑"、频遇险境，远征军将士们虽凭着劣势兵力、装备层层阻击、节节抵抗，却无奈英军无能、作战无力。纵使友军未给丝毫援助，本部装备调配不齐，以 200 师为主力的远征军依然同凶狠的敌人顽强周旋，为盟军争得了宝贵时间。在英缅方一再拖延、贻误战机的情况下，同古城内戴将军以区区之众，使强敌半月内难越雷池一步，为全军的集结争取了时间，一定程度上遏止了盟军在缅甸的颓势，在一定程度上扭转了不利战局。同时，传回的捷报极大鼓舞了国内军民坚持抗战的决心与斗志；中国军人顽强斗争的事迹也向世界传达出中国对日作战到底的信念，并有赢得反法西斯战争最终胜利的能力。

二、于慷慨悲歌之间，见英烈精忠之魂

"在中国远征军第 200 师指挥部，孤立无援的师长戴安澜感到了一种少有的悲壮。戴安澜深恐自己的情绪影响部下，于是决然宣布：'本师长立

---

① 李航：《缅甸远征记》，文献出版社，1944 年，第 43 页。

遗嘱在先,如果师长战死,以副师长代之,副师长战死,参谋长代之,团长战死,营长代之……以此类推,各级皆然。'"阵前即立下遗嘱,正是同他那位"成功虽无把握,成仁却有决心"的军官一样的黄埔精神的体现,也是让后人给予海鸥将军诸多赞誉的原因之一。海鸥将军是"当代标准之青年将领",却也是第 5 军乃至中国远征军的代表。①

海鸥将军的经历几乎就是这支部队境遇的缩影,而第 5 军的兴盛衰败真的也就如同师长海鸥将军的命途一般多舛。其兴亡共存,而盛衰同在。昆仑关大捷将这位完全投身抗战的海鸥将军推向高潮,也使这支完全脱身于战火中的部队走向巅峰。三年后又一次的高潮,却也许是盛极而衰。荣誉的第 5 军,自野人山后也就于异国他乡埋葬了罢,同它的师长海鸥将军——那位血染缅边②的英烈在这崎岖难平的缅甸战场长眠。

戴安澜自号海鸥将军,其一生最为光辉的时刻确实如同海鸥一般于海外飞翔,带领着中国最精锐的力量。海鸥将军的功绩永远停留在 38 岁那年的初夏,他的作古在一定意义上来说是一种悲壮,一种精忠。现今对海鸥将军的评价都是正面的,确也因当时实在是情报失误,三军不调,友军"跑路",非人力而所能为。至少尽了将军为国尽忠的壮志,又保留了一世清白英明的名节。

"此次远征,系唐明以来扬威国外之盛举,戴某虽战至一兵一卒,也必定挫敌凶焰,固守东瓜。"③海鸥将军无疑做到了,他用短暂的生命打出了国威,打得响彻天际。而临终立遗嘱更是发自肺腑,死战至最后一刻,战场刀剑无眼却也始终坚持上级指示。铁汉柔情,临终为妻儿写下的遗书,众人读来皆不忍为之潸然泪下。戴安澜也曾写过远征路上的绝句诗"万里旌旗耀

① 沈铁、黑马编著:《1942 远征将士碑:滇缅大会战影像全纪录》,长城出版社,2015 年,第 25 页。
② 梁中铭编绘:《抗战忠勇史画》,正气出版社,1946 年,第 12 页。
③ 第 5 军第 200 师师长戴安澜的出征誓言。

眼开,王师出境岛夷摧。扬鞭遥指花如许,诸葛前身今又来。策马奔车走八荒,远征功业迈秦皇。澄清宇宙安黎庶,先挽长弓射夕阳。"①正是这种"南寻诸葛亮"的气势,以及当时整个国民党军在抗战中处于士气较高的状态,让入缅作战显得并不是那么悲凄,而能以精神意志面对混乱局势与危险境地了。

三、追思时局艰辛,英雄功绩不容忘却

通过海鸥将军短暂却又悲壮的一生,并不能判断其整个入缅作战的指挥问题。就缅甸战场而言,中英美三国首次携手,又缺乏沟通联络,尤以英缅当局怀以私利,作战的失利也在很大程度上受到国际政治的影响。同时军委会过度信任美方,而史迪威竟然弃十万将士不顾而徒步印度,②使三军无主,最后将军中伏受伤,海鸥折翼外境只能令人扼腕而叹。

此外,虽说入缅作战的整个战场看上去都是"屡屡预判失误,个个战场混乱",但也不乏精干部队被"大材小用"。的确,盟军也并没有将中国派遣的"自认为的最拿得出手的"第5军很放在心上,或者说近代史里他们一直没有将中国放在心上。③抱着长久以来的鄙夷和轻视,中国军队也只能沦为给英军殿后的炮灰。

海鸥将军的作古,或许让他无缘重征印缅。海鸥将军的功绩永远地停留在昆仑关和同古城,他于异域发扬了精忠报国、以身殉国的黄埔精神,我们感叹于他的忠于职守,感叹于黄埔军校第三期将领有此般卓识,我们永远铭记英雄功绩!

这位由周恩来附上挽词"黄埔之英,民族之雄"的海鸥将军,也是孙立

---

① 第5军第200师师长戴安澜于远征路上题诗。

② [美]多诺万·韦伯斯特:《滇缅公路:第二次世界大战"中国—缅甸—印度战场"的壮丽史诗》,朱靖江译,作家出版社,2006年,第22页。

③ CCTV《走近科学》编辑部编:《二战纪实——中国远征军》,巴蜀书社,2014年,第10页。

人口中那"伟哉将军,战绩辉煌"。我们至今仍爱戴民族英雄,更多的是因为他的功绩、他的历史意义,而非一种历史臆断。我们缅怀的、我们铭记的是那些为民族抗战、为民族崛起、为民族复兴献身的英雄。

(广西壮族自治区桂林市桂林中学 蔡亚丹　指导教师 曹湧)

一剑首当百万军

——一段英雄史,传给后代人

　　他 1912 年出生于安徽枞阳,1930 年在读书时加入中国共产主义青年团。1937 年七七事变爆发之后,日军的铁蹄践踏了中华大地,抗日的烽火,燃遍了祖国大好河山。民族危亡,迫在眉睫,他毅然投笔从戎,参加了抗日战争。1938 年,在延安中国抗日军政大学学习时入党,同年入伍,回到家乡后,积极组织人民武装,开展抗日救国斗争。1940 年 1 月,他率领一支 200 多人的抗日游击队伍,踏上了东进无为抗日的征途,后又重新领导组建了一支五六百人的队伍,并不断壮大,打击敌人。1941 年皖南事变后,他率领新四军转战于巢湖之滨,长江北岸,东到和含,西到桐庐,大小 10 余战,打得敌人心惊胆战。曾希圣(时任新四军七师政委)曾称赞他是"一身转战三千里,一剑首当百万军"。1942 年,他接到一个到长江对岸铜繁地区招抚一股小部队的任务,进行得十分顺利,但当返回船快靠岸时,一艘熄了火顺流而下的日军炮艇,突然打开探照灯直向渡船冲来,并立即炮火连发,渡船很快被打中下沉。虽然他和他的战友们奋力抵抗,可最终还是因寡不敌众,全部跳江,满腔热血洒在万里长江。他一生历任桐东抗日游击大队六队长、新四军江北游击纵队独立营教导员、新四军七师第五十五团副团长兼政治部主任,他就是我的外曾祖父——抗日烈士黄彬(又名黄桂元)。

一、九死一生护后代

　　黄彬义无反顾地奔赴战场,给他的一家带来了巨大的影响。他走后的第二天,国民党土匪(此为外曾祖母口述,应该是汪伪政权的伪军,下文中的土匪、匪军同此)就贴出布告,捉拿他们一家,说什么黄彬和他的老婆孩子要全部杀光,斩草除根。接着派了大批匪军直奔双井村而来。幸亏有人向我外曾祖母报了信,她便连夜带着两个小儿子躲了起来。土匪们没有捉到人,就把她家东西抢光,门也给封了,还说要继续来搜查。从这天起,外曾祖母和她的孩子们一连几个晚上都躲在老山窝里,不敢回家。荒山头上,冷风飕飕,还不断传来饿狼的嚎叫声。她把孩子们紧搂在怀里,眼睛一眨也不敢眨,既要提防着匪兵,又要提防着野狼;山周围一有个风吹草动,村庄里一有个鸡鸣狗叫,她的心就揪成一团。到了第四天早上,外曾祖母想,不能这样等死,革命的后代一定要抚养大。于是她就带着孩子们逃离家乡,先躲避一阵。哪知刚跑到青山,又碰上日本兵下山"扫荡",她的一颗心又拎在了手里,不知道怎么办好了。这里的群众倒很好,他们都非常同情外曾祖母,连忙把她们娘儿三人藏进一个大柴堆,瞒过了日军。外曾祖母也就暂时住了下来。

1940年秋,外曾祖母回到双井村。一天晚上,黄彬回家来对外曾祖母说:"我要调到无为去打游击,你要是在家站不住脚,就跟我一起去。"外曾祖母是一个顾全大局的人,她想了想,觉得不行。她丈夫要带队伍打仗,东跑西奔,她是个小脚妇女,身边又有孩子牵累,肚里还有孕,去了要影响他工作。于是外曾祖母就对他说:"你一人去吧,我不能跟你去打仗,更不能拖你的后腿。我就是再苦再累,吃菜喝水,也会把孩子拉扯大,将来跟你一起闹革命。"外曾祖母这种无私的奉献精神不仅是对她丈夫的支持,而且对她的儿女影响十分大,她的大儿子17岁就参加了革命,我奶奶长大后毅然决然地报考师范,就为了能为国家培养人才,做出自己的贡献。

在黄彬再次离开家乡去打仗后没过多久,他回家的事被土匪知道了,他们又要来双井村抓人。在我外曾祖母刚生下我奶奶的第二天,匪兵就来了。这天,外曾祖母躺在床上,忽然听有人说土匪进村,吓得往前一爬,可当时哪里站得起来呵!鲜血顺着裤腿往下淌,每跨一步,地下都有个血印。

好不容易撑到村里黄木匠家，这时周围已经布满了敌人，再也无法走了，她就急忙把两个小儿子塞给木匠，求木匠说这孩子是他的。她就把小女儿抱在怀里，装作木匠的媳妇。因为土匪不认识外曾祖母，他们进屋折腾了一番，抢了些东西也就离开了。土匪并没有走远，外曾祖母怕牵累了木匠家，就又咬着牙把孩子们带到老山窝里躲着。之后，外曾祖母带着三个孩子东躲西藏，为了生存到处奔波，吃不饱，睡不足，过着十分艰苦的生活。这也是抗战胜利后，即使外曾祖母一家过上了好日子，可生活习惯极为节俭，不奢求荣华，不贪求财富，只希望平平淡淡过日子的原因。

二、薪火代代有传人

在躲避杀戮期间，有个陌生人给我外曾祖母的母舅送来一封信，这封信是黄彬从大别山托人捎来的，他告诉外曾祖母抗战胜利在望，要她经受住最后关头的考验，把孩子教养好。可是外曾祖母万没想到，这封信却成了她丈夫给她的最后遗物。1942 年，黄彬就在前线牺牲了。丈夫的死，使外曾祖母感到万分悲痛，但同时也让她感到无上光荣。她说，她还有三个孩子，她要尽力把他们抚养成人，继承他们父亲的遗志，把革命进行到底。

她的子女们也确实继承了父亲的遗志，他们爱党爱国，用自己的一腔热血报效祖国。我的奶奶对我说："多少烈士用自己的青春抛头颅，洒热血，一腔无声血换来今天的永世乐。他们是民族的脊梁。我父亲就是千千万万烈士之一，我会永远记住他！"我奶奶并没有见过她的父亲，只是通过母亲之口和父亲的战友来了解父亲，可这也足够让她永远铭记并追随父亲的脚步。可以说，我在听我奶奶讲她父亲的故事时，我也感觉到了似乎有什么东西在传承着，那便是一颗热爱祖国的心。

现在，我们生活在一个和平幸福的年代，但我们不能忘记是先辈用鲜血为我们创造了如今这个美好的时代。作为新时代的青年，我们要努力学习，立志报效祖国，继承革命先辈的遗志，为实现中华民族伟大复兴做出自己的贡献。

愿祖国更强大,未来更美好!

（安徽省合肥市第一中学 陈曦 指导教师 肖琼）

爷爷的抗日纪念章

小时候我曾问我爷爷：你最珍贵的东西是什么？他很自豪地拿出一包厚厚的裹布，拆了好几层才露出真面目，他说这是一枚纪念章。满脸失望的我准备接过来看看时，却不小心掉在了地上，爷爷很心疼地捡了起来，用衣袖擦了又擦，再次用布包裹起来。

我颇为疑惑：一个鸡蛋大的圆铜牌，陈旧得只能模糊看清"抗日"两个字，上面的三个五角星倒是鲜红依旧，这居然是我爷爷最珍贵的宝贝?! 这么陈旧且不起眼的小纪念章，哪能跟我手中的巧克力相比呢？

爷爷叫李靖德①，是一名抗日大英雄，他祖籍山西，参加革命意志坚定，作战杀敌勇猛，迅速成长为一名合格的指挥员。在中国共产党和老一辈无产阶级革命家的领导下，参加了抗日战争时期著名的"沁源围困战"，以及解放战争时期著名的淮海战役、两广战役、解放云南等战役。他也随着战争进程最后安家在云南边防，驻守边疆，继续为祖国的繁荣和发展发光发热。而这枚纪念章就是抗日战争胜利纪念章，它代表了我爷爷的戎马一生，代表了我爷爷热血奉献的一生。

我经常听爷爷讲起战争的故事。那年他 14 岁，目睹了反抗日军侵略的惨烈悲壮，沁源围困战打响已经两年，为了家人、家族和民族的希望，他毅然投身革命工作。已经 16 岁的我还不能理解这些战争故事背后真正的含义，登录"抗日战争与中日关系文献数据平台"，有关抗日战争的档案、图书、报纸、期刊、视频等类目整齐排列，搜索爷爷参加过的战争，从琳琅满目的文献

---

① 我的奶奶姓庞，我爸随母姓，所以我姓庞。

中找寻到爷爷的抗战足迹,仿佛回到了那个为民族生死存亡而浴血奋战的抗日年代。

沁源,地处太岳抗日根据地腹心,四面群山环抱,是中共太岳区党政军领导机关所在地。日军把这里视为眼中钉、肉中刺,曾 8 次闯入沁源疯狂"扫荡"。1942 年冬,日军又纠集 2 万兵力对太岳根据地实施"扫荡",但沁源军民早已全部转移进深山,只给日军丢下一座空城。日军伊藤大队在沁源驻扎后,同时在城外扎下 15 个据点,并挂出了"山岳剿共实验县"的招牌,图谋以此为样本,长期控制太岳根据地。

为了粉碎日军的阴谋,中共太岳区委决定采取"围困战"的办法,断敌路、绝敌粮,发动广泛的游击战争,从 1942 年 10 月起,沁源县城关及周围地区的百姓有组织地撤离家园,空室清野,把日军围困在一个"没有人民的世界"。时任太岳行署主任的薄一波动员讲话:"眼下敌人不会撤走,你们要做长期打算,充分发动群众'空室清野',把占领区人民撤出来,把粮食、日用品藏起来,把井封起来,让敌人白天喝不上水,吃不上饭,晚上睡不好觉。只要搞得他们疲惫不堪,就是我们的胜利。"沁源军民开展了坚壁清野大动员,以沁源城关为中心,发动群众统统转移出来,把水井填死,粮食深埋,用品搬空,使纵横数里的村庄成为"无人区",从此沁源城变成一座空城。与此同时,指挥部动员民兵配合主力,展开积极进攻,把日军由原来的 15 个据点压缩进城关、交口等几个据点。

据爷爷回忆,与敌抢粮是这一时期围困沁源斗争的主要任务。趁敌人夜间防范疏忽,八路军 38 团掩护民兵和群众进城抢粮,有时一夜之间竟出动军民上万人。沁源城内北街一个妇女叫郭效兰,连续几次摸回家,背出了 8 担粮。有一次,她竟摸到敌人的粮站,把敌人装好的 5 斗小麦也扛了出来,一下子成了群众心目中的英雄。这年初春,沁源军民从敌人眼皮底下抢回了 3 万多千克粮食,敌人唯一的补给运输线也被爷爷部队的战友和民众用地雷封锁,大米、罐头运不上来,沁源的日军只得杀野狗、军马充饥。

在围困日军的斗争中,各种袭扰敌人的良策妙计,在群众中不断涌现出来,搅得日军心惊肉跳、寸步难行。军民们采取空室清野、长期围困和伏击战、夜袭战、地雷战、麻雀战等战术。夏季酷热难耐,交口村的民兵把死狗、死猫、死耗子趁夜扔到碉堡下,白天太阳一晒,整个城内臭气弥漫,熏得日军无处躲藏。民兵们还想方设法断敌水源。他们趁夜摸进城,往水井里扔动物尸体,倒粪便、垃圾,拆毁井上的辘轳和碾盘上的转轴。日军被围困于人民战争的汪洋大海之中,军民们共进行各种战斗 2730 余次,歼灭敌人 4000 余人,使日军行不敢上路、睡不能安宁、抢不到粮食、找不见人影。

爷爷那时是刚入伍的新兵,被分在了爆炸队,在排长的带领下负责埋雷,乡亲们负责设置陷阱。有一次爷爷单独在河边一处埋雷时,为把雷爆炸辐射区布置更大而耽误了转移时间。敌人游动巡逻哨经过时,才 14 岁的爷爷为了不暴露周边战友,趴在河边岩石上一动不动,敌人越走越近,爷爷抱着同归于尽的必死决心做好引爆地雷的准备,好在敌人并没有发现他,爷爷才能安全撤退。晚上敌人到沁河边提水,一不小心就弄响了石雷,死伤一片。爷爷第一次被乡亲们称呼为抗日英雄,激动地流下了眼泪。

图 1 《解放日报》1944 年发表《向沁源军民致敬》,引自抗战文献数据平台

1945 年春,沁源军民对疲惫不堪的日军发起了最后的围攻,全县男女

老少 2 万多人一起上阵,4000 多颗地雷,把敌据点重重封锁起来;敌据点周围 5 里内遍布马坑、草人、标语,荆棘铺满了日军所有通道;沁源城四周山头上插满了红旗。日军四面楚歌,仓皇出逃,沿途又遭爷爷和他的战友们伏击,死伤无数。据资料显示,历时两年半的沁源围困战终于胜利结束。1945 年 8 月,日本宣布无条件投降,抗日战争取得最后的胜利。爷爷作为一名新兵,因为战绩突出被授予了"抗日战争胜利纪念章",这是他的第一枚军旅纪念章,也是后来英勇杀敌、浴血奋战的坚定信念。带着这枚纪念章,爷爷从山西到云南,从抗日到戍边,从一名新兵到副师长,从 14 岁的有志少年到登上开国将士风云录,而我的父亲带着这枚抗日胜利纪念章,传承爷爷的红色基因,继续完成爷爷的使命,成为中国人民解放军的一位将军。

这场沁源围困战是依靠党的坚强领导、充分发动群众抗御敌寇的人民战争。充分体现了在共产党的领导下,觉悟了的沁源军民坚强不屈的民族气节和斗争精神。沁源围困战不仅是中国革命史上依靠群众用围困办法战胜敌人的先例,也是党与群众血肉相依的模范典型。战争中的大大小小的战役,无不彰显了英雄们誓死卫国的信心和决心。我终于理解了,爷爷最珍贵的抗日纪念章真正的含义,爷爷最珍贵的东西不是纪念章,而是纪念章背后的那段军民抗战的峥嵘岁月,心疼的不是纪念章上的尘土,而是怕模糊了这段为人民幸福而英勇杀敌的记忆。此刻我明白了,如果没有他那浴血奋战、誓死抗敌的往事,也没有我手中的巧克力。

纪念章承载了历史的苦难与拼搏,巧克力代表了新时代的辉煌与成就。当我们徜徉在美丽的湖光山色中流连忘返时,当我们享用着丰盛的美味佳肴,尽享天伦时,蓦然回首,是否记得,70 多年前的中国的舞台上上演着一幕壮烈的历史史诗:日本侵略者的铁蹄,践踏了祖国的河山,如秋风扫落叶般留下满目苍凉,流离失所的国人在沦陷的国土上苦苦挣扎,一片片沃土染成了猩红的血色。曾记否,南京大屠杀中悲怆的呼喊让人痛断肝肠,难忘那战火纷飞中渴求和平的目光……难忘那一批批志士仁人,赴汤蹈火、血洒疆场,我们不能忘记。

"苟利国家生死以,岂因祸福避趋之",我的父亲经常这么告诫我。是啊,有多少深沉的苦难,就有多少不屈的呐喊,中国人民的不屈不挠,绝不仅仅是某一场战争中军人的孤勇、领导者的决断,其背后更多的是普罗大众、芸芸苍生的担当和对国家未来的信赖。在抗日战争中,这一点被展现得淋漓尽致,值得每名中国人继承和发扬。先辈的血脉流传至今,回顾历史帮助我们更好地审视当下:个人的意识行为、人生选择、进步成长始终与社会、国家的发展息息相关,如果个人淡薄了对祖国的热爱,失去了对国家兴亡的责任感,那么头脑中的精神品质就毫无根基,在面对当下利己主义侵蚀时变得越发无所适从;如果国家舍弃了群众的信赖托举,背离了人民对于祖国未来的初心愿景,那么面对变幻莫测、起伏的发展道路,富强则为侈谈。可以明确的是,不论未来是否还会有强敌觊觎、蠢蠢欲动,每名中国人都不应该忘却这场 70 多年前的伟大胜利,都不应当淡忘血性品质这种源于民族自信的精神力量。战斗是生存的前提,而血性品质是中国人民千百年来傲立潮头的风骨。

我现在明白了:爷爷的抗日纪念章虽然不是香甜的巧克力,但它背后的艰苦奋战却是为了让我们后辈们手里的巧克力更细腻甜美!我们要想让巧克力保持醇厚多彩,就要拿出纪念章承载的那种抗战精神去奋斗和捍卫!在新时代高速发展的中国,我们都应该传承革命先辈的遗志,为实现中华民族伟大复兴的中国梦而不懈奋斗!

(天津市益中学校 庞小龙 指导教师 池维强)

峥嵘岁月

——记我的太爷爷生平二三事

红军不怕远征难，万水千山只等闲。

五岭逶迤腾细浪，乌蒙磅礴走泥丸。

金沙水拍云崖暖，大渡桥横铁索寒。

更喜岷山千里雪，三军过后尽开颜。

——《七律·长征》毛泽东

每每寒暑假，我们一家三口总有一个永不改变的目的地:南京。去那里做什么呢? 去看望我们家的新四军老战士——我的太爷爷，巨万健老先生。他的房间里总是摆着许多泛黄的黑白照片、相册,尘封着太爷爷过去的战斗经历(图2、4、5是战斗勋章)。

小时候曾问起外婆，这是什么时候发生的事呀? 外婆微微皱眉沉思，说道:"大概是要从1940年前后说起吧。"于是外婆给我讲了这样一段故事……

一、从军

太爷爷小时候家里生活比较富裕,老先生是上过私塾的,家里人特别请了一位私塾先生到家里，叫着同村的年龄相仿的孩子,专门教他们, 还免费管所有孩子的午饭,生

图1 抗战胜利60周年纪念章

活还算和美。

用现在的视角看过去,太爷爷的父辈们真是有先见之明,即使是战争动荡年代,也意识到教育的重要性,不必说,这对于我的太爷爷的未来有着潜移默化的影响。

直到 1939 年,家里收到一封书信,是太爷爷在安徽从事党的地下工作的叔叔寄来的。太爷爷正值青年,怀着爱国救国、保卫自己家园的热血,聚集村里青年 20 余人,一同到根据地参军。就这样,我的太爷爷踏上了他的军旅生涯,踏上了充满坎坷的从军行。

当时还是童稚的我没弄明白:为什么要打仗呢? 不能和平解决吗? 当然我也不知道,太爷爷是下了多大的决心去参军,去保卫家园,不知道他的父辈们有多么舍不得却忍痛支持他参军,但却有儿女能够报效祖国带来的一丝慰藉与骄傲。

参军经历(巨万健先生口述):

我是 1939 年麦收时节接到我三叔在抗日前线发来的家书,在家人的支持下,我和我的同学、同乡一行 20 多人前去参加新四军。因为家乡是"拉锯地区",日伪军、顽固派经常过来骚扰老百姓,为避免被人发现,我们是昼伏夜行,一路帮人收麦子,打短工,绕了很多路,还遇到一些意想不到事情,直到 1939 年 12 月初,终于到达"来安"半塔集驻扎团仓,半塔集是新四军第五支队领导机关所在地。参军入伍,在新四军领导下的"江北游击挺进纵队青年大队"独立开展游击战,打鬼子和顽固派,打土围子,也就是炮楼。新四军第五支队(新四军二师)师长罗炳辉,在罗师长领导下,在路东(皖东来安、天长六合)、路西

图 2 渡江胜利纪念章

(皖中淮南)、八百桥、仇集、自来桥、竹镇张八岭等开展抗日活动。

二、失亲

小学时的我,从课文中、从各式的书籍、影视作品中,渐渐对抗日战争、解放战争有了些许了解。但当看到取得胜利的时候,我却从未能体会那些人物的激动、振奋。偶然听家里长辈提起,才知道原来战争的胜利远不像文艺作品中那般简单。

从军的道路虽坎坷崎岖,但有一份血海深仇使得太爷爷更加坚定了从军的步伐,坚定了对战争胜利的渴望。太爷爷进入部队后,屡立战功,他叔叔的地下工作也十分顺利。消息传回家乡,本应是件令人欣慰的好事,却没曾想给巨家带来了灭顶之灾。

汉奸也得知了这个消息,向日本兵报告,残忍的日军决定包围巨家,坐等太爷爷及其部队回来救援。巨家人的日子不再太平。每日重兵把守在院门口,食物虽不缺,但水缸已经见底了。太爷爷的弟弟想到花园里打水,竟被开枪打伤。

等太爷爷在前线收到噩耗时,已就半年后。巨家二十几口人,只有他的母亲带着未满月的小弟逃走,其他人已全部渴死。二十几条鲜活的生命就这样逝去,太爷爷哭得昏天黑地,两三日颗米未进。太爷爷怎能不悲伤?太爷爷的港湾转眼变为废墟。从军不也是为了保家卫国吗?可是自己的家呢?已经支离破碎了。

太爷爷没有一直沉浸在悲伤中,因为战争还在继续,还有越来越多的家庭遭受着同样的经历。他将悲痛化为力量,深埋在心中,坚持前进,还有战争未完,还有国耻家仇未报! 正是他一步步地坚守,终于取得了那一次战争的胜利,初步迎来了希望的曙光。

三、激战

再提起这段充满艰辛与荣光的军旅生活,时间的齿轮已经转动到了2015年9月,我已不再像小时候那样懵懂,对历史也有一定的了解。这一年对于中国人民有着十分重大的意义——中国人民抗日战争暨世界反法西斯战争胜利70周年!

图3　巨万健先生佩戴
抗战胜利70周年纪念章

阅兵式的后面紧跟着的是为抗战胜利出过力的老战士们,乘车经过天安门前。因为身体抱恙,我的太爷爷没能前往,同全家人一起坐在电视机前,戴上专人送来的纪念章(图1、3),穿上军装,讲起一场曲折的、意义重大的战役——郭村战役。

战争范围不断扩大,人员伤亡不断,中国面临着内忧外患:内有国民党挑起内战烽火,外有日本法西斯侵略中国。忧患时局下,中国共产党为保全大局,决定摒弃前嫌,与国民党共同抗日。那次战争的经历,后来太爷爷是这样回忆的:

图4　独立自由勋章
（抗日战争）

图5　解放勋章(解放战争)

抗日战争进行到1940年5月至6月期间,我和战友欧佩彰等同志所在的新四军江北抗日游击挺进纵队青年大队(属于新四军二师,师长罗炳辉)接到上级命令，从皖东来安县半塔集向扬州地区集结。此时正是新四军江南指挥部准备渡江北上，执行开辟苏北根据地的战略任务的重要时刻。当时盘踞在苏北的伪江苏省主席韩德勤挑拨李明扬、李长江顽固派由中立（不抗日不反共）转向反共，矛头直接针对新四军。

在此之后，新四军挺进纵队在江都等地区遭到了扬州等地日伪军3000余人的"扫荡"，新四军奋起反抗，经过一夜激战，重创了日伪军。此刻为了防备日伪军的报复，我军移防郭村，顽固派借口新四军挺进纵队侵占了他们的地盘为由，煽动"二李"部队于6月28日调动13个团的兵力向郭村发动了猛烈进攻，我新四军奋起英勇反击，经过8天激烈战斗，一举攻占了泰州外围以西的地区，共歼灭顽军3个团，俘虏700余人及缴获大量武器。顽军"二李"被迫接受我军的抗日条件。

新四军根据有理、有利、有节的原则，既教训了顽固派，也提出了团结抗战的主张，为进一步巩固扩大苏北、皖东地区抗日根据地，取得了伟大胜利。

通过参加郭村战斗，建立抗日根据地，为我之后的抗日根据地政府的工作打下了基础。我深深体会到：没有我们共产党的领导和军队，就没有抗日根据地的建立，就不能发动群众成立地方政权，因此我们的部队打到哪里，群众老百姓的工作就做到哪里，抗日政权就开展到哪里，从而为进一步支持抗日力量的发展壮大，巩固抗日敌后根据地提供了保证，为抗日战争的胜利做出积极贡献。

在纪念抗日战争胜利70周年之际，回忆艰难险阻的抗日经历，怀念生死与共的战友，永远永远不能忘怀！

那一年，太爷爷95岁，但对于20多岁时的事情仍记忆犹新，一场战役的胜利是多少英勇战士付出生命换来的。8天不分日夜的战斗，一次又一次重创敌军，解放泰州外围地区，而这只是数年军旅生活的一瞬间。

四、突围

经过初中历史的学习，抗日战争和解放战争的历史引起了我极大的兴趣：一方面，民族英雄辈出使我感受到在战争动乱年代看到了希望的曙光；另一方面，在我军和敌人的战斗中，我看到了许多伟大的军事家，他们卓越的军事才能与爱国品质，值得我学习。

既然想要深入了解这段历史，历史小说、影视作品哪有个人经历来得可靠？所以我总愿意听家里长辈们说起太爷爷的经历。（图6、7）

最初，我的太爷爷曾任地方的粮食股长，负责征粮的事宜。看似小小的粮食股长，谁能想到还有这样一段惊心动魄的经历。

一次征粮结束，太爷爷带着他所带领的小分队正要撤退，没想到在村子里遇上了日本兵。日本兵挨家挨户搜寻，一无所获，正准备收兵，"啪嗒"，液体滴落的声音引起了士兵的注意，循着源头看去，房梁

图6　与战友合照（1），左一为巨万健先生

上藏着一位受伤的战友杨可夫，他被抓住并关押在村子里。

两天时间很快过去了，日本兵也逐渐放松了警惕，我的太爷爷带领小分队冒着生命危险悄悄潜入牢房，此时正值敌人放松警惕的时刻，他们迅速解决了看守牢房的士兵，几个人搀扶着杨可夫，还有人在门口守着，三三两两沿着小路隐蔽地撤退了。所幸医治及时，队友被救了回来，粮食也终于顺利送达，任务有惊无险地完成了。

可后来我的太爷爷是怎么成为炮兵团的一员的呢？这也是一个一波三折的故事。

图7　与战友合照（2），中间为巨万健先生

那时国共还未能解决分歧共同抗日，国民党的精锐部队和日军同时对共产党进行追击。我的太爷爷当时任地方区长，炮兵团暂时驻扎在当地，突然遭到由张灵甫带领的国民党精锐部队的袭击。炮兵团必须转移！太爷爷熟悉当地地形，带领炮兵团一同撤退，没日没夜地转移了好几天，国民党部队依旧紧紧咬住不放。此时部队已经到了高邮湖大坝，被国民党三面围堵，另一侧紧邻运河，战况如此紧急怎能有时间渡河呢？

就在这危急关头，国民党放慢了追击的步伐，夜晚不再袭击，打算第二天早上一举歼灭。这一晚上的时间很是宝贵，我的太爷爷连夜组织附近村民准备渔船渡河。由于船只数量有限，大炮很难全部带走，太爷爷当即表示：动作要快，炮是我们的武器，我们必须全部带走！整个炮兵团分成好几批，各自携带着大炮，乘着附近的渔船连夜渡河，敌人丝毫没有察觉。就这样，炮兵团全部成员和所有大炮顺利转移，我的太爷爷也就此跟着炮兵团一同前进，成为炮兵团的一员。

我的太爷爷在新四军中时间很长，还曾因为在战场上救下伤员而立了三等功，像这样舍生忘死的经历还有很多很多。我相信每一位革命年代的战士都是这样愿意为国做出牺牲，才能够成立我们的中华人民共和国。

五、附录

一次次战斗，是太爷爷在从军行中的成长；一段段故事，是我在泛黄照片中的成长。缘起于几张老照片，几个惊险的故事，甚至是许许多多的历史书籍。这样的探究离不开我对历史的热爱，更离不开家人的支持与帮助，特别是感谢我的外婆、巨万健先生的大女儿巨黎丽女士，以及二姨婆、巨万健先生的二女儿巨明明女士，为我讲述一段段经历，帮助我还原了许多当时的场景，让我从中学到不少知识。

现在，我已经成长为一名合格的高中生了，课下我也愿意对历史下功夫做研究。在书中，在课堂上，我又一次重温这段历史。褪去稚嫩，我不再是当初那个好奇地望着照片的孩子；又见历史，我不再是原来的那个新入学的少年了；满怀热血，我不再是仅仅从纸面上背诵知识的初中生了。我熟识那些黑白照片，敬佩照片中的每一位战士。是他们战争年代的英勇付出才有了今天的幸福生活、今天的和平生活。我似乎能够理解太爷爷面对阅兵式大典时的那份激动的心情，那份佩戴勋章的自豪，那份虽坐在电视机前但心早已飞到天安门广场上的喜悦。那一枚枚勋章——抗日战争胜利 20 周年、40 周年、60 周年、70 周年！时隔 70 年仍然鲜活的记忆，那朵用青春汗水浇灌的记忆之花已悄然绽放，它时刻警醒着我们：勿忘国耻，振兴中华！

或许是对那段历史的珍视，每每看到毛泽东诗词便觉得颇有几分慷慨激昂之气。"问苍茫大地，谁主沉浮？"当代青年人主中华人民共和国的沉浮，定中华人民共和国之未来。现在再合上书本，不是空有爱国之气，还要有"为中华之崛起而读书"的气魄。有了年少时的寒窗苦读，才有新青年、中华人民共和国之未来，才能实现个人理想，实现中国之理想。语文、英语，我们学做杰出的外交家；生物、地理、历史，我们学做上知天文下知地理、博古通今的学者；物理、化学，我们学做生命的探索者、开拓者。"不经一番寒彻骨，怎得梅花扑鼻香"，我们要珍惜现在的生活，铭记像太爷爷那样的革命战士，学习知识做中华人民共和国之栋梁！

谨以此文纪念我的太爷爷巨万健先生的军旅生涯。

（山东省青岛市第一中学 杨若璇 指导教师 丁彦平）

一篇特殊的日记

七月一日 天气 晴

2019年7月1日,是中国共产党成立98周年,翻开窗台上一叠积了些灰的报纸,一张叠得整齐无比的《天津日报》从中掉落,显眼的标题"荣耀一个家族的抗战记忆"把我拉回了那个记忆深刻的夜晚。那晚,父亲一进家门,就欣喜地扬起手中的报纸,告诉我报纸上记录了我们家族的抗战故事。同样是当过兵的父亲,难以抑制自己的激动,一把将我拉到他身边,回忆就从这一刻开启——

一、红色基因

太恒庄村是一个不大的村落,紧邻抗日名将佟麟阁的家乡河北高阳县。在这里,提起李氏家族,人们都是一脸羡慕:"那原来可是这里的大户,土地多、产业多,抗战时出了不少英才!"据李氏家谱记载,1403年,明成祖朱棣迁都北京,将大量江南富户、山西商人及各地流民迁进畿辅。当时家住山西洪洞县的李德携王、贾两位表兄,一起迁入该村。后经明清两代,传至第十九世李永祥、李启祥兄弟二人。李永祥生九子,七男二女,长子李锦波,长女李锦云,次子李澜波,三子李月波,四子李潽波,五子李清波,二女李锦文,六子李竹波,七子李云波。李启祥生八子,五男三女,长子李恩波,次子李鉴波,长女李吉坤,三子李镜波,二女李聚坤,四子李惠波,三女李秀坤,五子李淀波。

"我们家虽然是大地主,但家风忠厚、思想开明,眼见日本人残害同胞、蹂躏家园,自然义愤填膺。我们的亲家佟麟阁将军之死,更是进一步激发并坚定了先辈们参加抗战的决心！我大伯李恩波参加了抗日远征军，赴缅甸作战。我三叔李镜波，不到 15 岁就加入了河北人民自卫军。我父亲李鉴波 1943 年加入八路军，两年后战死沙场，当时才 32 岁，那年我不到 6 岁。"从一本厚厚的相册中，李启祥之孙、77 岁的李最强老人，翻出一张泛黄的黑白照片，仔细端详着父亲年轻时的面庞，努力回想着父亲的点点滴滴。可脑海中清晰的，依旧只是照片中那青春灿烂的笑容，"唉，太小了，记不清了……"①

回忆，凌乱支离，一个家族的烽火抗战路，却依然清晰。

作为李鉴波的后代，我没有经历过战争的洗礼，没有感受过抗战的艰辛，更多的是聆听祖辈们的故事与传奇经历。所以，今天，在这特殊的日子里，让我带着浓浓的敬意，去回望这段烽火岁月，去了解我们的祖辈为了国家与民族的利益，如何倾尽一个家族之力，走上了抗日征程。这恰恰是在那个特殊的时代中，千千万万不愿做亡国奴的普通家庭的真实写照——他们舍小家为大家，因为他们都深爱着自己的国家！我们的身体里都流着相同的血脉。

二、红色记忆

当时的李家，也就是我的家族祖辈们，生活富足。"咱家当年有醋坊、油坊、染坊、果木园……又乐善好施、恩泽乡里，所以乡亲们称咱们家为李善人，还筹款为咱们家修建了善人碑，可惜了，因为一场战争，都毁了。"②这是李家老者的亲口所述。

根据李家老兵讲述："日寇可绝不像'抗日神剧'里那样弱智与无能。"日军训练相当有素，有一次李家老少目睹日军小队遇袭后，迅速寻找掩体，还

---

① 《烽火抗战路》，《天津日报》2015 年 8 月 29 日，纪念中国人民抗日战争暨世界反法西斯战争胜利 70 周年特刊第 5 版。

② 《先辈的馈赠》，《天津日报》2015 年 8 月 29 日，纪念中国人民抗日战争暨世界反法西斯战争胜利 70 周年特刊第 5 版。

有一次目睹了十几个日军军官被八路军包围不肯投降，切腹自尽。更有一次，老人家当年参加作战时突然遇到日军"扫荡"，帮着大部队转移了 30 多名轻伤员，照顾两位重伤员。还有一次，躲在墙缝中亲身感受了日军进村时村里压抑的氛围。敌人乱找乱翻，乱抢乱扔……"有一次，鬼子遭遇了八路军主力，吃了大亏。他们为泄愤，进村烧杀抢掠，往我们的水缸、菜缸里扔大粪，还把很多八路军和村民的尸体拉到村口焚烧，难闻的气味持续了整整好几天。为躲鬼子，我们随身带着包裹，吃饭、睡觉都放在身边，一有动静拿起来就跑。我当时也就三四岁，只记得依偎在大人怀里，眼前就是鬼子明晃晃的刀尖……"①这样的场面是老兵李瀋波、李竹波、李清波等人目睹聆听，甚至是亲身经历的。

国破家亡，李家的 22 位热血青年挺身而出，他们打下过敌人的飞机，炸毁过敌人的碉堡，辗转各地，共赴国难。他们忠于党，忠于人民，忠于国家，忠于共产主义，为了保家卫国，他们勇于奉献，无惧牺牲！这就是中国军人的军魂啊！李家不仅贡献了人才，还捐献了大量抗战所需的物资：枪支弹药、车马驴骡、被单衣物、行军装备……李家和其他千千万万的中国同胞，一起为保卫国家做出了杰出的贡献。

"抗日文献""胜利文献"记载着抗战胜利后山城的一幕：卖报童、各报贩都大声高喊着："号外！号外！鬼子投降啦！""号外！号外！抗日战争胜利喽！"街上行人，不分男女老少，都喜形于色，遇见熟人都举手招呼，又开食指和中指，形成 V 字形，嘴里嚷着："胜利啦！胜利啦！"同时不少人在街外墙壁上高兴地刷糨糊，张贴着庆祝胜利的标语。分布在重庆城内的大、中、小学生们，手持三角形小红旗，涌上街头庆祝胜利。欢欣而大声地喊着庆祝胜利的口号，大街小巷，不少青年拿起了铜面盆、洋铁皮盆罐，敲打着，奔跑着，呼喊着

---

①《与魔鬼擦肩》，《天津日报》2015 年 8 月 29 日，纪念中国人民抗日战争暨世界反法西斯战争胜利 70 周年特刊第 5 版。

"鬼子投降啦！我们胜利啦！""鬼子投降啦！抗战胜利了！"……①这就是文献中,中国同胞们对胜利的喜悦,这是无数中华儿女用血泪换来的胜利。

无数的祖先,无数的先烈,无数的英雄,他们保卫的是国家,他们捍卫的是尊严。像李家这样在民族危难之际,舍家为国、浴血疆场的豪情壮举还有很多,若不是日本发动侵华战争,当初那么多优秀的年轻人又怎会战死沙场呢?他们的故事是伟大民族精神的具体表现,是千千万万个不愿做亡国奴的中国普通家庭的真实写照。

时至今日,当初的李家后辈现如今也已散居各地;当初的李家英雄们多数早已长眠于故土,只有96岁高龄的李镜波老人安居在浙江绍兴。

图1　家父与太姥爷李镜波

抗日战争,成为我们家族不能忘却的记忆。抗日战争,对每一位中华儿女和每一位热爱和平的人,都是一段不能忘却也不该忘却的记忆。

---

① 曹挺光:《刊行"胜利文献"序》,载中国国民党福建省执行委员会宣传处编:《胜利文献》,1944年。

三、红色传承

　　岁月静好,花香月圆

　　和平鸽展翅大江南北祥和家园

　　静静流淌的潴龙河啊

　　你是否还记得

　　这个国家和民族七十年前

　　涅槃重生的沧海桑田……①

　　合上报纸,虚掩回忆的大门,然而心中却是沉甸甸的。虽然战争已经远去,生活富裕祥和,但我们仍不能忘记国耻,忘记那段烽火历史。不为重温悲伤,不为加剧仇恨,只为悼念在战火中逝去的一个个为了保家卫国抛头颅、洒热血的中华好儿女、好战士!记住历史,记住这段红色的记忆,用心去守护来之不易的和平,用心去爱戴、去建设祖辈们用血肉之躯捍卫的我们的祖国!与真心合作的人携手发展,将唯利是图、背信弃义的人挡在门外!

　　作为那个烽火年代李家战士的第四代后辈,我每每听到祖辈们说起当年的 22 位英雄,总能被他们深深带入那种画面——不忘国耻,勇往直前,为民族的伟大复兴,贡献出自己的力量,相信这是每一个心中有着党和国家的中国人的信念!这种无所畏惧、意志坚定、高风亮节的崇高精神,则是那些英雄留给我们最宝贵、最有意义的精神财富!回首过去,"先辈们为了抗击日寇、保卫国家,舍家舍业、不惧生死,前赴后继、血洒疆场,这才给老百姓们换来了好日子,咱可得好好珍惜、好好努力,不能辜负了他们,不能给

_____

　　① 摘自笔者姑姑胡艳创作的抗战诗词《一个家族的抗战》,曾改编并用于参加上海市闵行区家庭才艺比赛,获得二等奖。

老李家丢脸!"[1]再看今朝,我们李家的每一位成员都在自己的工作岗位上兢兢业业,以红色精神的传承为己任。展望未来,会有更多李家的子孙弘扬的李家红色精神,也是中华民族的爱国主义精神,为实现中华民族的伟大复兴而努力奋斗!

(上海市闵行区莘城学校 宣景尧 指导教师 李学敏)

① 胡凌云:《荣耀一个家族的抗战记忆》,《天津日报》2015 年 8 月 29 日。转引自中国共产党新闻网,http://dangshi.people.com.cn/n/2015/0829/c85037-27530499.html。

抗战文艺繁荣原因剖析

"抗战"二字,无疑是弥漫着硝烟、浸润着鲜血的。那个战局紧迫、国家危亡的年代,似乎理所当然地容不下太多文艺情怀。然而真正埋首史料,抗战时期的文艺作品相当丰富,也涌现出了一大批杰出的文化工作者。

抗战文艺的空前繁荣,与以下三点原因是不可分割的:

一、爱国知识分子的责任感与使命感

抗日战争时期,上至著名作家老舍、夏衍、艾青,下至千千万万普通学生,知识分子们不再局限于风花雪月,而是深入现实生活,以笔代刀。

正如老舍所言:"文人,在平日似乎有点吊儿郎当,赶到遇到要事正事,他们会干得很起劲,很紧张。"[1]"集合在这抗日建国旗帜下的我们,虽然在文艺的流派上说起来是可以区分为多种多类的,但是我们在政治上只有一个目标一个信念:中华民族必须求得自由独立,而要求得自由独立,必须全民族精诚团结!"[2]真正的文人风骨,在危难时刻体现得淋漓尽致。和平年代也许有众多观点冲突,却能在民族大义面前放下成见,这不能不说是令人感动的。

抗日战争期间, 爱国知识分子们一方面在艰苦条件与死亡威胁下坚持创作,使报告文学等文学形式得到巨大发展;另一方面力求创作通俗化,写作抗日歌谣、剧本、小说,从而发动普通民众,对抗日民族统一战线的建立有

---

① 转引自百度百科"中华全国文艺界抗敌协会"词条。

② 张静庐:《中华全国文艺界抗敌协会告全世界的文艺家》,载张静庐辑注:《中国现代出版史料丙编》,第 535 页。版本与出版时间、地点不详。

不可取代的作用,也成为抗战文艺繁荣的基础条件。

二、统一的战斗目标与广泛的文艺组织

抗日战争时期,文化界对文艺创作的目的达成了清晰的共识,即"抗战、团结、民主"三大目标。

1937年,全面抗战爆发后首个以文学团体为骨干的抗日文化组织——陕甘宁边区文化界救亡协会成立。这是应到延安的左翼文化人要求而成立的一个统一、大范围的延安文艺界组织,先后出版《边区文艺》《文艺突击》等刊物。

而后,正如局部抗战转变为全民族的抗战,文艺组织也从边区扩展到了全国范围。

1938年3月27日,中华全国文艺界抗敌协会(简称"文协")于湖北汉口成立,可以说,这是一条文艺界的抗日民族统一战线。"全国上下,已集中目的于抗敌救亡……团结起来,像前线战士用他们的枪一样,用我们的笔,来发动民众,捍卫祖国,粉碎寇敌,争取胜利","民族的命运,也将是文艺的命运"。①在近百位发起人中,许多名字至今光辉闪耀。文协会刊《抗战文艺》于1938年5月4日创办,至1946年5月停刊,更是一面贯穿于抗日战争时期的精神旗帜。

除此之外,文协在国际上也积极宣传抗日。"盼望全世界中国之友的文艺家给予我们更多的力量……给予摧残文化的野心的侵略者以打击。"②文协将大量优秀抗战文艺作品推广到英美等国家,如《中国抗战诗选》《中国抗战小说选》,一方面向外介绍了中国的新文学,另一方面争取到了世界诸多

---

① 臧云远、孙陵:《中华全国文艺界抗敌协会发起趣旨》,《自由中国》创刊号,1938年4月1日出版。

② 张静庐:《中华全国文艺界抗敌协会告全世界的文艺家》,载张静庐辑注:《中国现代出版史料丙编》,第536页。版本与出版时间、地点不详。

国家的舆论支持,如英国诗人伊殊坞(Christopher Isherwood)在写给中国人民的信中提到 "你们的英勇斗争是全世界各国人民为自由与正义而斗争的主要部分"①。

可见,文协对于抗战文艺繁荣的作用是非常关键的。

三、党对抗战中文艺运动的领导

除了民间组织,中国共产党也非常重视文艺作品对抗日宣传的作用。

《中央党务公报》中特别刊登了《审核中华全国文艺界抗敌协会作家访问团报告书》②"加强战区及游击区之文化宣传",周恩来也是文协名誉主席团的成员之一。毛泽东在延安文艺座谈会上讲话指出:"在我们为中国人民解放的斗争中,有各种的战线,就中也可以说有文武两个战线,这就是文化战线和军事战线。我们要战胜敌人,首先要依靠手里拿枪的军队。但是仅仅有这种军队是不够的,我们还要有文化的军队……"③,高度评价了文艺事业的战斗作用,标志着新文学与工农兵群众相结合的文艺新时期的开始。

可见,中共中央对抗日文艺事业的支持和领导,也极大地促进了抗战文艺的繁荣。

综上三点所述,在抗战这一危难背景下产生如此丰富而优秀的文艺作品、如此杰出的文艺家,不是没有原因的。知识分子团结一致,在党的领导下联合国内外力量,才造就了"文化战线"的全面胜利。今天的文艺活动如何求繁荣、办大事、成气候,也许答案就在 80 余年前的抗战文艺之中。

(浙江省杭州市学军中学 戴知言 指导教师 金丽君)

---

① 《英国诗人向中国人民致敬》,载娄适夷、姚蓬子等:《〈抗战文艺〉选刊》第四卷第五六号。

② 转引自中国第二历史档案馆编:《中央党务公报》第二卷十五期, 南京出版社,1994 年, 第 43 页。

③ 《在延安文艺座谈会上的讲话》,载《毛泽东选集》第三卷,人民出版社,2006 年,第 847 页。

文艺之花向阳开

——浅谈抗日战争时期的文艺作品

在战火纷飞的抗战年代，一朵朵亮丽的艺术新葩在中华大地上缓缓绽开，一篇篇撼人的艺术乐章在华夏上空频频奏响。在中国共产党的领导下，祖国各地掀起了气吞山河的文化运动浪潮，推动了波澜壮阔年代的歌剧艺术的蓬勃发展，为抗日战争的胜利奠定了深厚的思想文化基础，镌刻着中华民族不屈不挠、英勇顽强的民族精神，激励着广大人民群众义无反顾、前赴后继地从黑暗中觉醒、在苦难中奋争。如今，抗日战争时期的戏剧、歌曲、电影拉开历史的帷幕，生动再现了十四年抗战时期的慷慨悲歌与壮怀激烈，是我们回望历史、展望未来的重要渠道和媒介。

一、以舞台演绎生活——戏剧再现战争

随着新文化运动在全国各地的蓬勃开展，以上海、武汉、重庆、延安等城市为中心的"左翼戏剧运动"也应运而生，并成燎原之势。"抗战时期，戏剧运动是在一切的文艺运动中，占有最重要的地位的"，由此足见戏剧在文艺方面的地位。这时期的戏剧作品起到了很好的思想启蒙作用，同时绝大部分作品都紧紧围绕着抗战这一主题，热情讴歌了广大爱国志士大无畏的牺牲精神。

1937年7月7日卢沟桥事变爆发后，上海首先反应，上海中国剧作者协会根据抗战形势，创作了三幕剧《保卫卢沟桥》。该剧代序写道："《保卫卢沟桥》是我们在战时工作的开始，我们热切的希望该剧能上演于前后方。"

《保卫卢沟桥》揭开了"左翼戏剧运动"的序幕,是燃起群众斗志的星星之火,激励了抗战伊始人民群众救亡图存的决心和捍卫祖国的坚强意志,同时揭露了日军的丑恶罪行,起到了宣传鼓动作用。

1937年八一三事变后,民族危机空前严重。延安首部集体创作的剧本《血祭上海》引起轰动。该剧本历经发展,演出由简到繁,剧幕由少及多,深入地刻画了痛苦而复杂的生活画面。"剧本再现了每个观众心中的主题,也即戏剧工作者抓住了自己的特殊使命,使舞台艺术为民族生死斗争而服务。"出于他们"主张民族的独立与解放,提倡民族的自信心",该戏剧揭露了上海沦陷后,日军在上海犯下的滔天罪行、血腥屠杀,反映了上海人民水深火热的生活。

随着抗战形势的发展,各地区的"戏剧运动"相继开展。抗战时期涌现出的各种优秀的戏剧作品,无一不是围绕着抗日战争这一主题,以鲜活多样的形式,深入地反映人民的社会生活,直观地感染了人民群众,激发了人民群众爱国救亡的热情。戏剧以小舞台的形式演绎出了广阔的时代背景,是再现战争生活的重要形式之一。

二、以歌声反映心声——歌曲展现战争

"文章合为时而著,歌诗合为事而作。"抗日战争时期,全国各地涌现出了无数优秀的抗日歌曲,这些激昂的旋律、雄健的歌词、豪迈的乐调,为抗日战争注入了强大的生机和活力。

如张寒晖作词、作曲的《松花江上》,一句呼天抢地的"爹娘啊——",惊天地泣鬼神,如泣如诉,反映了日本侵略者压迫下的东北人民的悲惨生活,表达了东北人民对残酷的日本侵略者的深恶痛疾。

又如由光未然作词、冼星海作曲的《黄河大合唱》,以奔腾不息的黄河代表了中华民族源远流长的历史文化,感人肺腑、动人心弦、催人奋进。歌曲以其独特的音乐语言,热情歌颂了中国人民不屈不挠的抗争精神,控诉了日本

侵略者的暴行,反映了人民遭受的深重灾难,生动地赞扬了中国人民团结一致、英勇抗敌,以强烈的时代感,展现了抗日必胜的决心,气势磅礴、排山倒海。

最为大家熟知的就是由田汉作词、聂耳作曲的《义勇军进行曲》,这是一首有战斗色彩的革命歌曲,将中华民族团结一心、共同抗战的思想感情表达得淋漓尽致。歌曲最大特色就是运用了号角式的音调。号角式音调与进行曲体裁相得益彰,使得音乐激昂振奋。不同于日本歌曲以小调为主的特性,中华民族创作歌曲善用大调,从而使音乐显得铿锵有力、大气磅礴。"起来!起来!起来!"是人民发出的怒吼,体现了中国人民对自己祖国的无限热爱。虽然歌曲反映的是当时抗战时期人民的心情,却可以引发不同时代的中国人的强烈共鸣,成为如今每个中国人始终铭记于心的嘹亮国歌。

总而言之,抗日战争时期的歌曲深刻地反映了沦陷区人民的苦难生活,激发了全中国人民奋起抗日的斗志;揭露了日本军国主义为中国人民带来的深重灾难,讴歌了中华民族团结一致、共同御敌的时代精神;刻画了中国军队勇往直前、前仆后继的革命英雄主义情怀;彰显了中国人民热爱中国共产党、拥护中国共产党的真情实感,以及打倒日本帝国主义、获得民族独立、成立中华人民共和国的美好愿景。

三、以影情折射战情——电影重现战争

在14年艰苦卓绝的抗战过程中,电影界掀起了"全民抗战"的热潮,形成了以中央电影摄影场和西北制片厂为主体的"大后方电影"。如由王人美主演的电影《风云儿女》,影片以九一八事变为背景,鼓励人民群众放弃个人享乐主义,积极参军参战,勇往直前走上抗战前线。

又如1938年上映的《热血忠魂》,影片反映了国共合作抗日的背景。在抗日民族统一战线形成的前提下,全国军民团结一心。在国家利益与个人利益的冲突下,主人公毅然做出"为了民族的解放、国家的利益,什么都可以牺

性"的抉择。歌颂了大无畏和自我奉献的民族精神,反映了"团结就是力量"的真理。

这些电影最直观地反映了抗日战争时期的军民生活。虽然加入了许多电影专用艺术手法进行适当美化,但毋庸置疑的是,电影以其高度的概括性、包容性、艺术性,给人以直观形象的内心震撼,并且以其易于保存的特性得以光照千秋。

"文艺——在中国民族解放斗争的疆土上,一位身经百战的勇士!"在风起云涌、血雨腥风的抗日战争年代,狼烟虽然暂时遮蔽了苍穹,却永远挡不住革命文艺事业的明媚阳光。不论是戏剧、歌曲还是电影,既以独立的形式坚定顽强地发展壮大,又在"文艺运动"中相互呼应、相得益彰,逐渐形成了一条坚固的文艺界抗日民族统一战线,丰富和发展了革命英雄主义、爱国主义等民族精神。抗日战争时期的文艺之花以其强大的生命力和意志力昂然向阳开放!

(江西省赣州市赣州中学 刘雨君)

抗日战火中的文学艺术

绪 论

抗日战争是中华民族历史上最伟大的卫国战争，是中国近代史上抗击外敌入侵第一次取得完全胜利的民族解放战争。前线战士浴血奋战英勇御敌，为取得民族的独立顽强不屈，与日本帝国主义抗争14年，留下了无数的英雄壮举。同时，战争也给文学界带来了巨大影响，在这特殊的时期中，在政治斗争、经济萧条、大众文化心理等多重影响下，出现了抗战文学这一特殊文学形态，它在家国动荡中诞生，在战火硝烟中成长，蕴藏着战时的记忆，也有数不尽的文学家谱写了无数的英雄赞歌。

习近平总书记有言："一个时代有一个时代的文艺，一个时代有一个时代的精神。任何一个时代的经典文艺作品，都是那个时代社会生活和精神的写照，都具有那个时代的烙印和特征。任何一个时代的文艺，只有同国家和民族紧紧维系、休戚与共，才能发出振聋发聩的声音。"①因此抗战文学能够引领我们更加系统地研究抗战史，以史为鉴。

一

随着1937年7月7日卢沟桥事变的枪声，全面抗日战争拉开了序幕。抗战文学也随之井喷式地涌现。无数可歌可泣的英雄人物，便是其创作的无

---

① 《习近平谈治国理政》第2卷，外文出版社，2017年，第350页。

尽素材来源。但其实在此之前,中国文学界早已暗流涌动。

中国现代思想文化,萌芽于清末时期,形成于五四时期,在各种文化思潮的洗礼和文艺大众化的影响下,成熟于抗日战争时期,因此抗战文学具有深刻的时代背景和历史意义。

从宏观角度对其诞生、发展的特定历史进行全面考察,抗战文学的诞生有历史的必然性和必要性。在复杂且特殊的社会环境下,多种因素往往相互渗透、密不可分,只是程度有所不同。主要影响因素是政治、经济和大众文化心理方面。其中最为直接的影响便是政治因素,文化政策对文学发展具有一定的主导作用。抗战前期,两党对文学的政策千差万别。

抗战时期的根本问题是抗日,一切政策也围绕着民族解放而展开。1940年,毛泽东在《新民主主义论》中提出新民主主义文化的三大特征:科学性、民主性、大众性。以此统一全党的思想认识。而关于文化教育政策,毛泽东在《论政策》中指出:"应以提高和普及人民大众的抗日的知识技能和民族自尊心为中心。应容许资产阶级自由主义的教育家、文化人、记者、学者、技术家来根据地和我们合作,办学、办报、做事。应吸收一切较有抗日积极性的知识分子进我们办的学校,加以短期训练,令其参加军队工作、政府工作和社会工作;应该放手地吸收、放手地任用和放手地提拔他们。"[①]由此可见,中共将鼓励大众积极抗战作为文化政策的主要内容,顺应了抗战的需要,具有一定的科学性,为抗战文学的发展提供了可能条件。

而反观国民党,三民主义为其文化政策的指导思想。国民党掌握政权后,却以三民主义钳制思想,颁布一系列法规,禁止非三民主义思想传播。在1930年颁布的《出版法》中规定,出版作品不得为"意图破坏中国国民党或三民主义者",凡有此意皆"禁止出版品之出售及散布,并得于必要时扣押

---

① 《论政策》,载《毛泽东选集》第二卷,人民出版社,2006年,第768页。

之"。①并处以罚款、扣押和判刑等惩罚,在一定程度上造成作家创作心理上的精神危机,充分体现了其文化专制。但其在不同阶段也有着不同变化。全面抗战展开后,国民党开始转向抗日文化政策。蒋介石指出:"民族主义于抗战期间能充分发挥其精神与力量,则此精神与力量,为今日悍御外侮之要素,亦即他日复兴民族之基础也。"②由此可见,国民党以三民主义发挥其统一民众思想之作用,一方面鼓动大众抗日,另一方面却又限制大众的抗日宣传活动,对文学创作具有一定限制性。

两党不同的文学政策对不同政治区域带来错综复杂的影响时,沦陷区内的文学生产活动也受到严重桎梏。残酷的战争破坏了文学原有的秩序,沉重地打击了中国的经济命脉,经济萧条直接制约了文学艺术作品的出版、印刷与发行。战火纷飞的年代里,物质资源紧张、经费不足、战争威胁,阻碍着文学的健康发展。此时文学艺术体系解构,战争的社会背景使文学风貌产生剧变,诞生了具有独特历史地位、艺术高度及审美价值的抗战文学。

二

抗战文学得以发展还有一个重要的时代背景,即适逢文艺大众化的启动时期,这便是大众文化心理对其发展的重要影响。

全面抗战爆发后,烽火四起,硝烟弥漫,民族危机空前严重。中华民族为守护祖国全面建立起了抗日民族统一战线,包括政治、经济、文化等各个方面。统一的国家意识正在全面积极展开,此类大众化运动对文艺界产生了全面影响。大批知识人士转变了对大众的认识,他们认为大众在民族危急存亡时应已觉醒,不再麻木不仁,不再需要思想启蒙,需要的是传达大众的思想

---

① 国民政府文官处印铸局编:《国民政府法规汇编》第7辑,国民政府文官处印铸局公报发行所,1933年,第40页。

② 《战时综合丛书》,独立出版社,1938年,第58页。

意识。正如周扬所说:"在这个环境之下,人又是变化得怎样的迅速呵!昨天还是落后的,今天变成了进步的;昨天还是消极的,今天变成了积极的。昨天还是愿蒙的,今后变成了觉醒的;革命时期必然地伴以人类心灵上的深刻剧烈的变化,只适合于社会停滞期的艺术家的那种静的看法现在是完全不适用了。我们的现实中正涌现着新的人,新的抗日英雄的典型。"①

大众化方向的一致认可,促使文艺界也以民族意识为核心建立起了统一战线。文艺界内部先后创办了不同种类的抗敌协会,直到"中华全国文艺界抗敌协会"的创立,标志着文艺界的统一。文艺界利用旧形式丰富新文艺实现大众化,利用通俗化的手段将现代思想价值理念表达出来,走向民间,唤醒大众的民族意识,鼓励大众参加抗战的勇气,激发大众的抗战情绪。此类抗战文学甫一出现,就引发了有关探讨。目前所能考的最早探讨抗战文学的作品,应是1937年阿英的《抗战期间的文学》,其对抗战期间生活中的文学大众化问题进行了初步探讨,文中提道:"为着保障战争的胜利前途,我们不能不更进一步的向全国的文艺家要求,希望在共同努力之下,能更广泛的把读者对象伸展到更广大的小市民众里去。至少,我们希望下列的著作,在目前,能够大量的产生。"②一时间,为了抗战宣传的需要,许多作家放弃了自己的创作优势,转变了文学风格,这是战时的必然选择。

三

战争成为当时大部分文学的创作主题,同时改变着创作文体,这类变化在中华全国文艺界抗敌协会会刊《抗战文艺》中可见一斑。诗歌、报告文学、话剧、通讯兴起,甚至新创了一些战时所特有的形式,如街头剧、活报剧、大鼓词等。各种文体承载着战时的兴衰故事。《抗战文艺》便可作为研究抗战历

---

① 周扬:《新的现实与文学上新的任务》,《解放周刊》第 41 期,1938 年,第 14 页。
② 阿英:《抗战时期的文学》,1938 年,第 5 页。

史的资料。它由抗战初期连续出版至抗战结束,内容丰富、门类齐全、涵盖范围广,可以说是战时历程的缩影。

战时最先掀起战斗高潮的体裁是抗战诗歌。抗战初期,觉醒的大众不再沉迷于缠绵的个人情感诗歌,战争的炮火震彻他们的灵魂。茅盾也指出:"炮火使我们的血液沸腾,壮烈的斗争使我们的灵魂震撼,可歌可泣的事太多,此时此际,只觉得非用诗歌这一形式便不能淋漓尽致。"①于是诗人们以笔为号角,创作了大量具有强烈战斗性的诗歌,从正面鼓舞士气,号召民众积极参军参战。此时大量街头诗歌应运而生,抒情诗是抗战文学初期的主流。于此,便能通过抗战文学感受到战时大众参战的英勇决心。而小说则在中期突进,由揭露现实的讽刺小说可知,随着局势的发展,现实生活破坏抗战的阴暗面逐渐展现开来;由描写英雄成长历程的小说可感受到,英雄主题进一步深化;在抗战期间具有强烈英雄主义的报告文学,洋溢着高度的爱国热情,促进中华民族战时觉醒,体现着抗战文学的思想高度,反映着战时的文学环境及战争环境,为战争的胜利起到不可或缺的思想鼓舞作用。

结 语

抗战文学于政局动乱之际诞生,于民族危急存亡之际迅速发展,我们从中窥探深刻的时代背景,吸收沉重的历史教训,感受战时大众团结抗敌的英勇信念;我们挖掘其背后的特殊意义与艺术价值,一定程度上可为当下现实环境中文学发展提供借鉴。特殊的抗战文学具有宝贵的历史意义,是一个值得深入探讨的历史文化论题。

(江西省赣州市赣州中学 钟欣燕 指导教师 温先发)

---

① 茅盾:《这时代的诗歌》,《救亡日报》第 112 期,1938 年。

桂林的抗战文化生活

　　1937 年 7 月 7 日全面抗战爆发后,日本对中国发动了一系列大规模进攻,先后攻下了北平、上海、南京、武汉等重要城市。随着东北、华北、华中、华南相继沦陷,越来越多的地区落入日军之手,西南地区作为抗战大后方的地位迅速提升——随着东部一批机构、学校、企业内迁,国民政府建设西南以抗日的政策以及人口向西南流动,这个时期西南地区的各大城市在政治、经济、文化上都得到了发展。而我的家乡桂林,当时作为广西省省会,被誉为"抗战文化城",是西南大后方的重镇。全国各地的人们来到桂林,同桂林人民一起生活、工作,开展了广泛的抗日文化运动,不仅鼓舞了民众的斗志,激发了人们的爱国热情,取得了丰硕的成果,更为后世留下了宝贵的精神财富。

　　桂林之所以成为抗日战争时期西南地区的重镇,成为西南地区的文化中心,与当时的历史条件是分不开的。在政治上,随着战事日渐紧迫,广西省政府出于"抗日救亡的国防必要",考虑到当时的广西省会南宁"为四战之地,临近各县固平易少山,无足据为抗敌之防","位置太偏于南方",以及"离南海太近,易受敌人海上威胁",于 1936 年 10 月 5 日将省会迁往桂林,[①]这就使得桂林成为全省的政治中心。1940 年,桂林设市,"桂林自民国二十九年设市……共计十二乡镇,为本市初成立之区域"[②],更是促进了桂林的市

---

① 赵廉:《省府迁桂林》,《群言》第 13 卷第 2 期,1936 年。
② 易熙武:《第一次桂林市年鉴》地 2,桂林市政府,1939 年。

政建设。种种历史条件的成熟，为桂林人民开展一系列抗日文化运动奠定了基础。

一、图书出版业的繁荣

随着战事的进行，国土沦陷，大量人口流向西南地区。当时的桂林是广西的文化中心，在1936年"两广事变"后，广西抗日名声大噪，吸引了大量进步文化人士前往桂林。随着国土沦陷，大量人口向西南地区流动，其中包括教师、学生、文艺工作者，他们大都关心国家和民族危亡，因而来到桂林以后，便在当地开展了一系列抗战文化运动，这就使得桂林的抗战文化气氛日渐浓烈。人们关心国事，渴望获取新知，这就带动了图书出版行业的繁荣，"其鼎盛时期，计全市大小印刷厂一百零五家之多"，"其他如与印刷有连带关系之造纸、铸字、土制油墨等业，亦皆应运而生，平添'文化城'声色不少"。[1]

各大书店如文化供销社、商务印书馆、中华书局等业务发达。其中文化供销社刊物甚多，有《青年文库》《新道理半月刊》《文化通讯》等，"以编辑撰述，均为名家，内容甚为精彩"，"于本省文化事业，影响至深，堪称桂林图书出版界之巨擘云"。[2]而依据统计，在抗战前后和抗战时期，桂林总计出版图书2273种，期刊258种，报纸15种。[3]正如著名出版家赵家璧所言："说桂林是文化城，不如说它是出版城来得更适当。"[4]

---

[1] 易熙武：《第一次桂林市年鉴》文14，桂林市政府，1939年。
[2] 易熙武：《第一次桂林市年鉴》文20，桂林市政府，1939年。
[3] 覃静：《桂林抗战时期出版物调查分析》，《图书馆界》2011年第5期。
[4] 赵家璧：《忆桂林——战时的"出版城"》，《大公报》(上海)1947年5月18日。

二、桂林抗战文艺运动的活跃

桂林的抗战文艺运动也空前活跃。广大文艺工作者在各方面都取得了累累硕果,他们以满腔爱国热情和对日本侵略者的愤怒创作出大量作品,如巴金的《火》,艾青的《故乡》,茅盾的《霜叶红似二月花》……这些作品反映了中国人民的生活,批判了日本侵略者的罪恶行径,歌颂了抗战中人们顽强不屈的精神;同时各类外国文学翻译作品、人物传记、诗歌等文学作品不断涌出,使得人们获取新知,增长见识。抗战歌曲为人们广泛传唱。美术工作者们则用画笔和刻刀创作出一大批抗战主题的作品。

戏剧运动蓬勃发展,鼓舞着人们的精神,各个剧团团结一致,为抗战中的民众表演戏剧,激励人们的热情和斗志,"广西戏剧联合会是组织起来了……有国防艺术社,二一学社,广西大学话剧团,桂林高中剧团,桂林各初中联合剧团五个单位","第一炮决定二十七年元旦举行救亡宣传联合公演","不卖门票,招待各界民众观剧"。[①]而 1944 年举行的"西南剧展",汇集了来自各地的 28 个单位,演出了各式剧目,既有带有民族特色的传统戏剧,也有话剧、歌剧等剧目,吸引无数民众前来观看,轰动一时。《保卫西南声中的桂林》一诗这样描写桂林活跃的抗战文化运动:"街头空地有不要钱的戏看……这里那里响彻着'保卫大西南'的歌声,和激昂的雄壮的口号。"[②]

三、桂林的"岩洞教育"

作为大后方中心城市的桂林,经常遭受日军空袭,然而人民在这种艰难

---

① 白克:《桂林剧运报道》,《抗战戏剧》第 1 卷第 4 期,1938 年。
② 方言:《保卫西南声中的桂林》,《全民抗战》第 104 期,1940 年。

形势下依然能淡然地工作和生活。他们将桂林的岩洞作为天然的防空洞，每当空袭时，便前往岩洞，在岩洞中工作和学习。

陶行知先生到桂林后，看到人们在岩洞中工作、学习的情形，受到触动，便倡导"岩洞中的生活教育"①，系统地提出了一套在岩洞中开展教育的方法：在岩洞中设立学校，开设课程以开展教学；组织桂林普及教育团并开展对其成员的训练，以服务于教育工作；组织指导委员会，由政府担负训练教员之责，生产相关材料供教育使用。

这个方案一经提出，便得到了社会人士的认可，大家都乐于参与进来。广西省政府重视陶行知先生的意见，认为"其用意与方法甚善，尤与本省成人教育运动之宗旨相合"②，于是成立了广西战时民众教育指导委员会，聘请陶行知先生为委员会委员，随即便宣布开展"岩洞教育"。新安教育团最先响应"岩洞教育"的号召，他们与生活教育社共同组织起"岩洞教育服务团"，选定七星岩为教育基地，每天派人在此地开展教育工作。

在开展"岩洞教育"的过程中，陶行知先生还提倡"小先生制"，即发动中小学生，由教师领导，在岩洞中对群众开展抗战宣传和识字教育。为推行"小先生制"，陶行知先生曾写过一本《怎样做小先生》的指导用书，以告诉"小先生"们如何传授知识、教育大众。在该书的"为什么要做小先生"一栏中，他这样对"小先生"们说："劳苦大众既然出了钱使你上学的学堂可以开办成功，你就应当负起责任把你所学得的知识提取精华教给劳苦大众和他们的小孩。这是每一个小先生所要明白的根本意义。"③从这句话中，便可见陶行知先生推行"小先生制"以教育大众的良苦用心。

---

① 张一之：《敌机轰炸不了的桂林》，《东南战线》第 1 卷第 4 期，1939 年。
② 彭□晦：《桂林的岩洞教育》，《全民抗战》第 46 号，1939 年。作者姓名中无法辨清之字，用□代表。
③ 陶行知：《怎样做小先生》，商务印书馆，1938 年。

"岩洞教育"有效地利用了民众在岩洞中躲避空袭的时间,使得人们能够利用这段时间学习知识,提高抗日救亡的意识。

总之,如上种种均反映了抗战时期桂林这座"抗战文化城"的文化生活。在这战争岁月中,来自全国各地的人们汇聚在桂林,同当地人民一同工作、生活,创作出鼓舞人心的文艺作品,开展了广泛而活跃的抗战文化运动。可以说,桂林的抗战文化生活体现的,不仅是一座城市的人们在抵抗侵略者的战争中顽强不屈的精神,还有中华民族在民族危亡之际团结一致、众志成城、共赴国难的民族精神。在这样的环境下诞生的文艺作品与其体现的民族精神,为后世留下了宝贵的精神财富,仍能使今天的人们感受到前辈们投身抗日救亡的热情与斗志。

(广西壮族自治区桂林市桂林中学 尹智立 指导教师 曹涌)

漫画与抗战

抗日战争与近代中日关系文献数据平台（www.modernhistory.org.cn）是国家社科基金"抗日战争研究专项工程"的重要成果，至今已上传各类历史文献超过 1300 万页，成为一个集历史研究、历史教学、爱国主义教育为一体的综合性平台。我是一个漫画爱好者，对抗战时期的漫画很感兴趣，通过平台查阅，看到了许多震撼人心的抗战漫画作品，我被深深地震动了，既为日本侵略者的暴行义愤填膺，又为中国人民不屈的伟大抗战精神激动喝彩。经过不断地了解和学习，得知漫画被誉为抗战期间最有效、最普遍的宣传斗争工具，为抗战胜利可是立下了卓越功勋的啊！

一、抗战漫画简史

1937 年 7 月 7 日，卢沟桥事变爆发，全面抗战开始。在中华全国漫画作家协会的基础上，成立了上海漫画界救亡协会，同时创办会刊《救亡漫画》。不久，八一三淞沪抗战爆发，为了适应战时宣传工作需求，上海漫画界救亡协会派出了以著名画家叶浅予为领队、张乐平为副领队，由胡考、特伟、梁白波、席与群、张仃、陆志庠、陶谋基、廖冰兄、宣文杰、叶冈、黄茅、麦非、陶今也、章西厓、廖末林等人组成的救亡漫画宣传队。

战争开始后几个月，上海、南京相继沦陷，我国政治、文化中心移至武汉，各地的文化人士云集武汉，掀起了大规模的抗日宣传活动。从南京撤至武汉的救亡漫画宣传队，被编入国民政府政治部第三厅，受周恩来、郭沫若领导。全国漫画作家协会组成战时委员会，强化了抗日漫画活动的体制。战时委员会的成员有叶浅予、鲁少飞、宣文杰、高龙生、梁白波、胡考、江敉、赖少其、陶谋基、张光宇、黄苗子、陆志庠、张乐平、张仃、张元文,共 15 人。

1938 年,救亡漫画宣传队在武汉创办了《抗战漫画》半月刊。当时武汉是抗战中心,抗战气氛极其高涨,刊物办得有声有色,有着十分浓厚的爱国氛围。创刊词说:"我们决以漫画宣传队为中心,集合留武汉同志,培养一个新的生命,来刺激全国同胞的抗战情绪,和敌人作殊死之战。"

在当时全民族抗战的初期,整个美术界只有《抗战漫画》这样一个全国性的美术刊物。因而刊物也担负起了动员全美术界投身抗日救亡运动的职责。该刊第 8 期为《全美术界动员特辑》,刊登了田汉的文章《全国美术家在抗敌的旗帜下联合起来!》。由叶浅予执笔的《写在特刊前面》也发出了这样的呼声:"抗战的号召已唤醒了一般彷徨、苦闷的美术家……我们希望全国美术界携起手来,怀着最大的热情争取民族的独立自由平等……"

《抗战漫画》在武汉出版了12 期。武汉失守后,在重庆又出版了 3 期,后来由于经费困难等原因终止了出版。《抗战漫画》是在一个极其特殊的形势下出版的刊物,用漫画形式记录了全国投身抗日救亡运动的战士们的斗争情况,也反映了全民抗战的高涨热情,成为中国现代美术史上一本极为珍贵的史册。

《救亡漫画》《抗战漫画》是众多抗战漫画刊物的杰出代表。20 世纪三四十年代,我国各类漫画刊物共有 20 多种,如《时代漫画》《漫画生活》《中国漫画》等,也刊发了许多抗战主题的漫画作品。随着抗战的曲折发展,上海、南京、武汉、桂林、香港等地都曾成为抗战漫画创作的重要地区,直至集中到重庆和延安。1946 年 1 月 20 日,《商务日报》刊登了叶浅予、张光宇、廖冰兄等25 位漫画家联合署名的《全国漫画作家协会复会启事》,恢复"全国漫画作家抗敌协会"为"全国漫画作家协会",6 月迁回上海。以此为标志,这场轰轰烈烈的漫画抗战艺术运动画上了一个圆满的句号。

二、抗战漫画赏析

抗战漫画的创作涉及抗战的各个方面，题材包括唤起民众积极抗日、歌颂抗日将士奋勇杀敌、揭露日军侵华暴行、抨击汪伪政权、瓦解敌伪军士气、表达抗战必胜信念等。漫画手法也是多种多样，有的讽刺、有的夸张、有的诙谐，下面就以一些优秀作品为例进行赏析。

(一)揭露日军侵华暴行，同仇敌忾

下左图题为《轰炸》，是丰子恺的作品。画中一位正在给怀中的婴儿喂奶的妇女的头被炸飞，从颈部向上喷涌鲜血的她仍坐在凳子上给孩子喂奶。被炸飞的儿童玩具更增加了悲剧的气氛，向世人诉说这一个没有空中优势的农业弱国的国民，是如何被一个具有绝对空中优势的军国主义工业强国欺凌的。

图1　《轰炸》，丰子恺　　　　图2　《兽行》，张仃

上右图题为《兽行》，是张仃的作品，发表在《抗战漫画》第一期封面。这件作品揭露了日本侵略军强奸并杀害中国妇女的罪行，画中日本强盗施暴后还残忍凶恶地一脚踩在中国妇女的尸体上。背景是被日军烧着的民房，升起一团滚滚的浓烟。作品将日军野兽般的凶残罪行和丑恶面目展露在人们

面前,激起了每个善良的中国人抗击侵略者的斗志。

(二)唤起民众积极抗日,抗战必胜

图 3 《抗战漫画》创刊号封面　　图 4 《救亡漫画》创刊号封面漫
画《全民抗战的巨浪》,蔡若虹

上左图为《抗战漫画》创刊号的封面之作,由漫画宣传队领队叶浅予设计,以图案化的特写艺术手法,塑造了一位头戴钢盔、肩负钢枪,严阵以待,随时准备上前线杀敌的威武战士。实际上寓意抗战漫画家也是抗日战士,必须以坚定意志抗战到底。

上右图为蔡若虹所作的《救亡漫画》创刊号封面漫画《全民抗战的巨浪》,表现中华民族团结一致形成奋起抗战的无可阻挡的巨大浪潮,预示日本侵略者必将被中华民族的抗战巨浪所淹没。其作品有着强烈的激励抗战斗志、树立必胜信心的鼓动性。

(三)日本军国主义失道寡助,必将灭亡

下左图为叶浅予作的讽刺漫画《日本近卫首相剖腹之期不远矣!》,刊于1937 年 10 月 20 日《救亡漫画》封面,表现了日本近卫首相深感入侵中国之后进退两难而想用刀剖腹自杀的情景, 也预示着日本军国主义者必然灭亡的历史命运。

（1937年10月叶浅予作）

图5 《日本近卫首相剖腹之期
不远矣！》，叶浅予

图6 《游击战不仅牵制敌人，而且
袭击敌人》，胡考

上右图为胡考作品《游击战不仅牵制敌人，而且袭击敌人》，反映了中国军民制定了适合中国国情的对日战略战术——敌后游击战，有效地保存了自己，打击和牵制了敌人，创造出以弱胜强的抗战奇迹。

三、抗战漫画的独特存在与历史意义

抗战漫画，是伴随着抗日战争大量涌现出来的，并且形成了中国漫画创作的第二个高潮（第一个高潮为辛亥革命前后）。1937年抗日战争全面爆发后，年轻的中国漫画家们自觉地投入了这场决定中华民族生死存亡的战争。他们虽然手无寸铁只有笔杆，但他们是当之无愧的抗日斗士，是一支特殊的抗日部队。可以毫不夸张地说，这支队伍是抗战时期宣传战线上的主力军，其作品无论在前线或后方，都犹如激励军民的号角，响彻云霄，更如射向敌人的炮弹，威力巨大。他们与千千万万的军民融为一体，并肩作战，终于赢得了战争的最后胜利。抗战漫画作品的共同特点就是充满民族自信，将抗战必胜和侵略者必败的信念表现得非常充分。漫画家在战火中更加明白了漫画艺术的使命，从而成长为为民族而战的文化战士，漫画在抗战美术中成为当之无愧的先锋力量。抗战漫画的规模、影响及其丰功伟绩，不仅写进了中国

抗战的历史,而且也是中国甚至是世界美术史上最辉煌最灿烂的一页。

习近平总书记在纪念中国人民抗日战争暨世界反法西斯战争胜利69周年座谈会上的讲话中指出:"在中国人民抗日战争的壮阔进程中,形成了伟大的抗战精神,中国人民向世界展示了天下兴亡、匹夫有责的爱国情怀,视死如归、宁死不屈的民族气节,不畏强暴、血战到底的英雄气概,百折不挠、坚忍不拔的必胜信念。伟大的抗战精神,是中国人民弥足珍贵的精神财富,永远是激励中国人民克服一切艰难险阻、为实现中华民族伟大复兴而奋斗的强大精神动力。"[1]今天,在坚持和发展中国特色社会主义的新时代,必须有实现中华民族伟大复兴中国梦的精神力量,必须让抗战精神焕发出新的伟大光辉,我们应以前辈为榜样,不忘初心、砥砺前行,为建设富强民主文明和谐美丽的社会主义现代化强国努力奋斗。

(山东省青岛市第一中学 陈保锜)

---

① 《习近平在纪念中国人民抗日战争暨世界反法西斯战争胜利69周年座谈会上的讲话》,新华社2014年9月3日。

从征兵宣传画初探中日征兵制

战争时期的宣传作品往往具有丰富的内涵，征兵宣传画则表现得更为突出。因而本文将从抗战时期两幅中日征兵宣传画说起，以小见大，从多角度初探中日征兵制。

为便于比较研究，本文将先从"日本征兵画·日本征兵制"分析，引出"中国征兵画·中国征兵制"，第三步进行分析阐述，比较判断。

一、日本征兵画·日本征兵制

右图所示为抗战时期日本一幅陆军征兵宣传画。图中的主体是日本飞行兵，他昂首抬眼，遮掩不住他的傲慢，而背后三架飞机相伴，下方坦克相随，画面极具侵略性。征兵画的文字部分交代了它的来源、目的：由陆军省创发，募集陆军多个兵种，如飞行兵、战车兵、通信兵、炮兵等投身战场。

当然征兵画出于宣传却不止于宣传，它既反映了抗战对日本国内征兵的影响——加大兵员补充

图 1　抗战时期日本陆军
征兵宣传画

以加速侵略，也从侧面反映了日本征兵制的完备（细及宣传的方方面面）。

日本征兵制在 19 世纪后半期兴起，是在考虑国民经济后以国防为中心实施的。在明治维新时期是为了平定内乱。①明治维新后，日本并未完全改变

---

① 转引自郑冰如编述：《日本兵役之研究》，中央训练团兵役研究班编印，1946 年，第 4 页。

军阀独裁政治的局面,甚至与快速兴起的工业资产阶级达成统一。在跟进第二次工业革命下瓜分世界的浪潮中,日本不再满足于达成上述两点目的,同时迫于国内资源匮乏的现状①,制定了长久的国防政策,即"惟欲征服支那,必先征服满蒙,如欲征服世界,必先征服支那"②,侵略扩张的野心初显。在军事和经济的两大要素下,日本当局催促兵役法的诞生与实施。

日本于明治六年(1873)颁布的首部兵役法,规定了兵役种类、役龄等基本内容,后立即实施,但因征兵制初设,效果不佳,又于明治十一年(1878)全部修正,着重增加服役年限以充实兵员人数。③在初步修正后,日本兵役法又在明治十六年(1883)至昭和十六年(1941)间经历了 9 次重要改革,其中涉及抗战的是 1937 年改革、1939 年改革、1941 年改革这三次改革。1937 年改革,主要规定:"降低兵役壮丁身长标准各五公分"④,通过降低兵役标准来扩大现役及补充兵役,或许这是上页图中"少年兵募集"的原因之一。1939 年改革,主要规定延长补充兵役的年限(5 年改为 17 年)、缩短征集延期的年限、停止短期现役兵制度等,⑤在尽力保持军队教育之同时,通过上述方法来缓解兵源之紧张。1941 年改革,主要涉及将补充兵役并入预备役、外地兵役、兵员体格检查教育、召集军官或志愿兵等方面内容。⑥在不考虑其他因素的情况下,日本兵役法在抗战时期的改革效果是显著的,在抗战 4 年后,日本平时仅有 38 万余兵员,战时可征集 365 万余兵员,较日俄战争时期多了255 万兵员。⑦这个数据较日本战前而言是可观而可怖的。

值得注意的是,在上述 365 万余兵员中,海空兵员仅有 14 万,所以陆军

---

① 转引自黄郛:《欧战之教训与中国之将来》,中华书局代印,1918 年,第 218 页。

② 杨杰:《军事与国防》,商务印书馆,1945 年,第 99 页。

③ 郑冰如编述:《日本兵役之研究》,国防研究院,1942 年,第 11 页。

④ 同上书,第 18 页。

⑤ 同上书,第 19-21 页。

⑥ 同上书,第 22-23 页。

⑦ 同上书,第 114-115 页。

占了绝大部分,陆军也受到很大的重视。这源于兵役法以侵略亚洲大陆的国策为中心,因此日本虽为岛国却重视陆军,追求如图中所出现的陆军多兵种,而那个飞行员的骄傲中也许有对日本陆军的自信,有陆军对征兵制的自信,有日本对侵略中国的野心。

二、中国征兵画·中国征兵制

右图是抗战时期一张中国征兵宣传画。与日本征兵画的咄咄逼人不同,这张中国征兵画显得更加庄重。全画以暗色调为主,主体是一位高大的中国士兵拿着装了刺刀的枪站在长城上,面向一侧,在暗红色的黄昏背景下,显得有些悲壮。而画面上顶部"从军保国是国民的天职"的字样也简要地阐明了征兵的目的——从军保国尽国民之责任。

图 2 抗战时期中国征兵宣传画

不似日本征兵画有强烈的进攻意向,这张中国征兵画所要表达的更侧重于防守,是中国征兵制建设要点之一,也是长时期抗战要表达的。而这不仅取决于抗战的本身局势,也不仅限于抗战的适时宣传。

中国实行兵制,有着悠久的传统:三代既有,到周代有"五两军师之法"[1],且春秋战国时各诸侯国多承周制,而后世朝代也多继承前朝兵制并加以改进。而中国建设近现代征兵制始于民国,在 1912 年民国建立后,出于民主制建设的需求,早在《临时约法》中就规定:"人民依法律有服兵役之义务。"[2]可见当时民国政府有意实行征兵制,但因政局不稳,北洋军阀上台,一直无果。

国内政局动荡,来自国外的帝国主义压迫也并未因欧战而减少,如日本通过"二十一条"使中国丧失更多主权。但国内的思想界并不沉默,如《我们

---

① 赖琏:《实施征兵制与巩固国防》,《长沙周报》第 245 期,1937 年 8 月 8 日。
② 程泽润:《兵役概论》,1940 年,第 38 页。

的耻辱》号召国民反抗来支持革命。[①]1924年掀起了国民革命,虽然大革命并未完成政纲中"将现时募兵制改为征兵制"[②]的任务,但作为一次全国大动员,为征兵制提供了一次宝贵的实践经验。直至1927年南京国民政府成立,并在一年后北伐成功,基于对四万万人口的自信,为应对帝国主义压迫、保障民族资本主义发展,征兵制实施有其必要性,也有了较稳定的政治保障及经济支持,因此南京国民政府将征兵制的制定逐步提上日程。

中国建设征兵制大致分为筹备立法、初步试办、抗战实施等三个阶段:

筹备立法阶段。兵役法起始于1931年通过的草案十一条,出现于1933年2月的会议草案五条,涉及义务服兵役、兵役种类、管区设立等内容,[③]并在之后的修正案中补充关于缓役、免役的两条规定,发布于1933年6月17日。同时国民政府设保安团、兵役科来监督征兵工作,让征兵初入轨道。

初步试办阶段。开始于1936年3月1日施行兵役法,其间着重于实施役政计划(兵役训练、考察征兵、征兵宣传等)[④],而上页图大概可作为征兵宣传的一部分。

抗战实施阶段。是对征兵制的直接检验及应对完善,又分为四方面:一是统筹地方增设地方管区;二是增修法规扩大征集,如颁布游击战区、志愿兵征集的法令;三是改进兵力补充完善后勤;四是通过教育、身份证制等方式建立国民兵。[⑤]

在三个阶段建设中,"三平"原则始终贯彻,即平等、平均、平允三原则。平等原则重在保证服役之公平,平均原则重在促进兵役之普及,平允原则重在保持法律之公允。[⑥]"三平"原则作为根本原则,为中国征兵制提供了精神

---

① 佚名:《中国征兵制草案》,第16页。
② 程泽润:《兵役概论》,1940年,第38页。
③ 程泽润:《兵役概论》,1940年,第39–41页。
④ 同上书,第43–44页。
⑤ 同上书,第51页。
⑥ 广东省政府秘书处编译室编:《兵役浅说》,广东省政府秘书处编译处第二科发行,1942年,第28页。

标准,保障了建设稳定,也有利于制度与人的有机结合,可谓是一举多得。

就如前文画中所言"从军保国是国民的天职",中国征兵制建设不同于日本征兵制服务于其侵略国策,而是为了保家卫国。同样,社会舆论也寄予了对征兵制的希望以进行抗战宣传:《抗战须知》列举了征兵制的四个优点,即不冗兵冗费、民兵一心、多数人征集、集合民力振兴民族;①《练兵之道》一期通过论述募兵制的四个缺点,②间接说明征兵制的必要;而蒋百里先生在《义务征兵制说明》中表达了对兵源多且精的追求,并为此提出三条建议,即整理地方行政、改良军队教育、注意国民生计,达到"内教既成,不令而徙"的效果。③

三、中日征兵画下的制度比较

上面两幅征兵画的直接目的都是为了征兵宣传,但画中表现却有所不同:日本征兵画更张扬直接,中国征兵画则更庄重肃穆。而两国征兵制也如宣传画一样有所差异。

从背景而言,两国征兵制不光服务目标不同,服务方向也不同,日本倾向于侵略,中国侧重于防守;就内容建设而言,中国征兵制兴起较晚,多在战时建设,日本征兵制兴起较早、战前成熟,也无怪《日本兵役之研究》中列举了日本兵役方针切合、政令协同、补给灵活等 7 个优点,并慨叹"其所以敢横行亚陆,睥睨一切者,厥非无因,而吾人尤应不断注视研究,以求对策为是也"④;就效果而言,日本征兵制是其侵略的利矛,如抗战时三次改革扩军,中

---

① 云南省战时宣传委员会编:《抗战须知》,1937 年,第 11 页。
② 潘华国:《练兵之道》,《湖南青年》,第 1 卷第 1 期,1940 年 4 月 1 日。
③ 黄萍苏编:《百里文选》,新阵地图书社,1940 年,第 55–56 页。
④ 郑冰如编述:《日本兵役之研究》,国防研究院,1942 年,第 28 页。

国征兵制是固守时的盾牌,抗战胶着的背后是征兵制"矛"与"盾"的胶着。

四、结语

从征兵宣传画谈起,看到的不仅是日本侵略的张扬、中国抗战卫国的沉重这一感性层面,也有关乎抗战征兵制建设的理性层面。宣传画前后感性、理性结合的方法,或许对抗战时期除征兵制本身以外的其他要素也有独特的意义。

(浙江省宁波市惠贞书院 李康　指导教师 李永康)

中华民族魂的燃火点

——写在《黄河大合唱》延安首演 80 周年之际

有这样一部交响乐,以母亲河——黄河为背景,歌颂了中华民族源远流长的历史;有这样一首大合唱,向世界发出民族解放的呐喊;有这样一组赞美诗,诠释着中华儿女不屈的精神。这就是诗人光未然、作曲家冼星海于1939 年 3 月在延安一座简陋的土窑里共同完成的经典作品《黄河大合唱》。

"风在吼,马在叫,黄河在咆哮,黄河在咆哮……"今年是《黄河大合唱》延安首演 80 周年,这首以黄河为背景的歌曲,在抗日战争期间被广泛传唱,鼓舞着全国人民,把侵略者赶出家园。这不朽旋律的创作者,就是毛泽东主席亲笔题字的"人民音乐家"冼星海。

冼星海是巴黎音乐学院高级作曲班的第一个中国人。1935 年毕业后,他本可以留在巴黎,但面临正在遭受列强欺凌的祖国,澎湃于心间具有赤诚爱国情怀的冼星海决定回国,将音乐作为武器,投身为民族求生存、为国家求独立的抗战洪流。

1937 年,淞沪会战爆发,冼星海参加上海话剧界救亡协会战时移动演剧第二队,离开上海奔赴敌后,投身抗战救国的热潮,他把音乐变成冲锋的号角,发出了不做亡国奴的民族呐喊。那么冼星海为什么在淞沪会战之后离开安逸的上海呢?我们可以从冼星海在 1937 年 12 月 31 日深夜,提笔给母亲写下的一封家信中,去倾听和感受那穿越时代的回信心声:

亲爱的妈妈,我是在上海开火后五天,离开那素称安逸的上海的,从出发到今天,已经是整整四个多月了,100 多天的旅程,国土又不知

225

沦陷了多少,同胞又不知被屠杀多少,但我们并不悲观。我是一个音乐工作者,我愿意担当起音乐在抗战中伟大的任务,希望用洪亮的歌声震动那被压迫的民族,慰藉那负伤的英勇战士,团结起一切苦难的人们。我要做个生在社会当中的一个救亡伙伴,而且永远地要从社会底层学习。为了中华民族的生存,希望一切的母亲们和儿子们,都勇敢地向前,中国民族解放的胜利,就是要让每一个国民贡献他们纯洁的爱国心,同心协力,在民族斗争里,产生一个中华人民共和国。再见了,孩子在征途中永远祝福您。

"我是一个音乐工作者,我愿意担当起音乐在抗战中伟大的任务",这是冼星海心中一个音乐工作者在抗战时所应肩负的使命。战士未必拿枪,音乐也是武器。为了拯救危难中的祖国,他用音乐为武器,号召全国的人民起来共同抗日。冼星海所在的上海话剧界战时移动二队,他们在唱歌的过程中宣传抗日,到哪个地方去演出,他们都会即兴地编写一些作品,来配合抗战的宣传。冼星海每到一地,就教两三个人唱歌,一唱歌聚集的人也就多了,几个、十几个、二十个、上百个。人家说哪里有歌声,哪里就有星海,星海在哪里,歌声也就带到了哪里。

1938年,冼星海接到了延安鲁迅艺术学院的邀请,来到了延安。这里物质虽然匮乏, 条件艰苦, 但随处可以见到朝气蓬勃的青年自己动手开荒种地。在清凌凌的延河边,学习革命的真理,研讨解放的道路,延安人民高昂的革命斗志、热烈的学习气氛,深深地感染了冼星海。他有生以来第一次深深地呼吸着这样新鲜的空气,感受到革命大家庭的温暖。在 1939 年 5 月,冼星海提交了自己的入党申请书,写道:"中国共产党是全国唯一最进步的党,是无产阶级的政党,是坚持抗日、抗战到底的党,我像许多青年人一样,愿意把自己献给党!"1939 年 6 月 14 日,冼星海成为一名光荣的中国共产党党员。他的作品从此更加紧密地和人民联系在一起。在延安,信仰的光辉照亮了冼星海的艺术道路,创作出《黄河大合唱》等一大批传唱至今振奋民族精神的不朽音乐作品。

当时光未然先生因为手臂负伤,到延安去治伤,冼星海就跑了十几里山路,去医院看望光未然先生。在一个小型的联欢会上,光未然先生朗诵自己写成的诗歌《黄河吟》,朗诵到最后,才华横溢的冼星海就急不可待地上前紧握着光未然的手,说道:"我有把握、有信心把她谱好。"从3月26日至31日,用了六天六夜的时间,冼星海在窑洞里就把由8个乐章组成的《黄河大合唱》谱完了。他创作时,一会儿伏案疾书,一会儿在房间里踱步。这个时候他还感冒了,也全然不顾,用毛巾把头一包。在这期间,光未然先生给冼星海买了两斤白糖,冼星海的爱人就给他磨土咖啡——就是黄豆炒熟了加了糖,所以有人就笑称:白糖和红糖水汇成了《黄河大合唱》那坚强有力的旋律。就是这一撮白糖,成了冼星海创作的"神器"。他写完第一稿之后就交给联络员,说你们回去可以随便改。大家提了意见,他就把第一稿撕掉了,又写了第二稿,大家又提了些意见,又把第二稿撕掉了,重新来。第三稿和前两稿完全不一样。六天六夜的闷头创作,诞生了一部伟大的民族音乐经典。创作时他用的蘸水笔,写完三稿以后,蘸水笔笔尖在桌子上就堆成了一个小山头。

六天六夜的闷头创作,冼星海的赤诚之心在笔尖涌动,汇聚成了《黄河大合唱》这一不朽旋律。可是在延安演唱大合唱并不容易,延安只有三四把小提琴,冼星海只能把20多把勺子放进一个大号搪瓷缸里,用力摇动,模拟呼啸奔腾的黄河浪涛。1939年5月11日,冼星海在延安鲁迅艺术学院大礼堂,亲自指挥《黄河大合唱》。在激昂的合唱和声中,冼星海激情澎湃地指挥着,唱到"保卫黄河"时,冼星海突然来了个转身,指挥台上台下一齐高唱,顿时全场沸腾。毛主席高兴得不得了,连连称赞:"好!好!好!"美国记者斯诺就说这是世界上独一无二的、奇特的、中西合璧的乐队。

通过这次演唱,《黄河大合唱》就成为中国人民抗日救亡的战斗歌曲,成为动员全民族结成统一战线夺取抗战胜利的号角。从延安鲁艺迅即传遍全国,整个的解放区和敌占区,大江南北都传开了。当时没有一首歌像《黄河大合唱》传播得这么广,有这么多人来演唱。周恩来这样说道:"为抗战发出怒吼,为大众谱出呼声。把乐谱变成一颗颗的子弹射到敌人的胸膛,把冰冷的乐谱变成温暖的纽带,把人民团结起来,团结在中国共产党的周围去抗日。"

一曲《黄河大合唱》唱出了中华民族坚韧的性格,传唱至今,足见赤诚之心凝聚成的音乐力量。她存在于战场,也存在于人心,她与硝烟炮火一道,凝聚成中国不能亡的共同吼声。这是革命者对信仰最直接的表达,也是爱国者对国家最真挚的情感。

2019 年是祖国 70 华诞,冼星海为之奋斗的祖国,已经摆脱了贫穷,向实现中国梦在奋进。2019 年 4 月 13 日,为纪念《黄河大合唱》诞生 80 周年,4 位不同时代的《黄河大合唱》的演唱者,又重新演绎了这部作品。80 年来《黄河大合唱》已融入了民族的血液。80 年来,因为这部作品,冼星海的名字一直被镌刻在国家记忆中。如今,《黄河大合唱》这首歌又跨越了国界,传遍了全球有华人的地方,是凝聚全球华人民族自豪感的光辉标志,成为国家认同、民族认同的情感纽带。"都说国很大,其实一个家。一心装满国,一手撑起家。家是最小国,国是千万家。"家国命运一体、休戚与共的心理认同,是中华文化印刻在每个国人身上的特有情愫, 也是华夏儿女骨子里永不改变的血脉基因。为国尽忠、匡扶天下,这种文化精神激发的使命责任和不懈奋斗,将会一直支撑着中华民族生生不息,助力中华文明薪火相传。

(新疆维吾尔自治区可克达拉市镇江高级中学 徐敏慧、加依娜

指导教师 李文海)

荒冢中的繁花

《礼记·乐记》云:"凡音之起,由人心生也。人心之动,物使之然也。感于物而动,故形于声。声相应,故生变……"音乐,作为先于语言产生的表达方式,一直是人类情感意识的重要输出形式。音起由心生,感于物而心动,音乐的定义决定其由环境决定的性质。尤其在动乱的抗日战争年代,社会的强烈动荡使得音乐具有更鲜明的时代特征。在满目疮痍中诞生的音乐作品,可以说是"荒冢中的繁花",是一种奇迹,更为后人理解抗日战争提供了更多的可能性。

在抗战文献数据平台提供的期刊文献——《文艺研究·英国文学史绪论》中,有这样一段阐述:"人们已经发见一件文学作品并不仅是一种想象的作用,即不仅是一个被激动的脑筋的孤独的变幻的作用,却是当际的风尚和习惯的一种记录,也是一种特殊智识状态的表微。"[1]文学作品是艺术加工的产物,是时代作用的结果。理性地看,文学作品并不严谨平实,当其带上作者主观色彩,被历史背景下的思想形态所影响和束缚,必然具有局限性与逼仄性。无独有偶,从艺术层面来看,文学作品既然是音乐的一大要素,也就决定了音乐与其共享了同一种优劣,即善于调动人的能动性来赋予历史新的含义,同时不可避免地与史实有所出入。但无论如何,我们无法否认音乐等艺术作品之于特定的抗战时期而言,有着文献资料无法比肩的直观的思想表现。艺术加工作品对于现代人而言,除了一定的审美价值外,更能使在和平

---

① [法]泰纳:《英国文学史绪论》,傅东华译,载鲁迅:《文艺研究》第 1 卷第 1 期(1930 年 2 月)。

年代的我们与动乱时期的人们隔代惺惺相惜,建立外乎于理性的精神纽带。

而在抗战文献数据平台的音频资料中,我们可以领略陈田鹤先生笔下的抗战岁月。30年代陈田鹤先生作品集,形式丰富,受众面广。全面抗战的背景决定了其势必如此,从写给工农阶级的工人之歌,到写给抗日战士的战歌,再到写给儿童青年的歌曲,抗战时期的歌曲从表现内容来讲,到了一种近乎面面俱到的程度;而歌曲的形式包含了合唱、独唱、钢琴曲等,其中的激烈冲突与斗志昂扬共生,从形式上就充分表现了战争的矛盾。音乐的娱乐性决定了它在动乱时期慰藉人心的作用,为精神贫瘠的年代注入新的生命力。

其中极富代表性的是陈田鹤先生早期创作的《巷战歌》,以这首歌为切口,我们可以领略文艺工作者笔下的抗战岁月。

"紧捏住武器,掩藏着身体。从黑暗的深巷,从荒凉的足音,我们防御敌人的偷袭。"

作者开篇使动词占据了绝对的主体地位,一方面是摒弃了简单的词语堆砌,达到简练语言的目的;另一方面突出动词所构建的画面感,恰突出巷战的逼仄与高度压力,营造出鲜活生动的画面,使人直观感受到巷战在这一时空无法比拟的历史性意义。相较于前两句客观生动的叙述,后一句则更显出诗意。两个短语各有侧重点,一强调交战地点的黑暗,二强调交战战士的孤独,究其两者在此处交会的共性,它们都表现出巷战战士这一群体的无名与寂寞。这一特殊的社会群体,在历史洪流中不得不被放大了身影,由此处化被动为主动,再读后一句,"我们防御敌人的偷袭",就不免心生一种悲怆。这是一首英雄的啼血之音。

"谁无父母?谁无儿妻?我们要以猛烈巷战,争取那最后的胜利!"

作者代入角色发出的叹问展现了语言的爆发力,从人伦道德出发谴责战争的残酷与敌人的无情,相较于平实的叙述更显张力。铿锵有力的发问真实刻画了战士的精神世界,抒发出他们对国土被强占、亲人遭杀戮所激发的愤慨。最后一句表明决心的结语在结尾处升华,是情感积蓄爆发的表现,与先前狭窄阴暗的巷子形象形成冲突,突出表现仇恨的渴望和胜利的信心,使整首歌的基调摆脱沉闷，于黑暗中透出微光。而这不仅仅是巷战战士的心声，也是全中国人民共同的希望与决心，作者是借巷战战士来表达一整个社会的心愿。

抛开旋律谈歌曲是片面的，也是不可取的。从抗战文献数据平台提供的音频资料中我们可以听到，歌曲采用 d 小调，没有运用过多的乐器配乐，而只选择了钢琴与人声。从钢琴旋律来看，整首曲子采用简单朴实的音节贯穿整首歌，没有主导歌曲进行，而是与人声和谐共生。钢琴模仿谨慎的脚步声，低音区的人声则表现战士机警的神态动作与紧绷的心理，各显特色。从乐曲节奏上来看，《巷战歌》采用中速，压抑紧张，绘声绘色地再现了夜间巷战的紧张、诡秘。随着乐曲的进行，节奏加密，和弦加浓，力度加强，四次出现的由低而高的分解进行和相继而来的切分节奏，传达出心潮的汹涌，推动音乐走向最后的高潮。

从作者的角度来看，《巷战歌》无非是对巷战战士这一社会群体在特定历史阶段的揣摩和刻画。而从揣摩的角度而言，这首歌曲的深刻程度可见一斑。除了对战事的细致观察所致，这一种跨越肉体的精神联系的诞生，再至后来的广泛流传，最后到达上下一心的程度，是和平年代的我们难以想象的。陈田鹤先生用超越时代的敏感目及音乐之于文化的载体作用，于是他呕心沥血，将炎黄的血液融入笔杆，引起那些流淌在中华民族血液中的文化印记，震动当时乃至后世千千万万人。当他设身处地去想象巷战战士的生理乃至心理状态时，我们看到的是在特殊的抗战时期，全社会同仇敌忾的爱国热情与抗战激情；我们看到的是无论文人还是武士，都以天下任为己任的高度责任感；我们看到的是，那条沉睡在列强炮火之下的巨龙，正以势不可挡的力量，完成它惊人的觉醒。我们难以想象，一整个社会都去运用人类共情的武器，在极度贫乏的岁月中为泱泱中华筑起一道坚不可摧的精神高墙，成为无数心力交瘁乃至绝望的人最后的心理堤防。但无论如何，抗战时期的中华儿女做到了。

从社会背景看，《巷战歌》创作于 1937 年。七七事变后，全中国显出全面抗战的态势。侵华日军攻陷北平，并进逼山西、山东。在华北局势日趋危急的情况下,山东省立剧院拟内迁大后方。陈田鹤先生则重返战火中的上海,投入抗日救亡音乐工作,并在10月创刊的《战歌周刊》发布了这首歌曲。处于如此危急的国事胁迫下,国家对于意识形态的塑造有心无力,因此这一时期所产生的所有艺术作品都是在思想晦明中破茧而出,崎岖以行。它们划破黎明前的黑暗,于贫瘠的土地上开出繁花。难能可贵的是,这样随意生长的思想意识并无杂乱无章,而呈现出一种高度的统———一种对于家国强烈的归属感与奉献精神。从人性的求生本质来解读未免过于冷血,不妨说是一种外乎于形的精神凝聚起着决定性因素。日军侵略,所到之处,生灵涂炭。在人类这个共同体面前,利益似乎更为重要。但这从来不是千年中国儒老思想所倡,我们灵魂中的"仁"以这种血腥的方式被唤醒,我们需要表达。于是音乐在这样的历史背景中沉重前行,但我们并不感到绝望,即使在客观的残酷的事实下,我们仍能通过加紧的节奏与激昂的旋律体会到希望在、生机在,天将破晓。在抗战歌曲中,我们看到一群人,一群在黑屋子里醒着的人。他们握紧刀枪,冲破桎梏。他们知道要进步就要流血、要冲突。你听!那些有力的音符,那些恒定的节奏,是无数有志之士用生命喷薄而出的新时代的序曲。这是时代所赋予的使命,于是音乐终究充当着客观史实与后人之间联系的介质。

当我们再一次聆听那一首首抗战歌曲,我们又悄悄拾起人类共情的武器,勾连古今,体悟岁月。我们能感受到手里这份武器的重量,这是音乐之于时间的沉甸甸的意义。尽管岁月疮痍,却在奇迹中生出音乐,抵抗着生存的被动,冲破时间的束缚,成人、立人,完成生命的延续。抗日战争对我们来说是遥远的,我们远离战火与体肉之疾苦去谈论它是抽象的,而借以音乐,我们得以揭开时光生锈的帘幕,去望见那段触目惊心的疮痍岁月,去品味其中令人感慨的坚强与韧性,为那段苦痛岁月中熠熠生辉的人性的力量而心生敬畏,与八十余年前的中华儿女感受同一次心跳,是多么浪漫且感动啊!音乐,开出黑暗年代夺目的繁花,让后世的我们在理解中共存,让历史在沟通中永恒。

(江苏省无锡市南菁高级中学 张静宜　指导教师 黄敏)

回望历史中的中国

——谨以本文献给70周岁的人民共和国

一声号角引出了古老中国沧桑的过往，九一八事变一声展开了一个国家十四年的屈辱史、抗争史、光荣史。一个个作品，就像是一粒粒珠子将历史中的每一个画面串联，闪耀到刻骨，明亮到铭心，让你不可避免地睁大眼睛，仔仔细细、认认真真地将那一"颗"一"颗"的字、音符、图画深深印在心里，回望中国的曾经。也许在某一段音乐里，某一个场景里，甚至某一条路上，你都可以想起中国的历史，并且为今天的中国——深深喝彩。

第一幕

我爱这悲哀的国土

古老的国土呀，

这国土养育了

那为我所爱的

世界上最艰苦

与最古老的种族。①

傍晚，一个人坐在门口的阶梯上，听着远方隐隐约约的歌声，带着空气中的闷热，弥散在寂静的空间。猛然地，我听到了歌里隐隐约约的歌词："他

---

① 艾青:《北方》,载《北方》,文化生活出版社,1949年,第16页。

不能不爱他的号角……"

号角……勾起了我对记忆中一篇文章的回忆———那个悲哀的、为人送葬的吹号老人。为一个个远去的人,送上最隆重的悲歌。就像是,为他凄惨的灵魂吹奏的安魂曲。

老人是一个悲剧式的人物,因为在战争中被国民党随手抓去做壮丁,才开始了他颠沛流离的一生。他背井离乡,兜兜转转中又被带到台湾,和亲人、家乡,天人永隔。而他这小小的、荒唐的个人史,却隐隐约约勾勒出脚下这片土地的影子。

依稀记得,战争前的中国,虽然不是天下太平,即使会民不聊生,但却充满着生命亮丽的颜色。每一个农民,勤勤恳恳、兢兢业业地守着自己的一亩三分地,只求暖饱相依,朴实且朴素。但是就像懵懂无知的孩童终究要启蒙一样,无论是自愿的,还是被迫的,这一切都会来临。而中国这个虽年事已高,思想却如同未启蒙的孩子一样的老农,终于在历史的轨道中,与西方快速地,甚至凶猛地开过来的列车——狠狠相撞。

中国的色彩,就在无数的小小的人物被染上深灰色的时候,日渐黯淡。

第二幕

然后我死了

连羽毛也腐烂在土地里面

为什么我的眼里常含泪水?

因为我对这土地爱得深沉……①

自从九一八事变一声炮响,艰苦的 14 年抗战开始了。日本侵略者的铁蹄最先踏在了东北的土地上,历史中的一幕一幕开始与艾青诗歌的一幕一幕重合。

---

① 艾青:《我爱这土地》,载《北方》,文化生活出版社,1949 年,第 50 页。

北方是悲哀的/而万里的黄河/汹涌着混浊的波涛/给广大的北方/倾泻着灾难与不幸;/而年代的风霜/刻划着/广大的北方的/贫穷与饥饿啊。①

仅仅是北方的悲哀吗?恐怕是全民族的悲哀吧。日本侵略者像潮水一样涌来,将中国人民置于水深火热之中,给中国带来重大的不幸。刺骨的寒风刮过,贫穷的人们向着寒冷的空中,无助地举起他们乌黑的、骨感的双手,像在求救,在呼唤那虚无缥缈的神灵,却在下一秒中被呼啸的大风吹走了虚弱的呻吟。这一幕幕多么地令人心痛!!多少人出生在战火纷飞的年代,成长在战火纷飞的年代,甚至丧命在战火纷飞的年代!无数人的悲剧在战争中被无限地、无言地复制、粘贴、删除,又复制,循循环环,直到时间尽头。

东北的群众被迫逃离家乡,在逃亡的路上,有人乞讨,有人变卖家产,也有人靠唱戏为生。作品《小痢痢》中,小痢痢爱看戏,于是去一个老头儿搭的戏台那看戏。戏中,老头儿用血泣的声音哭诉了九一八事变这一人间惨剧。小痢痢有些感动。后来又因为看到唱戏的老头儿拿着鞭子抽打香姑娘而愤慨不已。这时站出了一个青年阻止老头儿的行为,却在香姑娘的诉苦中得知,那老头儿是她父亲,因为她不愿表演鹞子翻身才会抽打她。可是一家人早已两天没有吃到东西了,哪还有力气表演鹞子翻身?这时老头儿也禁不住哽咽。他大骂日本侵略者,骂他们可恨的东洋鬼子!就是他们毁了他们的家!小痢痢的心受到了深深的震撼,他要为香姑娘报仇,去打鬼子!给她报仇!越是童言无忌,便越是震撼人心。在这民族存亡的危急时刻,就连孩童都意识到了抗争的重要性。也许在他们的脑海里,这时打仗,是复仇,是报仇雪恨。但这却直接支持了全民族抗争的伟大事业,更广泛地呼吁着更多人的觉醒。让人欣慰的是,这时已有许许多多的爱国人士站了出来,不顾危险、舍弃生命地站在了抗日战争的最前线。这就像是鲁迅先生的那句"寄意寒星荃不

---

① 艾青:《北方》,载《北方》,文化生活出版社,1949年,第16页。

察,我以我血荐轩辕"一样,迎着冷漠与不解,面对着家人的阻挠、引诱的劝告与民族的危机,他们毅然决然地选择了后者。这样对比性的场面,在电影《风云儿女》中也再现得格外强烈。影片中的诗人辛白华日日寻欢作乐,并且在战争年代仍留恋莺莺燕燕。但他的朋友梁质夫不同,他在战争开始后便积极地投身战争,辛白华也曾激发过革命热情,但热情却以三天打鱼两天晒网的状况消退。最终是他的挚友梁质夫的死才唤醒了他,最后也毅然投身爱国抗争事业。辛白华所代表的是逃避现实、畏缩不前的普通商人,而梁质夫代表的则是勇于奉献、敢为人先的革命者。但时代的浪潮无时无刻不在改变着每个人。最后,辛白华与梁质夫殊途同归,都站在了革命的道路上。

第三幕

为了它的到来

我愿意交付出我的生命

交付给它从我的内体直到我的灵魂

我在它的面前显得如此卑微

甚至想仰卧在地面上

让它的脚像马路一样踩过我的胸膛。①

卢沟桥事变在凌晨爆发了。这时候,中国百姓仿佛才被这震响震掉了一些眼中的灰尘。日本侵略者强词夺理,有预谋地展开了这场战争。自此,全民族抗日战争拉开了序幕。一首首振奋人心的歌曲就此诞生。

"誓守我们的疆土,力争我们的国格。战到最后一枪,流尽最后一滴血……复我山河,共救中国!"②刘雪庵的这首歌曲唱出了多少青年志士的心声,影响了多少年轻一辈的成长。细想当年,有多少人上战场时哼着这样的歌曲身心

---

① 艾青:《时代》,引自百度秒懂百科网址:https://baike.baidu.com/item/时代/7845631。

② 刘雪庵、陈田鹤:《孤军守土歌》,载陈晖编:《陈田鹤音乐作品选》,上海音乐学院出版社,2012年,第18页。

澎湃,斗志昂扬;有多少人在地下工作时,耳畔回荡着这样的歌时能忘却疲劳,辛勤工作;有多少妇女儿童听到这样的歌之后能理解家人,热泪滚涌。歌曲,唱出了多少中国人的心声,唱出了多少和平的渴望,唱出了多少至死也不愿耻辱交付国土的壮烈,又唱出了多少烈血男儿的豪情与希望。一首歌,承载的不仅仅是一段话,一段曲,更是一种精神力量。让人们在战争中可以找到更多的精神寄托,可以体会更多的人间至纯至美的感情,让后世人为之感动。

为了这胜利,可以交出自己的生命。秋风起了,天气凉了,在前线,穿上姐姐做的棉袄,又轻又软,又密又实,等待着下一场战争的来袭,积蓄着冲锋陷阵的力量!

第四幕

因为我们曾经死了的大地

在明朗的天空下

已复活了!

——苦难也已成为记忆

在它温热的胸膛里

重新漩流着的

将是战斗者的血液[①]

鲁迅先生曾说过:"必须敢于正视,这才可望敢想、敢说、敢做、敢当。"在这之后,无论是在农村的偏僻一隅,还是在城市中的战略基地,到处都弥漫着革命的气息。最令人印象深刻的描写便是《芦花荡》了。那位胡须花白的老爷子,用他仍然足够强壮的臂膀,撑着船,抵挡着危险,将孩子们运到了芦花

---

① 艾青:《复活的土地》,载《北方》,文化生活出版社,1949年,第7页。

荡的对岸,也用他足够强壮的臂膀,将敌人打得鬼哭狼嚎,再也不敢动弹。最后的结尾,两位女孩心中就如同被风吹散的绒絮在土里扎了根一样,种下了革命的种子。在此以后,她们小小的身体里就蕴藏了革命的力量,幼稚的思想里就燃起了抗争的火苗。是的啊,一批又一批为革命献身的青年,就是在老一辈以身作则之下,奋力地为解放而不懈斗争着。

回望中国,就像是一个伤痕累累、负重前行的沧桑老人。一部部侵略史汇成了血一样的长河,让古老沧桑的中国顺流而下。但中国,这个有五千年的风霜的老人,他总是不肯就这样屈辱地、悲怨地顺着侵略者的意图活着。他总是想着,要逆流,要溯源,要让血河干枯,要重塑这历史。他说,他要站起来,他一定要站起来呀!于是,四万万同胞齐了心,铁了意,要把备受欺辱的中国解救出来,中国人的身体与灵魂应该自由地呼吸,中华民族应该毫无惧意地屹立于世界民族之林。中国,中国他要站起来呀!

于是,中国真的站起来了!中国真的——站起来了!

在四万万同胞的齐心协力下,重塑了他的肉身,恢复了他的内体,坚强了他的精神,筑牢了他的灵魂!中国,他变得焕然一新了!中国,涅槃之后成了全新的中国!

如今,他已经七十岁了。但他仍然是个孩子。他从牙牙学语到蹒跚学步,再到稳稳地走在前进的路上。时至今日,他已经出淤泥而不染,走出了那段血一样的历史,走在通往光明的康庄大道上了。年轻的中国,正前所未有地靠近着世界舞台的中央,正无限地释放出自己应有的光芒!

(新疆维吾尔自治区巴音郭楞蒙古自治州库尔勒市第二师华山中学
贾泽曼　指导教师　苗波)

影片中的抗战

——以《东亚之光》为例

1931 年 9 月 18 日，九一八事变爆发，中国人民英勇抵抗日本帝国主义侵略，拉开了世界反法西斯战争的帷幕。1937 年 7 月 7 日，七七事变爆发，中国进入全面抗战阶段，在中国共产党建立"真正广泛的反帝国主义的统一战线"的号召下，全民族所有爱国力量投身这场关乎民族存亡的战争，各条战线均涌现出许多颇具代表性的事例。

其中，文艺界发挥自己专长，以文字、图片、影片等为武器，揭露侵略战争的残暴，彰显中华民族的坚韧。抗战电影便在这一背景下呈现出蓬勃发展的态势。受战争形势变化的影响，国民政府机关及经济、教育等行业机构纷纷内迁，公务人员、教科文卫人员等涌入以陪都重庆为代表的大后方城市，带来诸行业人群的同时，将东部地区相对现代的文化理念引入内地。受此影响，大后方的电影事业"呈现空前的活跃"。同时，随着全民族抗战热情的高涨，电影成为展示战争形势、鼓舞人民斗志的重要载体，国民政府及文化教育机构通过电影放映队等形式，深入民间宣扬"三民主义""抗战建国"等思想。因此，反映从军报国、追思故土等内容的影片数量大增，《木兰从军》《塞上风云》《日本间谍》《白云故乡》《东亚之光》等影片成为全面抗战时期中国电影的典型代表。①

《东亚之光》拍摄于 1940 年，岁末在重庆国泰戏院首映，影片时长约一

---

① 《行都游艺界近状》，《申报》1940 年 5 月 9 日。

个半小时，主要叙述了日本俘虏被俘经过，俘虏后在收容所受到的熏陶教育，最后领悟到侵略战争的罪恶，走向反战的光明之路。①该影片以其演员的特殊性、独特的题材选择和表现方式被誉为"银幕上的一柄正义之剑"。

一、《东亚之光》——导演何非光

电影《东亚之光》的导演何非光在 1913 年出生于台湾，自幼接受中国传统家庭教育，亲身经受日本侵略者对台湾野蛮的殖民统治，就读中学期间便积极参与反抗殖民统治的社会活动。20 世纪 30 年代初，日本为筹备战事，对台湾的殖民控制空前强化，在政治高压态势之下，何非光等青年知识分子不辞千辛万苦奔向祖国大陆。

1931 年，何非光来到上海，进入联华影业，从事演艺工作。1935 年底，日本领事馆以其为"台湾人"未经"签证"为借口，将何非光绑架遣送回台湾。

1936 年，何非光趁赴日勤工俭学集会，参加中国留学生组织的"中国留东学生演剧会"，排演反战剧目，并发起鲁迅先生追悼会等活动。七七事变爆发之前，何非光由日本回到祖国大陆，后经八路军办事处介绍，加入中国电影制片厂。全面抗战爆发之后，何非光积极从事抗战题材影片拍摄，在战事频仍、器材不足等艰苦条件下，拍摄出《保家乡》《东亚之光》《气壮山河》《血溅樱花》等抗战影片。②

二、《东亚之光》的拍摄

何非光拍摄《东亚之光》的灵感源自日本反战同志曾在重庆演出的同名话剧，而该话剧以同时期发生的日本战俘受感化一事为依据。何非光及相关

---

① 《〈东亚之光〉献演盛况》，《新华日报》1941 年 1 月 1 日。
② 杨毅周主编：《台湾抗日人物传》，华艺出版社，2015 年，第 48—50 页。

工作人员对该事件做出充分调查之后,决定拍摄影片。1940 年 2 月,重庆中国电影制片厂开拍《东亚之光》。①

《东亚之光》的演员选角颇有特点,"由中日两国人民共同担任"②。电影参演者共 400 余人,其中重要演员 29 人,日本反战同志占相当比例。开拍前,日本反战同志在军政部第二俘房收容所"预立誓言,并当所长邹任之前宣读,掬诚表示自愿演出此足向全世界人士作正义呼吁之反侵略影片",誓言中译为"余等幸蒙中国军队营救,已恍悟中日战争之真意,而免作日本军阀之牺牲品。今誓以至诚,自愿演出中国电影制片厂制作之《东亚之光》电影,向全世界人类做正义之呼吁"。③

《东亚之光》于 1940 年 12 月 31 日夜在重庆国泰戏院做荣誉首映。放映式上,参与影片拍摄的"友邦同志"(日本厌战者)佩戴中国电影制片厂徽章出席,"满面春风,频与观众颔首为礼"④。

三、《东亚之光》的影片功用

如上文日本反战同志立誓所言,《东亚之光》通过叙述被俘日军思想转变,表明日本侵华之非正义性,体现出该影片的拍摄具有瓦解日军心理的宣传功用。此外该片在鼓舞国人抗战决心、树立中国抗战形象等方面也发挥出自己的功用。

影片拍摄于抗战相持阶段,此时战争形势严峻,投降主义暗流涌动,因

---

① 《〈东亚之光〉在渝开拍》,《申报》1940 年 2 月 28 日。
② 《中国影讯》,《申报》1940 年 3 月 10 日。
③ 《日本反战同志演出〈东亚之光〉》,《大公报》(香港版)1940 年 8 月 13 日。
④ 《艺坛散记》,《申报》1941 年 2 月 8 日。

此大后方文艺界亟须推出一批鼓舞民众信心的作品,"中国、中央两官办电影制片厂,迩来工作颇为忙碌,俱赶制新片,中国《东亚之光》,中央《塞外风尘》两片,双十节前均可完成"①。此两作品在艰苦条件下急赶进度,既有"双十献礼"之考量,亦有振奋民心之打算。这在时任国民政府军委会政治部第三厅厅长的郭沫若为《东亚之光》所作插曲《游击队之女》可见一斑,词曰:"脱去脂粉和项枷,迎接扑面的风沙,身心都要钢铁化,战场便是我们的家。毁坏日人的炮垒,帮助农民的庄稼,天大的牺牲都不怕,同是中华儿女,赤诚的血性无差。奋斗,奋斗……把我们的血液,灌溉新鲜的中华。"②

《东亚之光》在国泰戏院放映之后,又在唯一戏院公映,之后在成都中央大戏院放映 5 天,每天观影者万余人。③这一观影人数在当时的历史环境下实属可观,一则凸显此影片吸引力之大,一则折射此影片影响人群之众。

除在戏院、影院放映之外,《东亚之光》还被用于集会、演说等场合。1941年,重庆各界为庆祝"民国三十整岁的诞辰",举行盛大集会,检阅童军、青年,表演为将来军事训练基础的国术球赛,"献映过给人无限慰藉鼓舞的《前程万里》《东亚之光》……一类的影片"。④

同时,因该电影主要抨击日本军阀强迫民众参战,对日军厌战思乡之情做出真实写照,所以被国民政府用作国际宣传资料。⑤

1941 年 5 月,《东亚之光》在菲律宾马尼拉新国泰大戏院献映,向东南

---

① 《行都艺讯》,《申报》1940 年 9 月 25 日。

② 《中电新片〈东亚之光〉郭沫若作插曲》,《大公报》(香港版)1940 年 4 月 10 日。

③ 《中国杂讯》,《申报》1941 年 3 月 1 日。

④ 《热情洋溢之陪都》,《大公报》(香港版)1941 年 1 月 14 日。

⑤ 《〈东亚之光〉在渝开拍》,《申报》1940 年 2 月 28 日。

亚民众展示日本侵华之错误。①

1941年11月，中国电影制片厂"为发展业务"，呈准政治部特允副厂长罗静予赴美考察，参加电影技术工程师学会，报告抗战以来我国电影事业发展情形，并参加援华会影片筹赈运动。②罗静予"此行任务除考察美国电影技术及与彼方电影界商讨合作外，并将该厂及港分厂大地公司历年出品名片利用美国技术设备修剪重制，在美献映，宣扬我国抗建艺术……发扬我国首先站在反侵略战线上之英勇史迹"。放映之影片有《火的洗礼》《白云故乡》《华北风云》《东亚之光》等6部。同时，罗静予精选出抗战以来各战役中"伟大场面及大后方轻重工业之建设情形，亲编《抗建中国》一片，在美剪辑配音，随该厂影片放映"③。

1941年12月1日，中国影业联营公司招待香港文艺及报界参观《东亚之光》，"阅后一致好评，认为是日本官兵良心的供状，是敌国人民正义的呼声"。12月2日，《东亚之光》义映一场，所得收入捐助伤难。此外，香港"最高当局特许开禁，侨胞渴望之《东亚之光》特片，现经定于明日（3日）起在利舞台公映"。鉴于本片志在为国宣传，故所售票价与平时所映国片同价。④

因此，影片《东亚之光》不仅具备瓦解日军心理的功用，对振奋国民抗战必胜信心、增强国际宣传亦有一定作用，诚如时刊所言，此影片：

在日本未能遵守"优待俘虏"等国际公法，虐待俘虏、杀害平民的暴行对比之下，中国以德报怨，将"被敌阀欺迫来华作战而丧失战斗能力

①《〈东亚之光〉在马尼拉献映，罗明佑往主持》，《大公报》（香港版）1941年5月7日。
②《中国制片厂将派员赴美考察》，《大公报》（香港版）1941年10月25日。
③《中国电影制片厂罗静予赴美，携同多部放映宣传》，《申报》1941年12月6日。
④《〈中国总反攻〉定下周在娱乐放映；〈东亚之光〉明开演》，《大公报》1941年12月2日。

的日本俘虏"与日本军阀区别,对战俘宽大为怀,使其在"三民主义熏陶下,已经觉悟",了解中国抗战的神圣使命,加入我们的抗战阵营。在政治方面,《东亚之光》的放映,将更加强全国同胞的勇气和对胜利的信心。在艺术方面,《东亚之光》是对现实的陈述,是"'真人''真事'构成的一首史诗"。①

因此,《东亚之光》的拍摄既是中华民族英勇抗战的写照,也是国人借以揭露日本侵略者罪恶、彰显抗战正义性的"平台"。

(山东省潍坊市昌乐二中 谢一萌 指导教师 杨本才)

---

① 本段引用均出自《〈东亚之光〉献映词》,《大公报》(香港版)1941 年 12 月 2 日。

1942—1943 年抗战时期
晋察冀边区中共保卫粮食的斗争

在日本侵略者的隆隆铁骑迈向华中时，抗日战争进入了最为艰苦的相持阶段（1938 年 10 月至 1943 年 7 月）。在这一时期，由于战线过长、兵力不足等原因，日军开始调整侵华政策，逐渐将其主要兵力用于打击敌后战场的八路军和新四军，敌后战场逐渐成为抗日战争的主要战场。尤其是 1942—1943 年，日伪军进行了残酷的"扫荡"，其中包括对根据地、游击区和敌伪区附近邻村的农民粮食的抢夺。晋察冀边区政府积极展开保护夏收夏粮的安全，以保护农民群众的经济利益。

一、边区政府的积极措施

首先，由于 1941—1943 年的持续干旱和日寇的猖狂"扫荡"，晋察冀地区遭受了境况恶劣的饥荒。为应对这一状况，中国共产党从中央到地方逐步实施一系列举措。毛泽东在《经济问题与财政问题》中号召根据地军民"切实开展大生产运动，自力更生，克服困难"。这里的"大生产运动"是指抗日战争期间，各抗日根据地军民开展的大规模生产运动，主要开展农业生产。在地方上，边区政府首要进行生产计划的安排。在具体环节上——春耕、秋耕、夏收、秋收的时候，都做了大量的工作。积极调动人民的生产热忱，反对懒汉，组织劳动力并实行调剂，改良种子，解决牲畜农具的需要，发动儿童拾粪，号召妇女参加生产……这样有步骤、分重点、全面推进式的工作安排，有力地保证了敌后抗日根据地的基本粮食生产，为游击战争的有效开展奠定了物质基础。

其次,边区政府的对敌斗争包括侦察敌情、动员组织、战前军事训练。下面以介休县委保卫夏粮工作为例进行介绍。

1.分析敌人活动特点。先从敌人的大致人数、武器配备、军队组织形式进行侦察研究,再摸清敌人大致活动范围和活动目的,最后分析敌人的具体战术,并逐一做出分析。此外,敌人的政治上和组织上的活动情形的分析工作是县委工作的重点内容。

2.动员宣传民众。从党政军民多主体落手。党政方面,召开各级干部动员大会,讨论和布置了保卫夏收工作。明确指出干部要树立正确的群众观念,捍卫群众利益。干部分头到各区,召开了全区的干部会议,传达指挥部的决议布置,并根据各区的情形,又做了进一步的具体讨论,起到了层层传达的效果。军队方面,在游击根据地,县委干部对部队进行群众观念的教育和军民关系的教育,对保卫夏收进行动员。民众方面,县委干部在游击区、游击根据地张贴各类标语,甚至在敌据点也有宣传。此外县委还对妇女动员工作也有部分涉及。

3.训练工作。县委指示要求军队组织神枪手小组,专门设伏于敌人出发的必经之路,并提出"一枪打一个,不放空枪"的口号,尽量将敌人所关注的目标吸引到游击区。在战术上多采取分散隐蔽的游击战方式。指示武委会在民兵中挑选神枪手,配合军队,组织神枪手小组,领导民兵队战斗。

4.给各个部门分配具体任务。对群众团体(农会和农青会)进行动员。要求工商管理局配合群众民兵,没收一切运送给敌人的粮食,打击偷送粮食的商人和走私者,制止粮食流入敌占区。公安局专门组织便农活动,打击敌探便衣,配合政权在敌占区打垮对方情报维持,抓捕敌人的爪牙分子,打击伪军活动。

二、原因的考察

边区政府实行这些具体完备的措施,是出于当时的时代要求,出于党领导下的革命任务的要求,出于党的性质要求,符合最广大人民的根本利益。

第一,时代背景要求。以上所有论述的行动是在 1942—1943 年保卫夏收活动中开展的。众所周知,1938—1943年正值抗战相持阶段,此时抗战进入最为艰苦的时段。一方面,国内的抗战情况十分不明朗——汪精卫公开叛国、重庆国民政府制造皖南事变等,反映了国内抗日民族统一战线的动摇。为了巩固抗日根据地,中共必须加强对根据地的保护、建设。中共积极着手应对,从重视农业起步,筑实农业基础。这才显得保卫夏收的重要性和必要性。另一方面,日本政治诱降政策加剧,抗日根据地岌岌可危。政治诱降的意思是日方"运用形势的变化,特别是利用作战的成果,乘机促使重庆政权屈服"。这样造成了全国抗战士气出现了低迷现象。在这样的时代背景的影响下,中国共产党领导的敌后战场便越来越成为抗战的主战场。因此,保卫根据地、保卫根据地的粮食安全,就是保卫抗战胜利的种子,就是保卫抗战军民的希望,就是保卫华夏文明。

第二,日本人为打击敌后战场,实行了灭绝人性的"三光政策"(即烧光、杀光、抢光),所经之地,一片焦土,生灵涂炭,赤地千里。"三光政策"也直接导致了1941—1943年晋察冀地区的饥荒问题。粮食问题愈发尖锐,保卫夏粮的重要性便愈发凸显。

第三,党的性质的要求。中国共产党是中国工人阶级的先锋队,同时是中国人民和中华民族的先锋队。中国共产党为了捍卫广大人民群众的根本利益,积极与日本帝国主义做斗争,带领群众反"扫荡",建立抗日根据地,抢收夏粮保卫夏收。尽力保障了人民最低温饱,有利于筑牢共产党的群众基础。

第四,党领导下的革命任务的要求。反帝反封建一直是中国进入近代以来的重要革命任务。面对日本帝国主义的侵略,中国共产党人挺身而出,率领广大人民群众,勇敢对敌斗争,这正是应革命任务的追求,是其矢志不渝的精神的体现。

三、意义

1942—1943年晋察冀边区政府采取的保卫夏粮的各项措施取得了巨

大的胜利,有利于党的领导,有利于提高当地民众的抗战信心和士气。强有力地组织抢收、保粮,有利于巩固根据地,支持更多的民众坚持抗战,有力地粉碎了日军的"扫荡"。

保卫夏粮,是边区政府在抗日战争中敌后战场上的一次重要行动。它体现了党对人民军队的领导信心,体现了党对人民利益的切实关心,体现了党夺取抗战胜利的决心。以保卫夏粮之小,见党爱人民之大。正是在这样一次又一次的行动中,党和全国人民才在抗战中占据了越来越有利的地位,并最终实现了抗战的胜利。

(山西省介休市介休一中 郭子浩 指导教师 薛仁)

"破"与"立"：抗战时期中共领导下
晋察冀边区乡村的发展
——以乡村治理体系建设为例

一、"破"：抗战前的旧乡治及抗战时
晋察冀边区中共乡治建设对旧乡治体系的瓦解

封建社会的乡村，大多处于国家权力与宗族势力的交集之中。如此形态，根植于几千年来的小农经济生产模式，亦直接受专制主义中央集权体制影响。虽不乏保甲、乡约、社仓、社学等乡治手段，但在专制集权控制下，最终变为政府征收赋役、盘剥百姓以及"教化人民的御用工具"①。由于小农经济的稳定性与乡村宗族网络的内聚性，此类模式得以长期延续。近代，随着小农经济的瓦解和其他因素如科举制废除的影响，地方上原有的"乡贤""乡绅"变质为"劣绅"，加之军阀混战，战争成本最终转嫁于农村，使晋察冀农村日趋凋敝。

20世纪20年代末，国民政府于各地施行乡村自治，实质上延续了封建社会的乡治模式。例如保甲制，表面上以地方自治为出发点，实际是政府与地主豪绅压榨农民的工具，并在一定时期内与"剿匪""新生活运动"配合，乃反动统治工具。1937年10月10日《中国农村》中的一篇《关于保甲制度的问题》提出"譬如指定，圈定，委派，核准（保甲长）的方法皆应完全废弃"②，侧

---

① 杨开道：《中国乡约制度》，商务印书馆，2017年，第252页。
② 薛暮桥等：《中国农村》，中国农村经济研究会，1937年刊，第10页。

面反映出保甲制的非民主。除保甲制外,另有闾邻制与牌户制及残存的宗族制。但这些机构如杜赞奇所言,是"国家政权的内卷化",实质是为少数人控制的"赢利型经济",结果是"社会的进一步被压榨和破产"。[①]

另一方面,日本自 1933 年通过《塘沽协定》对华北进行渗透后,于 1935 年签订"何梅协定",事实上控制华北大部。1937 年 1 月 1 日的《中国农村》中刊载了《冀东的政治与农村》,指出"各县政府的日本顾问是县长的太上皇……各县政府及公安局的报告必须送一份给山海关的日军司令部",[②]"冀东的各县城以至乡镇都充满了日货,因为没有关税的限制……"。在帝国主义政治与经济双重侵略下的冀东乡村乃当时晋察冀乡村之典型。

1937 年 9 月八路军东进,之后阎锡山与中共合作成立第二战区民族革命战争战地总动员委员会(以下简称"动委会")。该组织废除苛捐杂税,筹措抗日经费,并在敌占区破坏敌伪政权。在动委会的发展下,晋察冀乡村逐步破除代表少数人利益的乡治体系,延续了对土豪劣绅的斗争,但动委会尚为新旧政权的过渡形态,基层仍有不少残余。

1938 年 1 月,晋察冀边区行政委员会成立。同年秋,部分边区村政权在日军围攻中暴露问题。《百炼成钢的晋察冀边区》一文指出:"一年来我们的工作还不十分深入,许多区村政权仍为少数人把持。村长中有许多流氓地痞,公正人士还都不愿出来负责……"[③]对此,在之后的村政权机构改革中,实际上废除了封建闾邻制,并与反贪污、监察财政同时进行。至 1941 年,旧有的封建统治工具在晋察冀边区已被新的政权模式取缔,同时中共在敌占区的活动亦得到当地民众广泛支持。可以说,抗日战争是促使阎部与中共合作的重要客观条件,也是促使旧政权瓦解的重要客观因素。中共领导晋察冀

---

① [美]杜赞奇:《文化、权力与国家——1900—1942 年的华北农村》,王福明译,江苏人民出版社,1996 年,第 68 页。

② 薛暮桥等:《中国农村》,中国农村经济研究会,1937 年刊,第 67 页。

③ 佚名:《敌后抗日根据地介绍》,民众书店,1946 年,第 12 页。

地区农村打破旧制度枷锁,团结一切抗日力量,为晋察冀边区军民的胜利奠定了群众之基。在抗日战争这一大背景和中共领导这一大前提下,晋察冀地区的广大农村迎来了新生,亦为抗战贡献了力量。

图1　抗战时期一幅反映村选的版画,引自抗日战争与近代中日关系文献数据平台

二、"立":中共领导下边区新型乡治体系的建立与农村抗日活动

杨开道先生认为,乡民在封建社会下"养成了不问政治也不敢问政治的性格"①,其恶果是地域观、宗族观高于国家观、民族观,导致"老百姓对民主参政是没有兴趣的"②,最终给建立抗日民族统一战线制造阻力,其根源在于传统国家政权的倾轧以及政府制度性保障民权、自治权的缺位。

图2　《上海妇女》中关于晋察冀村选的报道,引自抗日战争与近代中日关系文献数据平台

---

① 杨开道:《中国乡约制度》,商务印书馆,2017年,第238页。
② 佚名:《敌后抗日根据地介绍》,民众书店翻印,1946年,第12页。

如前所述,中共在晋察冀边区初步的乡治实践瓦解了落后的乡治体系。作为扫除旧有残余的手段,亦作为民权、民治的保障,先进的乡治制度逐步建立起来。1938—1940年,晋察冀边区在没有彻底革除原村政体系的情况下,以反贪污的旗帜进行村、区普选。虽未彻底扫清原有残余,但从部分村选结果可以看出不少地区基层权力的转移,"如民国三十年村选当中据十一个县五十五个行政村的统计,主任代表上有百分之四十四是中农,百分之三十八是贫农,百分之十四是地主富农"①。

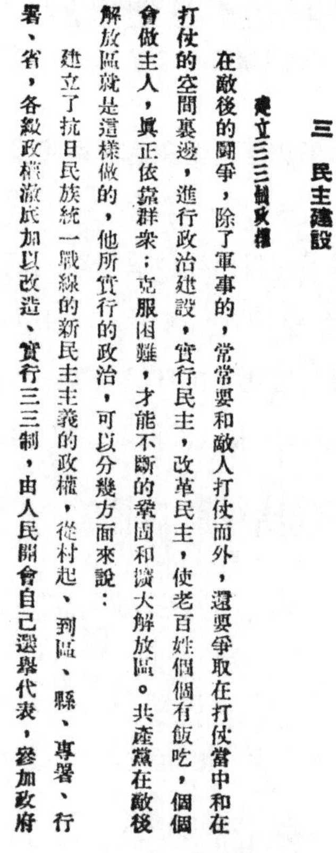

三 民主建設

建立三三制政權

在敵後的鬥爭，除了軍事的，常常要和敵人打仗而外，還要爭取在打仗當中和在打仗的空間裏邊，進行政治建設，實行民主，改革民主，使老百姓個個有飯吃，個個會做主人，真正依靠群衆；克服困難，才能不斷的鞏固和擴大解放區。共產黨在敵後解放區就是這樣做的，他所實行的政治，可以分幾方面來說：

建立了抗日民族統一戰線的新民主主義的政權，從村起、到區、縣、專署、行署、省，各級政權澈底加以改造、實行三三制，由人民開會自己選舉代表，參加政府

— 82 —

图3 朱泽甫著《中国抗战史讲话》第82页(光华书店,1948年),引自抗日战争与近代中日关系文献数据平台

①《战斗中成长的晋绥边区》,载佚名:《敌后抗日根据地介绍》,民众书店翻印,1946年,第38页。

　　此现象可视作民众意识的觉醒,亦可视作抗日民族统一战线中各阶级、阶层的团结统一。而直接影响这一结果的是中共提出的"三三制"政策,通过"人民开会自己选举自己代表",使"(老百姓)个个会做主人",达到"各界各军的联合专政……统一战线的政权"。被选举人除了阶级、阶层具多样性外,其政治立场、党派、民族同样多元。这一政策"充分地发扬民主精神,提高民众抗日热情,发扬民众抗日力量",对抗日战争的促进作用不言而喻。除基层民主建设外,有关行署规定各级政府"在战争中必须领导人民打击敌人,保护人民生命财产,各级政府不得离开所管辖的地区,实行县不离县,区不离区,村不离村的原则"。另外村政权干部不得脱离生产。在此背景下,干部与百姓紧密联系,不少干部在对敌斗争中牺牲,"手头只有前五年(四二年止)的一个材料,据已知的有三千七八百个区以上的干部光荣的牺牲或被捕了,村级干部当要更多些……"①

图4　1941年2月11日《晋察冀日报》,引自抗战文献数据平台

① 本段引用均出自《敌后抗日根据地介绍》,旅顺民众书店翻印,1946年,第39页。

"三三制"极大地团结了晋察冀农村的抗日力量,而在之后的村政权改革中,民主得到进一步的保障与扩大,抗日力量获得进一步激发。1941 年 2 月 11 日的《晋察冀日报》刊发了《关于边区村选及村建设运动的几个问题》,提到"代之(抗战以前村长一手包办的专制制度)以全权的村代表会······代之(封建闾邻族长制)以村代表与代表责任制",还特别提到"(代表会)是立法与行政合一的政治制度,它把一切抗日人民都组织起来,并与一切抗日人民都保持血肉一般的联系······"由此可知,至 1941 年 2 月,封建乡治在晋察冀农村的残余业已扫除。同时中共的乡治创新打破了国民政府模仿西方的"分权"模式,带有民主集中色彩,适应了抗战时期团结一切力量、统筹指挥的需要。

在新建立的代表制民主下,抗日民族统一战线得到极大的巩固和推进。以制度保障为基,一系列直接或间接的抗日活动,如筹粮筹款、参军救国、破坏日军交通线等有序展开,各群众爱国团体如农会、牺盟会等广泛参与其间。如 1938 年 8 月 8 日的《抗敌报》上的一篇通讯中写道:"七月二十七日晚耿镇唱戏······区公所牺盟会认为此场所是推销救国公债之最好机会,于是协同各团体,到坊推卖救国公债······"另一突出例子即为百团大战中民众的支前运动。这些爱国抗日活动鼓舞了军民的信心,为前线作战提供了坚实的后方和支援,极大地促进了胜利的到来。

三、小结

抗日战争时期晋察冀边区的乡治实践是中国共产党领导下全民族抗战的一个缩影,亦是乡村嬗变进程的高光阶段。抗日战争时期,晋察冀乡村各阶级阶层、各党派团体及各民族紧密团结在抗日民族统一战线的旗帜下,前仆后继,共赴国难;同时,中国共产党在晋察冀边区破除旧制度,建立新的新民主主义性质的乡治制度,成为抗日民族统一战线的重要制度保障。也正是通过抗日战争和中共领导,晋察冀乡村推翻了帝国主义的政治、经济乃至战争破坏，在反侵略战争中取得完全胜利，在乡村复兴的道路上迈出重要一步，为中华民族伟大复兴进程添上光辉的一笔。

(福建省永安市第一中学　何明俊　指导教师　邬文娟)

抗战期间沦陷区的奴化教育

1931 年,九一八事变后,日本开始大举侵略中国,为使沦陷区满足日本"以战养战"的战略策划和"大陆政策"的野心,加强对沦陷地区的控制和剥削,更重要的是使沦陷区人民俯首帖耳,一任日本宰割,日本开始在沦陷区推行奴化教育,以图麻痹人民。

推行奴化教育的一个重点在于对青年和儿童这样的新生力量的精神奴化。日本侵略者所做的第一点是对教科书的窜改和替换。根据记载,早在 1932 年,[①]在没有推出统一的教科书之前,日本人已先行将记载有中国国耻、带有三民主义立场、带有民族思想或者党义内容的书籍统统焚毁,意在扫除青年、儿童的反日革命思想,实现思想控制,为日后推行奴化教育奠定基础。除此之外,日本还刻意窜改中国历史教材,"使吾国儿童根本不知中华民族之伟大"[②],在地理教材上擅自更改中国疆域,"使吾国儿童根本不知中国疆域之广阔"[③],接着又印制以奴隶主义为核心的所谓"王道建国精神"[④]教科书,将中国文化中的仁义、道德用于奴化青年、儿童,宣传封建思想,提倡复古倒退,令其服从日本的统治。

第二点是在华设置奴化教育机构,进行舆论宣传和组织反华亲日活动。日本人在沦陷区"改组学校",任用汉奸汤尔和等人作为校长,此外还

---

① 引自《日本帝国主义在中国沦陷区》,延安解放社,1939 年,第 252 页。

②③ 察哈尔蒙旗特派员公署编:《伪蒙政治经济概况》,中国边疆学会,1943 年,第 39 页。

④ 为实现日本对伪满洲国的控制所提出的一种"建国精神"。

通过汪伪傀儡政府推行奴化教育,学校中设置日本人作为校长,具有全权处理学校事务的权力,学校中不允许出现反日思想,教科书中全都是"民族协和""日满亲善""大东亚共荣"此类虚伪的话,并要求学生背诵,并向学生输出日本的皇道文化,要求学生祭拜日本大神。日本对于异质文化的强行渗透,辅以高压,甚至体罚的残忍手段进行文化专制和文化侵略,最终导致"中日亲善""共存共荣"的思想渗透到了孩子们的意识形态中。

在高等教育方面,日本侵略者并不注重专科以上的教育,而更注重于培养技术人才,以此来防止高等知识分子进行民族复兴活动。日本还组织各种亲日活动,例如组织学校学生进行留日活动,归国后大肆宣传日本的风景独好;组建新民青年团、反共少年团,举办"中日满儿童联欢会"……这些活动削弱了青年、儿童的民族认同感,从而使其忘记自己的民族身份,便于日本人更好地实行同化。

第三点是大肆毁坏、兼并学校。在沦陷区,学校数量锐减。据官方统计,以东北沦陷区为例,九一八事变前东北中小学有 21000 所,事变后则锐减至 14000 所,后来更是减至 800 所。[①]

---

① 引自宋斐如:《日本铁蹄下的东北》,北新书局,1938 年,第 44 页。

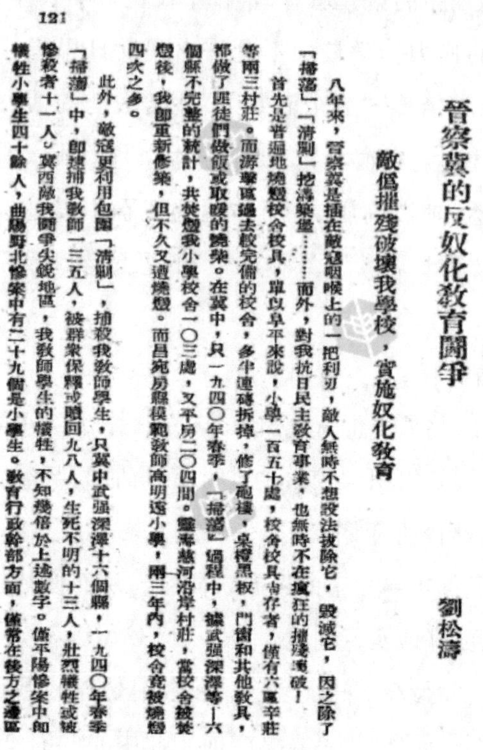

晉察冀的反奴化教育鬭爭

劉松濤

敵僞摧殘破壞我學校，實施奴化教育

八年來，晉察冀是插在敵寇咽喉上的一把利刃，敵人無時不想設法拔除它，毀滅它，因之除了「掃蕩」「清剿」挖溝築堡……而外，對我抗日民主教育事業，也無時不在瘋狂的摧殘毀破！

首先是普遍地燒燬校舍校具，單以阜平來說，小學一百五十七處，校舍校具尚存者，僅有六區辛莊等兩三村莊。而游擊區邊去較完備的校舍，多半連磚拆掉，修了砲樓，桌橙黑板，門窗和其他教具，都做了匪徒們做飯或取暖的燒柴。在冀中，只一九四〇年春季，「掃蕩」過程中，據武强深澤等十六個縣不完整的統計，共焚燬我小學校舍一〇三處，又平房二〇四間。靈壽慈河沿岸村莊，當校舍被焚燬後，我即重新修築，但不久又遭燒燬。而昌宛房縣模範教師高明遠小學，兩三年內，校舍竟被燒燬四次之多。

此外，敵寇更利用包圍「清剿」，捕殺我教師學生，只冀中武强深澤十六個縣，一九四〇年春季「掃蕩」中，即逮捕我教師一三五人，被群衆保釋或贖回九八人，生死不明的十三人，壯烈犧牲或被慘殺者十一人。冀西敵我鬭爭尖銳地區，我教師學生的犧牲，不知幾倍於上述數字。僅平陽慘案中即犧牲小學生四十餘人，曲陽野北慘案中有二十九個是小學生。教育行政幹部方面，僅常在稜方之邊區

121

图 1　新教育学会编《解放区群众教育建设的道路》中对日本在沦陷区对中国学校和教育事业的破坏的介绍，引自抗日战争与近代中日关系文献数据平台

奴化教育不仅涉及青年、儿童，还涉及广大人民，即所谓的奴隶教育社会化。1932 年 11 月 25 日，日本以"民族协和精神"为主题举办了一场"协和会"，协和会是用来麻痹广大群众的最大机关，它一方面推行机关刊物《协和报》，另一方面还通过发放传单、小册子、放映电影、广播等方式替日本宣传，以威逼利诱的方式要求广大群众加入协和会，成为会员。此外日本侵略者统制了不同的宗教团体，包括基督教、佛教、藏传佛教、道教、伊斯兰教，使其合成为所谓的"国体精神"，想通过这种方式使信仰不同宗教的人服从于日本的统治。日本还控制了伪满沦陷区的 13 家报社，将它们改编成"弘报协会"，实行全东北的新闻管制。在文学、艺术等方面日本也做了众多的工作，比如限制带有反满抗日观念电影的传入。

止。傷滿的『文藝運動』，現在差不多全由在東北的日本人
主持，這明顯地表現出中國人的革命的民族文藝家，不能夠
在傷滿文壇上活動，和在東北的中國文藝家，還沒有無恥到
去作『日傷一體』的文藝運動的地步。電影方面，從上海方
面去的影片很受歡迎，民國二十四年還佔全體影片的百分之
二十；但是，被日傷認為有低級猥褻的趣味，或者包含着階
級的觀念和『反滿抗日』的意識，限制輸入，上映時還要受
嚴重的檢查，所以，輸入額日益減少。但是，同時『滿鐵』映
製的『滿洲破邪行』、『越敏江』、『遼西的掃匪』和『秘
密的熱河』等幫助關東軍宣傳的影片，卻在全東北的影戲
院裏普遍放映。此外，演劇、音樂等，日本人也表現了非常
的活躍；這是因為日本在東北的移民和軍隊增加，他們在樣

图2　解放社出版的《日本帝国主义在中国沦陷区》中有关日本侵略者对文
艺活动的严格管制的内容,引自抗日战争与近代中日关系文献数据平台

　　日本侵略者在多个沦陷区都推行过奴化教育。日本侵略者能对国人实
施奴化教育,究其原因,我认为有以下几点:第一点,日本利用了我国的本土
文化,即儒家思想,来实现对国人的初步控制。儒学作为中国两千多年来封
建王朝的正统思想,早已渗透进了国人的意识形态。中国历史上,历朝历代
的外族统治者,无不是利用儒家思想来实现其统治的,比如金人曾认为"以
中国之礼则中国之",加之儒学自身所带有的忠君思想,正是日本实现统治
所需要的思想工具,可以起到削弱国人因异质文化的渗透而产生狂热排外
情绪的作用。第二点,日本侵略者利用我国内部的重重矛盾,在多处沦陷区
实施奴化教育,利用了汉奸,汪伪政权和伪满洲国也与日本侵略者沆瀣一
气,配合其对民众实施奴化教育。第三点,日本侵略者进行文化输出时辅以
强硬手段压制民众,例如有学生发表反日言论,那么他将被处以体罚甚至处
死。这样的高压政策,普通民众自然也不敢予以过多反抗。此外,协和会也是
日本侵略者强硬要求普通民众参加的。第四点,实行全方位、高度的思想管
制,例如日本侵略者在文学、艺术、电影、宗教、媒体等方面实行了全方位的

统制，反日的号召很难公之于众，也很难起到激起普通民众反抗情绪的作用。第五点，日本侵略者所提出的口号具有很强的迷惑性，比如"民族协和""大东亚共荣"，看上去是一团和气，但实际上是为了实现侵略所披上的迷惑性外衣，使得民众难以看到日本侵略者内里的丑陋。

前事不忘，后事之师。历史昭示我们，在新时代，应树立坚定的文化自信，增强民族认同感，加强爱国思想教育，如此才能抵制一切不正当的外来文化的冲击，厚实民族文化发展的根基，心往一处想、劲往一处使，向着社会主义现代化强国稳步迈进。

（山东省青岛市第一中学　秦子禄）

抗战时期社会孤儿院
"养教一体理念"的实践

自古以来，对孤儿这一弱势群体的救助就一直存在。同时随着时代变迁，孤儿救助的内容也会发生变化。抗日战争时期，受战争影响，更多的孤儿院开始出现，并逐渐采用"养教一体理念"对孤儿院进行管理。

一、抗战时期的孤儿情况

孤儿从来都是社会中最弱势的群体之一，由于缺少成人的抚养和庇护，孤儿很容易在成长过程中因为饥饿、疾病等原因而早逝，所以孤儿院的存在是很有必要的。尤其是从 1931 年起，局部抗战正式打响。在这一时期，受战争影响，孤儿人数上升，更多的孤儿院也随之出现。通过探寻与之相关的情况，我们或许能够对战争所造成的影响和全民族抗战的历史有进一步认识。

(一)关于孤儿情况的简述

战争对社会的影响是巨大的，这一点同样体现在了孤儿这一群体上。受战争的影响，死亡人数上升，因战争而流离失所的人数也在上涨，这必然导致大批孤儿的出现。

而根据《私立南京孤儿院第一届报告》中关于孤儿信息的统计，可以看出这些孤儿年龄大多是在 10 岁—13 岁之间，并且不少孤儿在进入孤儿院之前曾接受过教育。这都说明了，这些孤儿大都不是从出生以来就是孤儿，而是在成长过程中家庭遭遇变故，从而成为孤儿。而从另一项关于这些孤儿生父已亡年数的数据统计中可以看出，这些孤儿成为孤儿大都是这三四年间的事情,这也进一步验证了战争的影响。

　　同时还有几组数据也可以反映这一时期孤儿的情况。从《院生入院时身体缺点统计》和《四月来院生诊病人数统计》这两张图来看,许多孤儿在入院前身体上就已经存在缺陷,并且在身体健康方面也堪忧。这很大程度上是受当时的社会环境的影响。①

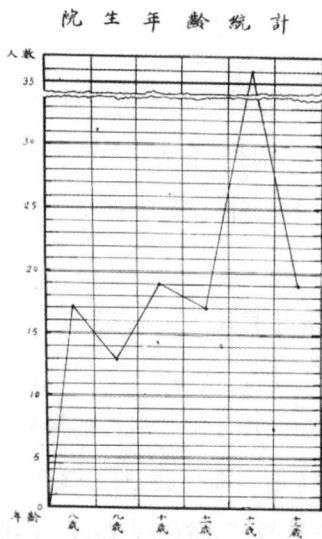

图1　院生年龄统计图　　　图2　四月来院生诊病人数统计图

图3　院生生父已故年数调查统计图②

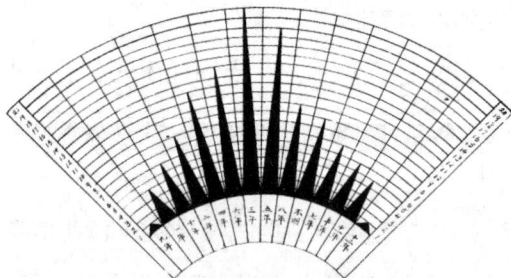

①南京孤儿院编:《私立南京孤儿院第一届报告》,1934年,第162—169页。
②本页插图引自《私立南京孤儿院第一届报告》,第163、166、167页。

(二)关于孤儿院情况的简述

孤儿院,作为对孤儿这一弱势群体进行救助的机构,并非是在抗日战争时期出现的新生事物,远在战争爆发之前,就已经有孤儿院的存在。但由于战争的爆发,孤儿数量上涨,以原先孤儿院所占有的资源来看,是很难应付这一时期数量逐渐增多的孤儿的。因此在这一时期,更多孤儿院的建立也算得上是大势所趋。这些孤儿院大都是一些关心社会、热爱国家,痛心于社会环境的恶化的有识之士建立的,这些人大多经济情况良好,并且热心于公益事业。

这一时期的孤儿院大多是由董事进行管理,而董事是在对孤儿院进行捐赠的人之中选举产生的。这些孤儿院往往都有完善的管理制度和人员安排,将各项工作具体到人,从而实现高效的管理。①

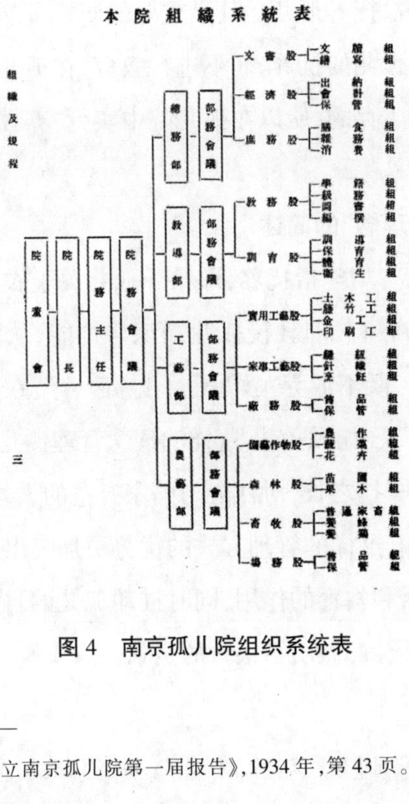

图 4　南京孤儿院组织系统表

---

① 南京孤儿院编:《私立南京孤儿院第一届报告》,1934 年,第 43 页。

而孤儿院的资金来源主要是有两个途径:一是社会各界人士的资助,二是政府的帮扶。在这两种途径之中,第一种途径是孤儿院资金的主要来源,为了获取足够的资金,孤儿院往往要凭借各种方式去争取社会人士的资助。以广州市孤儿院为例,为获取资金,广州市孤儿院采用了创办年刊的方式获取运行资金。这种做法一方面可以获得运行资金,另一方面也可以提高孤儿院的名声,从而使更多人参与到公益活动之中。但同时这种途径并非那么稳定。仍旧以广州市孤儿院为例,在资金较为充足时,成立了特别组,用以收养那些有亲属,但亲属却无力抚养的儿童,而在资金没那么富裕后,就将特别组解散了。①

二、"养教一体理念"的实践

对于孤儿院来说,抚养孤儿是其最重要的职能,但并不是孤儿院的唯一职能,若只是进行对孤儿的抚养,而不进行教育,在孤儿长大,失去孤儿院的庇护后,是难以继续生存的,所以在孤儿院中实行"养教结合理念"是十分重要而有益的。

(一)"养教一体理念"的简述

"养教一体理念","养"指抚养,即给予孤儿关于衣食住行方面的供给,保障其成长;"教"指教育,即教授孤儿知识与技能,从而提升其生存能力;"一体",即二者统一,既不放弃"教",也不抛弃"养",在"教"的过程中"养",在"养"的过程中"教"。也正是依据这样的理念管理孤儿院,才能真正将孤儿培养成身体健康,有一技之长,对社会与国家有益的人才。

在抗日战争时期,这样的管理方式的优势更加突出。"养教一体理念"的实践不仅起到了养活和教育的作用,同时推动孤儿的自救和救国,可以算得上是对整个国家和社会都做出了很大的贡献。

---

① 广州市孤儿院编:《广州市孤儿院二十九年年刊》,1941年,第51—56页。

(二)广州市孤儿院的实践

广州作为当时南方沿海大城市,无论是在政治上还是经济上,都有其十分重要的作用。而广州市孤儿院作为众多孤儿院其中的一所,其在"养教一体理念"上的实践是有代表意义的。在《广州市孤儿院二十九年年刊》的弁言中提到了许多广州市孤儿院的做法,从中可以看出广州市孤儿院在"养教一体理念"上的实践。

首先是"养"。在弁言中提到曾陆续送来男女孤儿 20 人,皆鸠形鹄面、一息奄奄,而院方则先加调理,然后授以衣食,使其渐复健康。这里所体现的便是典型的"养"的举措,由于孤儿往往没有自主生存能力,"养"便成了十分重要的一环,而孤儿院本身的职能也就是"养"。同时在弁言中多次提及关于口粮的问题,"民以食为天",从口粮这一方面也可以体现出孤儿院"养"的这一职能。

再谈到"教"。弁言中提到过对于男性孤儿,让其参与军训体操训练,这实质上就是一种对体能和身体机能的训练,可以说是在"体"这一方面的"教"。同时弁言中还提到过挑选男女一班,男学制扫把,女学制草鞋,这无疑就是一种在劳动技能上的训练,所体现的是在"劳"这一方面的"教"。还有,弁言中提到了对于男性孤儿中的优秀之才,会免费资助其上学,虽然这并非是院方直接的教育,但从中也可以看出院方对于孤儿智力开发的重视程度,所以这也算得上在"智"这一方面的"教"。最后,院方每周会举行精神讲话,使其精诚团结,很明显这便是对孤儿德行的培养,最终体现出的是在"德"这一方面的"教"。[①]

从上述例子中不难看出,广州市孤儿院在"养教一体理念"上的实践是十分完备的,同时也不难看出"养教一体理念"的意义,既推动孤儿的健康成长,也为国家的发展极力培养适用的人才,最终达到救国救民的目的。

---

① 广州市孤儿院编:《广州市孤儿院二十九年年刊》,1941 年,第 51-56 页。

(三)私立南京孤儿院的实践

私立南京孤儿院的做法与广州市孤儿院的做法基本上是相似的，所以关于私立南京孤儿院在"养教一体理念"方面的实践,主要从私立南京孤儿院的各个功能区展开。

图5　私立南京孤儿院功能区①

在《私立南京孤儿院第一届报告》中有许多关于孤儿院中的建筑和设施的照片。根据"养"和"教"可以大致分为两组。首先是"养",在私立南京孤儿院中,各项设施都是很完善的,从照片中可以看到孤儿院中具备宿舍、饭堂、诊疗室、盥洗室、厕所等生活设施,从中可以清楚地看到孤儿院"养"的职能,也可以看得出孤儿院在这一方面的努力。虽然孤儿院大多为集体生活,不可能十分豪华,但整体的居住环境绝对算得上是不错的,在抗战时期也算得上是一个小的安乐窝。与此同时,孤儿院在"教"方面也没有落下,作业室、体育场、图书馆、娱乐室、花房、藕塘、蔬菜园、柴山、苗圃都可以体现出院方在"教"上下的功夫,这些场所一部分可以提升孤儿的学识,一部分可以锻炼孤儿的身体,同时还有一部分可以训练孤儿的劳动技能。可以说私立南京孤儿院在这方面做得很完善了。②

①南京孤儿院编:《私立南京孤儿院第一届报告》,1934年,第27、28、37页。
②同上书,第25—37页。

从上述例子不难看出，在抗战时期，孤儿院虽然不能直接影响战局，却依旧在努力做出贡献。

三、"养教一体理念"实践中各界人士发挥的作用

在抗日战争时期，绝大部分人都抱有一颗爱国心，但并非每个人都会上战场去战斗，很多人只是做着自己所能做的事情默默地支持，从孤儿院这方面就可以看到许多人在为之努力，尽己所能做出贡献。

而"养教一体理念"的成功实践也自然是离不开各界人士的不懈努力，每个人都在其中发挥了自己的作用。

(一)社会力量在实践中的作用

在很多的孤儿院之中，最高领导者是董事长。在这些孤儿院之中，董事长通常是在捐赠人之中选举出来的，其他董事也基本上都是捐赠者。这些人往往是属于社会贤达，有一定经济实力，并且热衷于公益事业。同时作为决策者，董事长及其他董事对于"养教一体理念"的实践发挥的作用是极其大的。[1]

这些社会贤达往往是决定孤儿院发展方式的人，如果没有他们对"养教一体理念"实践的支持，"养教一体理念"就难以被真正应用。同时在"养教一体理念"的具体实践中，董事长及其他董事也发挥了极大的作用，这些人往往都是社会中上层人士，他们对于孤儿院的管理必定是抱有一颗热诚之心，凭借自己更为开阔的眼界，去完善和发展"养教一体理念"，从而真正给予孤儿一个更好的发展机会，从而真正做到对国家、社会有益，在战时发挥出自己的作用。

在孤儿院中，除了孤儿，人数最多的就是各类职员，他们往往是来自普通民众，负责更加细致的工作，可以说他们是"养教一体理念"真正的实践者，若没有他们任劳任怨的工作，再好的理念也只是一纸空谈。

---

[1] 南京孤儿院编:《私立南京孤儿院第一届报告》,1934年,第44页。

在这些人中,有管理财务的,有管理膳食的,有处理文件的,有负责看病的,有负责各种用具的,有负责园林的,有教授知识的,有帮助孤儿进行体育锻炼的,这些人各司其职、敬职敬业,为"养教一体理念"的实践提供了保障。他们在自己平凡的一生之中,贡献着自己的力量。①

(二)女性在实践中的作用

在抗战期间,全国大部分地区都遭受了日军侵袭。要想能够在战时坚持经营好一家孤儿院,绝非易事。而在这一过程中,女性所作出的贡献是不容忽视的。女性作为孤儿救助的重要承担者,能够捐赠资金,并且制度化地运转孤儿院的工作,是十分不容易的。而此时,日军掠夺了大量劳动力,社会中可做出贡献的男性减少,女性在这时挺身而出,也恰恰印证了全民族抗战的历史。

以广州市孤儿院为例,从创办管理上看,广州市孤儿院的董事会全体成员皆为女性,由此可以看出在抗战时期,许多女性投身公益事业,进行孤儿救助工作。同时在院内,院长及大部分管理人员也为女性,不难看出女性在管理方面及日常治理之中也发挥着极大的作用。董事和管理人员作为孤儿院的重要组成部分,在很大程度上决定了孤儿院的管理模式,因此女性在"养教一体理念"的实践中起到极大推动作用。②

而从资金捐赠上看,董事会的女性成员每月固定为孤儿院捐赠一定资金,成了资金的重要和固定来源。这些资金保证了孤儿院持续稳定的运转,由孤儿院每月的财政收支表可以看出,这些资金不仅保证了孤儿们的基本生活,还为他们提供了教育、医疗等服务,使抗战孤儿得到较为稳定的生活环境和良好的生活水平,同时充足的资金也为"养教一体理念"的实践提供了强力保障。③

---

① 南京孤儿院编:《私立南京孤儿院第一届报告》,1934年,第48—67页。
② 广州孤儿院编:《广州市孤儿院二十九年年刊》,第60—64页。
③ 同上书,第219—237页。

从这两个方面可以很清楚地看出,女性在"养教一体理念"的实践中起到了莫大的作用。

四、总结

从这一段关于孤儿院的历史,我们可以发现,在抗日战争时期,虽然很多人没有在战场上浴血奋战,但依旧坚持在各个方面为着自己的祖国奉献着,或许正是这样的精神促使中国取得了抗日战争的胜利。我们应该以这些人为榜样,学习这些人身上的优良品质,为祖国的繁荣富强而努力。同时这种"养教一体"的模式也是值得现在的许多孤儿院借鉴的,孤儿院所承担的责任不仅仅是将孤儿抚养长大,更重要的是要教授其知识技能,使其成长为自力更生、对国家和社会有益的人。

(唐雨婷、吴嘉茵、吴威豪　指导教师　李小萍)

战时重庆社会治安问题的防治
——以盗窃为例(1937—1945)

1937 年 7 月 7 日,中国抗日战争全面爆发。1937 年 11 月,国民政府移
驻重庆,重庆瞬间进入全民视野,成为全中国、全世界的焦点。此时的重庆
作为战时政治中心,得到了飞速发展,但是随着南京、上海等大面积国土的
彻底沦陷,大批游民、难民迁徙到重庆,重庆受到人口大迁移等因素的影响,
一时间社会秩序混乱,社会治安问题频发,其中以盗窃问题最为普遍,重庆
被时人讥讽为"春眠不觉白,处处闻捉贼"[①]的地方。

一、防缉窃盗措施

抗战时期,中国人民本应团结一致、众志成城,作为战时陪都的重庆却
窃盗之风盛行。针对这种情况,国民政府为了维护社会秩序、宣扬正义、树立
国际形象,为抗战打造一个良好的陪都环境,从而决心大力整治。

(一)清查户口,严密管理

"自古国家庶政之设施,莫不以人口为中心。"[②]对户口的有效管理相当
重要。抗战以来,重庆作为陪都,人口急剧增加,其中良莠不齐,很容易滋生
治安问题。并且前方逃难的同胞还在大批地迁至,水陆交通日增复杂,户口

[①] 王志昆、张正霞、万华英编著:《重庆旧闻录(1937—1945):市井百闻》,重庆出版社,2006 年,第 8 页。

[②] 李士珍:《警察行政之理论与实际》,南京:中华警察学术研究社,1948 年,第 126 页。

急剧变动,这就难免有违法犯罪分子趁机活动。为了肃清奸宄,加强地方治安,重庆市政府在 1939 年正式出台《重庆市非常时期联合清查户口实施细则》,要求"全市得依照各警察分局之辖区,组织十二个户口清查队"①,对户口进行定期和不定期清查,主要清查户口变动,有无居住证、通行证,证件和信息是否真实等。通过清查户口这种大规模的监督、排查,可以使警政人员知道谁是良善,谁是奸宄,什么地方盗窃多,什么地方事端多,平时了如指掌,遇到盗窃等问题可以迅速抓捕盗贼,并且这对于抓捕所有违法犯罪者都发挥作用。另外在战时社会,清查户口还可以防范日伪奸细,维护国家利益、民族利益。

(二)巡逻监察

在人口众多、交通复杂地段加派干练警员防范。空袭结束后,侦缉队员注意盘查有嫌疑的人。日机轰炸来临时,众多市民慌忙逃生,一些胆大的小偷就趁乱盗窃。为了防止这种行为和抓捕此类盗贼,1941 年,重庆市警察局规定:"空袭警报解除后,交通警察应立即到岗,侦缉队应立派干员赴僻静隘路,均各注意盘查携箱负物行人,查看居住证,随时记入年记本,事后呈报总局备查。倘查获窃盗或窃盗嫌疑,应拘送该管局所处理。"②在重要地方加派巡逻监察是最为及时和有效的措施,既能起到防盗的作用,在第一现场直接防止了盗窃行为的发生,震慑盗贼,为市民财产保驾护航,又能起到缉盗的作用,一定程度上挽回财产损失。这是一项防盗与缉盗相结合的措施。

(三)防止销赃

严格限制或取缔旧货、旧衣、拍卖行、典当业的营业。盗贼在盗取财物后必定会进行销售以换取金钱,而旧货、旧衣、拍卖行、典当业最容易收受盗窃物,要么是直接卖给旧货行、典当行,要么就是寄售在拍卖行。为了防止赃物的层层流转,重庆市警察局一方面严格规范旧货等营业店铺,要求审核办理

---

① 重庆市政府:《重庆市非常时期联合清查户口实施细则》,《重庆市政府公报》1939 年(2-3),第 55—56 页。

② 重庆市档案馆、重庆师范大学合编:《中华民国战时首都档案文献:战时社会》,重庆出版社,2008 年。

营业牌照;另一方面,规定以上店铺必须让卖主或物主提供担保人来证明物品"确系本人所有,方准收受"。对于担保人,如果"为虚伪证明者,以伙窃论罪"。① 对旧货行业严格审核、办理营业牌照可以打击黑市气焰,防止盗贼通过黑市买卖赃物,也起到了规范社会市场的作用。要求卖主或物主提供担保人,是为了确保物品来源合法。这些措施都起到了很好的防盗作用。

(四)警民合作,利用民间力量

重庆市区辽阔,人口众多,成分复杂,盗窃等治安问题繁多,这都需要警察的介入。但是当时警察的力量十分不足,于是重庆市警察局决定发动热心群众,主要发动以群众组成的各区镇防护团员、义勇警察或地方武力,维持社会秩序。如 1945 年 5 月,重庆市警察局颁布《重庆市警察局义勇警察组训办法》,组训制服义勇警察和便衣义勇警察协助警察局办案,义勇警察在遇到盗窃等事项时,应立即报告该管区警察分局,并协助侦查。另外还有地方自卫队,主要任务之一也是维持地方治安,"凡年在十六岁以上、五十岁以下之人民,没有疾病者,不分男女,均得参加自卫队为队员"②。警民合作做到了警察为主、民众为辅,达成"民众警察化,警察民众化之目的"③,在政府的正确引导下,警民携手防盗缉盗,开创良好社会环境,守护战时陪都这一方净土。

(五)厉行赏罚

对于盗窃事件,为了鼓励和督促相关人员尽快破案,提高办案效率,重庆市政府决定采取赏罚分明的制度。1941 年 2 月 7 日,重庆市政府颁布《重庆市保甲人员协助防缉窃盗奖惩规则》,严明赏罚。1941 年 3 月,重庆市警察局又颁布《修正重庆市警察局职员奖惩规则》,规定重庆市警察职员"查获死罪逃犯或当场拿获杀人正犯,破获盗匪案正犯者"、在一年以内管辖区域

---

① 重庆市警察局:《重庆市警察局管理买卖及代卖旧货业规则》,《重庆市政府公报》1941 年(16–17),第 56 页。

② 李公朴:《民众动员论》,上海生活书店,1938 年,第 142–143 页。

③ 重庆市政府:《重庆市政法规》,重庆市政府,1947 年,第 106 页。

无盗匪案件发生的,给予加薪奖励;能在限期内破获命案和盗窃案的,给予记功或记大功;相反在惩戒方面,"辖区内一月连出盗案或劫杀案三次以上而不能依限破获者"①应予免职,在管辖区域内发生事端、盗案、命案隐匿不报的,应予降级或减俸。

(六)授艺游乞

战时重庆盗窃多的重要原因之一是无业游民太多、难民乞丐太多,他们在食不果腹、走投无路的情况下,被迫进行偷盗。为了防止他们走上盗窃之路,1939 年,社会局正式成立乞丐临时收容所,收容乞丐,经过发展演变,到1943 年更名为游民教养院,主要办理"贫苦游民之教养及习艺生产"②。游民教养院向游民、乞丐教授谋生技能,施以感化教育,让他们都能有一技之长,足够基本生活,不至于沦为盗贼。授艺游乞是一种教化性措施,是一种从根本上解决问题的措施,只有人民能够做到生活有保障,才可以减少盗窃等行为。游民教养院的设置做到了"授人以鱼"和"授人以渔"相结合,治标与治本兼顾。

二、防盗效果

抗战时期的防缉窃盗取得了十分显著的成效,从下表可以看出破获案件数量大大增加。

表 1 重庆市盗窃案件年度统计

名称 年代	自诉案件	一审案件	侦查案件
1941 年	214	220	322
1943 年	202	224	278
1945 年	763	1076	1917

---

① 重庆市警察局:《修正重庆市警察局职员奖惩规则》,《重庆市政府公报》1941 年（18-19）,第42、43 页。

② 重庆市档案馆藏《重庆市游民教养院办理内务暂行规则》,档案号:0098-1-93。

抛开单方面的数据,站在更高的角度分析。从物质层面看,一方面,它可以比较有效地防止盗窃的发生,将盗窃行为扼杀在摇篮里,从而减少盗窃行为;另一方面,它又可以破获已发生的盗窃案件,帮助人民群众挽回财产损失,最终保护了人民的财产。从精神层面看,一方面,对于有可能沦为盗贼的人和已经捕获的盗贼,进行感化教育,使其思想得到改造并获得一技之长,可以让他们重新进入社会,成为对社会有用之人,"变废为宝";另一方面,在那个战火纷飞的乱世,政府仍然没有忘记普通百姓的利益,采取各项措施对其保护,也让人民感受到来自政府的关怀,无论是否是失窃者,在耳濡目染之下,都能得到一种心灵的慰藉,从而不放弃生活下去的信念;再者,国民政府的系列防缉窃盗措施在一定程度上保证了人民能够有序地生产生活,人民对其更加信任,在政府的号召下,抗战士气高涨,抗战精神不灭。

三、结语

抗战时期重庆的防盗与缉盗,是在抗战这个特定环境下进行的,它不仅仅关乎大众民生,关乎社会治安,更重要的是,重庆作为战时陪都,是当时全国的政治中心,它作为反侵略的东方司令部,也是国际关注的焦点,陪都的一举一动都代表了中国形象。防缉窃盗为重庆营造了一个相对和谐有序的社会环境,战时陪都的情况代表了全国,被英法美等同盟国看在眼里,它有利于中国国际形象的提升,有利于中国战区获得国际认可,有利于中国获得国际同情与援助,赢得抗战胜利。总的来说,抗战时期重庆的防缉窃盗让中国和世界明白:乱世之中,正义犹存,国家尚在,抗战不息!

(重庆市求精中学 王海峰 指导教师 刘洋)

冀中平原敌后抗日根据地探析

我的家乡冀中平原是当年著名的敌后抗日根据地。作为中国共产党领导的华北对敌斗争的最前沿,以其独特的自然资源、人文资源、地理和战略位置,成为敌我双方争夺的焦点。在8年艰苦卓绝的抗战中,党领导冀中军民发扬不屈不挠、誓死奋斗的精神,创造出灵活机动、丰富多样的游击战术和斗争方法,为抗战的胜利做出了巨大牺牲和贡献,留下了浓墨重彩的光辉篇章。本文旨在学习《冀中人民抗日斗争文集》[①]相关文献的基础上,结合家乡和祖辈的抗战经历,追寻先烈的光辉足迹,探析冀中平原敌后抗日根据地的建立、发展及其历史作用和现实意义。

一、冀中平原敌后抗日根据地建立的背景浅析

(一)独特的战略地位和人文基础具备了建立敌后抗日根据地的条件

冀中平原位于河北省中部,地处津浦、平汉、北宁铁路之间,是京津保的门户和依托,历史悠久,村庄众多,人口稠密,盛产棉花、粮食、皮革、布匹,还拥有被誉为"华北明珠"的白洋淀,地势平坦,物产丰富,工商业比较发达,交通十分便利,人民受教育程度较高,自古就是战略要地。同时冀中平原有很强的革命基础,早在建党之初李大钊在这里发展建立了农村党支部,并在十几个县建立了党的县、区、村组织,在第二次国内革命战争时期党领导了高

---

① 2015年为纪念中国人民抗日战争暨世界反法西斯战争胜利70周年,冀中人民抗日斗争史资料研究会编定了这部《冀中人民抗日斗争文集》(航空工业出版社,共10卷),是反映冀中抗战的宝贵的历史资料。

蠡暴动、保定二师学潮斗争,虽然受到国民党反动军队的镇压和破坏,但革命思想已深入人心。正是独特的战略区位和人文基础,为冀中抗日根据地的建立提供了得天独厚的条件。

(二)日本帝国主义的侵略和暴行是促使建立冀中平原敌后抗日根据地的直接原因

1937 年 7 月底,日军攻占平津后,调集重兵沿平津、津浦铁路向冀中大举进攻,妄图全面控制冀中,掠夺占有资源,使其成为"以战养战"的后方基地和"强化治安"的典范区域。有着光荣革命传统的冀中人民不甘被侵略和奴役,在中国共产党的领导下,奋起开展敌后抗战。为扑灭冀中抗日烈火,日军实行了极其野蛮的"三光政策",在冀中制造了无数令人发指的惨案。其中"端村惨案"①就发生在我的家乡,我的祖辈经历了惨案并由此毅然决然地走上抗战的道路。抗战期间,这样的惨案在冀中比比皆是,正是日军的侵略本质和凶残本性,激励冀中广大人民义无反顾地投身抗战,坚定地追随中国共产党积极建立敌后抗日根据地。

(三)党的敌后抗日根据地方针策略是建立冀中平原敌后抗日根据地的决定因素

(1)洛川会议为开辟冀中平原敌后抗日根据地指明了方向。②洛川会议是一次划时代的会议,在全面深入分析战争形势与敌我力量对比的基础上,

---

① 端村惨案:白洋淀边的河北省安新县端村镇是我的老家,在抗日战争时期中国共产党领导的著名的"雁翎队"就在这个地区。1939 年 2 月,侵华日军北支桑木师团柳川联队攻占安新县城。农历二月初五,500 名日伪军突袭端村,烧杀抢掠奸淫,无恶不作。在家留守的我高祖姥爷马福瑞身怀武功,与进来抢掠的几个日军展开搏斗,打伤日军后纵身跃上墙头攀上房顶,被日军开枪击落并用刺刀残忍杀害。随后日伪军将未及撤出的群众赶到庙里,软硬兼施逼道提供雁翎队和县委的消息,乡亲们宁死不屈,敌人疯狂残害 80 余人,烧毁房屋 5000 余间。和避难的家人返回家的曾祖姥爷马白子,看到镇里的惨状和倒在血泊中的父亲,国仇家恨,义愤填膺,早就接触革命思想的他和镇上一批青年毅然决然地参加了八路军。在抗日烽火的淬炼中,他成长为一名智勇双全的八路军领导干部,化名于哲,带领队伍与日伪展开殊死斗争,我家也成为八路军的秘密交通点和堡垒户。抗战胜利后,曾祖姥爷曾担任中共固安县三区区委书记,1948 年因叛徒告密,在掩护机关和大队突围时受伤被俘,受尽酷刑坚贞不屈,被国民党反动派杀害于固安县城。

② 根据《冀中人民抗日斗争文集》卷 1 第 35—40 页相关内容归纳。

毛泽东和党中央做出抗日战争将是艰苦持久战的科学论断，确定了抗战时期党的政治路线、军事路线和群众路线，做出了在敌后放手发动群众开展独立自主的游击战争、建立敌后抗日根据地的重大决策，提出创建根据地、钳制和相机消灭敌人、配合友军作战、保存与扩大红军、争取民族革命战争领导权等5项基本任务，明确提出开展山地游击战和平原游击战的原则和步骤。同时在政治组织战略上强调党的工作重心是战区和敌后，提出将减租减息政策作为抗战时期解决农民问题的基本政策，在国统区放手发动抗日群众运动，争取人民应有的政治、经济权利等具体措施方法，为党领导建立敌后抗日根据地并使其成为抗战的中流砥柱提供了策略和组织保障。

（2）河北游击军和人民自卫军的成立为开展冀中平原敌后抗日游击战奠定了重要基础。七七事变后，党中央审时度势，组织一批在延安抗大学习的红军干部，提前进入即将沦陷的河北、山西等地开辟敌后抗日根据地，开展游击战。河北籍红军团长孟庆山被派往河北，在白洋淀地区，他与当地党组织迅速发动群众，在党的基础较好的安新、高阳、蠡县等地区开办党员游击训练班，培养游击战的党员骨干，1937年底建立起统辖3个独立师、5个独立团的河北游击军。1937年10月，已是中共秘密党员的东北军第53军691团团长吕正操拒绝南撤命令，率部起义，改称"冀中人民自卫军"，在冀中抗击日军，后被任命为八路军冀中军区司令员。河北游击军和人民自卫军的成立为根据地的建立筑牢了基础。

二、冀中平原抗日根据地的巩固与发展

（一）因地制宜开展游击战是冀中平原敌后抗日根据地得以巩固的有效手段

在党的领导下，冀中八路军和地方部队，积极发动群众、依靠群众，结合平原地域特点，在初期首先进行了一次全面的地形改造，拆除各县县城城墙、挖交通沟、改造村落建筑等，给敌人的进攻和"扫荡"造成极大障碍。随着

战争的推进,冀中军民按照毛泽东《论持久战》的指引,在战争中学习战争,积极发挥主观能动性,变不利因素为有利因素,创造了地道战、地雷战、破袭战和雁翎队水上作战等一系列著名的新型作战方法,灵活机动地打击日军,把敌人的后方变成前线;同时根据形势变化,党中央派遣八路军主力120师开赴冀中,与地方部队和民兵协同作战,全面打击日伪军,使冈村宁次的"铁壁合围"破产。实践证明,这些方法成为坚持平原游击战、巩固根据地的强有力手段。

(二)中国共产党动员一切力量参加抗战的战略是冀中平原敌后抗日根据地发展壮大的根本保障

党中央在加强敌后抗日根据地军事部署的同时,一刻没有放松冀中抗日根据地党、政、群和统一战线的建设工作,建立完善了各级党组织和工、农、青、妇等抗日先锋组织和团体。据《冀中人民抗日斗争大事记》"党政群部分"1940年相关数据记载:共建立了223个区级抗日政府、5264个村抗日政权,党员数量达到七八万,建立中心村850个、模范村1700余个。连少年儿童都组织起来,冀中儿童团员发展到10万多人。①党还深入推进"民主选举制度""减租减息""识字运动"等系列政策措施,大力发展根据地团体组织、经济金融和文化教育,得到冀中人民的热烈拥护与支持。另外高度重视抗日民族统一战线建设,动员一切进步力量,运用多种方式教育、转化伪军,瓦解打击华北汉奸政府。全面系统的敌后抗战方针和策略,让根据地不断巩固发展,成为模范抗日根据地、统一战线模范区和全国持久抗战的"坚强堡垒"。

三、冀中平原敌后抗日根据地的意义和启示

意义之一:冀中抗日根据地是中国共产党敌后抗战正确方略的生动实践。作为中国共产党建立的第一个平原抗日根据地,其实施的广泛动员组织

---

① 引自冀中人民抗日斗争史资料研究会编:《冀中人民抗日斗争文集》第10卷,航空工业出版社,2015年,第282页。

人民群众、建立抗日民族统一战线、构建各级抗日民主政权、因地制宜开展敌后游击战等政治、经济、军事方面的方针政策,创造性地解决了在平原地区开展抗日游击战的困难和问题,其成功经验、做法为其他敌后抗日根据地提供了极其有益的借鉴和重要的指导。

意义之二:冀中抗日根据地为敌后抗战和全国抗战胜利做出了巨大贡献。一是在军事上,冀中抗日游击战极大地钳制了华北日军并打乱了其部署,将其后方变成了前线,使之陷入人民战争的汪洋大海,有效地消耗了敌人的兵力物资,造成其政治和军事的极大被动与削弱;二是在开展游击战打击日伪军的基础上,不断加强根据地的建设、巩固和发展,积极组织人民群众开展生产,为山区抗日根据地提供了大量的粮食等急需物资,同时为八路军正规部队输送了大批战士,为抗战的最终胜利作出了巨大牺牲和卓越贡献。

两点启示:一是冀中抗日根据地军民不畏强暴、勇于抗争、敢于牺牲的精神是伟大抗战精神的重要组成部分,更是民族自尊、民族团结、民族自强、民族创造、民族奉献精神的具体体现,历史发展的脉络清晰表明,这种精神对于中国和中国人民永远不会过时;二是作为当代青少年,要想成为未来国家的建设者和保卫者,必须要学历史、懂历史、敬畏历史、牢记历史,从历史中汲取精神营养丰富自己,这样才能树立正确的世界观、价值观、人生观。冀中敌后抗日根据地的斗争历史和抗战精神正是给予了我们这样的启示。

(陕西省西安市高新第一中学　王梓旭)

民族团结保后方，甘愿奉献迎胜利

中国人民抗日战争，是近代中国反对外敌入侵第一次取得完全胜利的民族解放战争，也是各族人民紧密团结、中华民族凝聚力空前强大的伟大事件。

新疆处于抗战大后方，各族人民团结一心，始终与祖国同呼吸、共命运，与中华民族共存亡，以满腔的爱国热情积极投身抗日活动，保卫后方，共同奋斗，最终赢得伟大胜利，体现出新疆各族人民的家国情怀。铭记历史，感悟历史，借鉴历史，现如今，各族人民同样需要精诚团结，新时代的民族团结将焕发出巨大的凝聚力、生命力，为了中华民族伟大复兴的共同目标携手发展，唯有祖国强盛才有幸福生活。

一、抗战中新疆的战略地位

新疆，处于祖国西北边陲，地处中西方交通要道的"丝绸之路"。抗战期间，新疆更是中国抗战大后方和同盟国援华的国际通道。《盛世才与新新疆》中讲到新疆在国防上的重要战略地位："他们知道中国抗战的成功建立在中苏的联合，中苏想要联合必须保卫住新疆，倘新疆一经糜烂，则中苏的关系割断了，中国的抗战便要受到很大的影响。"[1]新疆的大后方作用，保障了这条国际交通要道，成为苏联援华物资的通道、中苏两国人员往来联系的通道、新疆支援抗日前线的物资通道，具有重要的战略意义。

---

① 杜重远：《盛世才与新新疆》，生活书店，1938年，第61—62页。

二、民族团结的历史作用

新疆作为抗战大后方,维吾尔族、哈萨克族、汉族、回族、蒙古族等各族人民广泛团结地开展了抗日救亡运动。当时的百姓生活并不是很富裕,有钱出钱,有力出力,以实际行动支援抗战。各族人民的抗战热情汇成抗日的巨浪,形成强大的抗日力量,这力量无坚不摧。

在全疆第三次代表大会中,于阗代表谈抗日。记者问他:"人民对中日战争知道吗?"他说:"以先是不知道的,今年二月间,喀什的报纸才陆续寄到,大家才知道中国正和日本打仗呢。"问:"看见过日本人吗?"他答:"没有,最近在书报上才看见是这么一副凶相!"问:"你们那地方是世外桃源,日本是不会打到的呀。"记者在试探他。他说:"不,于阗是中国的地方,我们是中国人,不能因为地方远,就不负起救国的责任哪!我们回去要宣传,要募款捐助政府,救了国家才能永远过太平日子啊!"①这是大戈壁上的民众代表的宣誓,质朴的语言,坚定的信仰。

哈萨克族代表托合塔日夫谈到,在这次大会上,他们听了关于全国抗战的消息以后,很兴奋地向大会提议,愿将全阿山区人民私有的枪支捐出来,送交新省府转送前方。②在抗战期间,新疆各民族都为救祖国贡献力量了,再一次展现了无私的爱国情怀。

捐资筑路的维吾尔族青年塔里阿特:今年捐省票 3000 万两给抗日后援会,捐 1.5 亿两修筑伊犁马路,为全疆唯一的一条柏油马路,路的两旁遍植树木,游过伊宁的人都赞不绝口。他表示,那是应该尽的责任,他预测回去后再向后援会捐款。"我想日本强盗一定会被我们驱逐出境的!"③他这样坚决

---

① 陈纪滢:《新疆鸟瞰》,商务印书馆,1941 年,第 104—105 页。

② 同上书,第 27—29 页。

③ 同上书,第 128—129 页。

地信仰着。

回族代表大阿訇马良骏:"我们只有一个敌人——日本,我们要一致抗战,我虽然是一个将近 70 岁的老朽,我愿意率领全疆的回族同胞为救祖国而战!"记者问他:"在抗战期间宗教的宣传方法是否应该与抗战配合起来?"他说:"那是当然。现在我所讲的经典都可引申到抗战上面去,譬如抗战后,内地回教同胞组织服务团和各种为国家服务的事迹,我常常给此地(迪化)人们讲,鼓励他们。原先日本不是有过阴谋吗?他会怂恿新疆回教国,脱离中国版图,结果被省方发觉给削平了。日本假惺惺地同情回教,其实葫芦里卖的什么药,我们早已知道。告诉日本鬼子听吧! 在新疆别想再弄阴谋,中华民族合起来是整个的,谁也不能分! 中央政府只有一个,有第二个就是傀儡!"①这种老当益壮、明辨是非、爱国赤诚,让人感动。

昌吉汉族呼而加(农民)代表张鸿荃。记者问他:"在中日战争时期,新疆的呼而加将怎样帮助中央抗日呢?"他答的简单扼要:"我们的粮食也可充军粮啊! 我们把荒地多开垦出来,将来可以容纳内地的难民啊!"②这是一颗诚朴善良农民的爱国心,以实际行动支援抗战。

昭苏设治局局长蒙古族那逊。记者问他:"知不知道现在中日战争的情形?"他说原先不清楚,这次从大会上才知道的多了,他预备回去将详细情形报告给民众,蒙古人也要爱国啊! ③

全疆代表大会晚上举行的提灯游行。商店、住家的门口,挂着"抗战到底""打倒日本强盗"的彩灯,随着晚风摇曳。乌兹(孜)别克,塔塔尔,维吾尔,蒙古,归化族(俄罗斯族)的男人、女人、小孩子们站立在两边,眼巴巴瞅着那伟大的行列的激动。"把抗战的旗帜,高高举起,举起,举起……把奴隶的枷锁快快打碎,打碎,打碎……最后的胜利是我们的,

---

① 陈纪滢:《新疆鸟瞰》,商务印书馆,1941 年,第 124–126 页。
② 同上书,第 141–142 页。
③ 同上书,第 26–27 页。

最后的胜利是我们的……打倒日本帝国主义！"激越的歌声、口号，在一个人们几乎不相信对抗战关切的边疆，嘹亮地呼啸着，像暴风，像疾雨，像海浪，像斯巴达人的誓语，使你听了感泣，奋起。伟大的中华民族啊，谁能灭亡我们呢?!蜿蜒两三里的行列，足有3万人。包括工人，农人，商人，各级学校学生，公务员，军官学校学生，铁甲车队，航空队，兵工厂，十四个族的文化会，民聊会，反帝会，汉族，满族，维吾尔族，蒙古族，回族，归化族(俄罗斯族)……从这灯笼的形式上，可以知道边疆是怎样笼罩在抗战的气氛下。他们在祖国的大地上怎样战争着。①

尽管新疆是抗战后方，但各族人民依然饱含抗战热情，各民族、各阶层，不论男女、不分老少都勇于担当，将救国责任扛肩头，捐款捐物，同仇敌忾，共同奋战，表现出巨大的民族觉醒及空前的民族团结，以及不屈不挠、英勇顽强的战斗精神，最终赢得了伟大的胜利。

三、民族团结的现实意义

历史不容篡改，事实不容否定。抗日战争胜利已经74年了，成为中华民族从深重危机走向伟大复兴的历史转折点，充分显示了中华民族有同侵略者血战到底的气概，有自立于世界民族之林的能力。

历史的意义不仅仅在于铭记，它包含有先辈们对家国的爱，更有对现实的借鉴意义。在漫长的历史发展过程中，新疆的命运始终与伟大祖国和中华民族的命运紧密相连。抗战期间，作为一个多民族聚居的地区，新疆各族人民为抗战胜利做出了重大贡献。各族人民团结一心、众志成城的精神仍值得我们今天学习。

当前新疆处于历史上最好的发展期，经济持续发展，社会和谐稳定，民

---

① 陈纪滢：《新疆鸟瞰》，商务印书馆，1941年，第199-200页。

生不断改善,各族人民像石榴籽一样紧紧团结在一起建设新疆。然而有些境外敌对势力,为了达到分裂中国的目的,蓄意歪曲历史,企图把新疆各民族和多元一体的中华民族割裂开。

作为新时代的青少年,一定要保持清醒头脑,学习历史,读懂历史,将历史与现实相结合。我们要用敏锐的眼光看问题,透过现象看本质,不被敌对势力各种形式所蒙蔽。历史证明,是历史和人民选择了中国共产党,选择了中国特色社会主义道路。我们要学好并讲好中国故事,宣扬社会主义核心价值观,弘扬中华文化。比起先辈们在极其恶劣的环境下依然能团结一心、无私奉献守护新疆,我们现在享受着国家内初班政策,拥有良好的学习、生活环境,更应该努力学习知识,用奋斗书写青春,勇于担当,以实际行动成为新时代新疆的守护者、建设者,为中华民族伟大复兴做出自己的贡献!

(图妮莎古丽·瓦日斯　指导教师　丁维)

抗日战争初期中共领导的民众工作探究

抗日战争从开始到结束经历了十四个春秋，胜利的原因是中国千千万万民众的奋起支持与不懈斗争。因此，民众工作在抗日战争中就显得重要，而晋察冀边区是抗日战争时期中国共产党领导边区人民建立的第一块敌后抗日根据地，是坚持全国持久抗战的坚强堡垒和抗日民族统一战线的模范区，而根据地和抗日民族统一战线的建立、巩固、发展等，都离不开人民群众的广泛支持和中国共产党的领导。因此中共领导的民众工作尤为重要。本文也将以晋察冀边区为例进行探究。

民众工作包括妇女工作、民间抗日组织的建设、学生、知识分子工作等，本文主要是研究抗战初期中国共产党领导组织的妇女工作、农村青壮年工作、学生、知识分子工作等等。

一、抗战初期妇女工作的开展

由于国共内战等历史原因，在抗日战争初期中国共产党处于敌人后方，但这恰恰有利于领导广大农村民众开展抗日活动，但妇女工作的开展是一大难题。

（1）妇女工作开展初期并不理想的原因。抗战前，妇女主要是从事推碾、推磨、做饭、洗衣、照管小孩等家庭工作。妇女一方面和男子一起受着残酷的封建剥削，另一方面更毫无权利，完全处于非人的地位，受着双重封建束缚。至于文化就更落后了，除了县城内有几个罕见的高小女学生外，其余都是一字不识的文盲,更谈不到参与政治、社会活动了。①多数农村妇女深受封建礼教的束缚,仅凭几次宣传很难让她们走出家门,"抛头露面"地参加抗战。

(2)妇女工作推进的转折点。抗战开始后,日军的侵略激发了中国人的民族意识,使妇女们勇敢地打破封建桎梏。当日本军队包围并侵占各地时,党政干部、群众火速撤离,党领导村民组建妇救会以促进女性参加抗日。抗战全面开始,日军席卷山西各县,民众处在日军奸淫烧杀的蹂躏之下,妇女就更不用说了。八路军 120 师来到晋西北,一连收复了 7 个敌占城市后,人心大为振奋,当地村民强烈要求组织起来和敌人做斗争。在共产党的领导下,晋西北开始了妇女工作。②参加妇女宣传工作的干部均热情积极,为了更好地接近妇女群众,采取了各种各样的方式,例如帮干活、拜姐妹等,在妇女中取得了很大成绩。

(3)抗战时期妇女工作的内容及重要贡献。妇女工作的第一项任务就是成立女子识字班。妇女通过识字,进一步地解放了思想,从而发挥妇女在抗战活动中的作用。妇女工作的第二项工作就是培养提拔女干部,而女干部的来源最初是以乡村女教师为多数。乡村女教师的作用极大,不仅可以教其他妇女读书识字,更在教学中向学生宣传抗日救国的道理。③第三项工作是组建了妇女自卫队,更多数的已经有初步识字能力和抗战精神的妇女积极团结起来,并积极响应支援前线——无论是做军鞋军袜,还是为前线捐粮捐物,妇女工作便如火如荼地展开了。妇女开始参政,参与大生产运动,动员新兵上前线,妇女挖地道、送情报、送子弹,做了大量的争取伪军、瓦解敌人的工作,以及掩护伤病员、掩埋死难烈士等大量的工作。妇女们与民兵们紧密配合,在党的领导下走过了坎坷不平的道路,冲出了封建牢笼,用血肉换来

---

①② 晋绥边区民主妇女联合会编:《晋绥解放区妇女工作概况》,1949 年,第 3 页。
③ 王又新:《安国县抗日时期妇女工作回忆》,载冀中人民抗日斗争史资料研究会编:《冀中人民抗日斗争文集》第 3 卷,航空工业出版社,2015 年,第 289 页。

了抗日战争的胜利,为抗战胜利做出了重要贡献。

二、抗战初期青壮年群众工作的开展

抗战时期,中国共产党立足革命实际,对解放区群众开展了切实可行的思想政治教育工作,提高了群众的思想政治觉悟和水平,为抗日战争的胜利提供了坚实的群众基础和力量源泉。号召各解放区同志们抓紧时间把群众(特别是新解放区群众)普遍发动起来,积累各地报道的材料与过去的经验,提出意见,供同志们参考。[①]

青壮年工作的展开除了像上述妇女动员的方式外,还有直接参与农会、工会、青救会等工作,尤其是男性青壮年对抗战的参与是相对直接性的——有些青壮年参军,有些参加游击队进行后方作战,建立抗日民主政权。由此可知,农村青壮年在抗日游击队活动中做出了极大贡献。中国抗日战争的胜利在于"唤起民众",尤在于号召千万农民参加抗日民族解放的斗争,许多战区的农民正在起来执行这个神圣的任务。[②]

当然,在抗战初期,多数农民仍仅仅具备自发的"保家"行为,还未上升到"保国"行为。在中国共产党不断的教育、发动、组织和领导下,他们的政治视野产生质变,上升到保国的境界,从而自觉地开展起掩护抗日干部脱险,用鲜血和生命保护八路军与抗日物资,积极参与各种抗日政治活动,对敌作殊死的斗争,在人、财、物等方面为夺取抗日战争的胜利做出了巨大的奉献。

---

① 东北民主联军总政治部宣传部编:《放手发动群众》,1946 年,第 5 页。

② 韦健夫编:《怎样动员千百万农民》,1938 年,第 18 页。

三、抗战初期学生、知识分子群众工作的开展

抗战时期,学生、知识分子等的抗战主要体现在舆论、思想引导方面。当然也有大批学生、知识分子投身军队参加前线战争。当然也有部分学生、知识分子写下大量的文学作品以鼓舞全国人民抗战的斗志,如陈潭秋指示创办、赵毅敏主编的《满洲红旗》,无论是在宣传共产党的过程中,还是在后期促进全民族抗战中,都鼓舞了一大批青年;再如靳以创办的《文丛》,创办之后,不断鼓舞人民抗战的斗志。而中国共产党在抗战时期大量吸收知识分子,保护、尊重和优待知识分子,积极培养知识分子,也促使知识分子与工农群众相结合。总之,正是中国共产党对知识分子的包容与引导,才进一步促进知识分子、学生等不断地学习无产阶级思想,促进抗日战争的发展,而这些政策产生了巨大的影响,使中国共产党的发展进入了一个更广阔的天地,为建立抗日民族统一战线打下了坚实的基础,推动了抗战时期边区的建设。在抗战中,广大革命知识分子对于中国人民解放事业所起的作用,是很伟大的。

四、总结

通过对晋察冀边区的分析,可以看出在抗战初期,中国共产党领导的民众工作的展开,为抗日战争的胜利打下了坚实的群众基础。尤其是女性工作的展开,不仅仅是促进女性在抗战中的作用,更大大解放了女性的思想,促进中国被封建思想束缚的女性发起解放的运动;而青壮年、知识分子等群体的联合与交融,不仅仅为全国抗日民族统一战线的形成打下基础,更促进了当时阶层间的交流与融合,为日后中华人民共和国的成立打下了坚实的基础。

(山东省青岛市第一中学 王昱熹)

敌后抗日根据地妇女运动的特点与发展

近代以来,国际女性主义运动不断展开、深入。我国的平权运动也从近代开始发展,并且极具特殊性。在我国,这一过程是伴随着民族解放斗争和民主革命进行的,同时它又面临着中国几千年封建社会形成的独特的社会、历史问题。而在抗日战争时期中国共产党领导的敌后抗日根据地内,妇女运动更显其特点,这一时期的妇女运动也有了一定发展。本文就这两方面进行了一些简单的探讨。

一、敌后抗日根据地妇女运动的特点

首先,在敌后抗日根据地,妇女运动的一个特点是运动的重心转至农村。此前,我国妇女运动多在经济发达、较为开放的城市进行,而很少考虑到广大农村妇女。而农村是封建经济、封建剥削制度和封建思想根深蒂固的区域,妇女受压迫严重,却难以自发开展妇女运动。而且农村人口在我国人口总数中占比极大,故农村妇女在我国妇女总人口中占比也很大,农村妇女问题是中国社会的一个重要问题。农村同时也是新民主主义革命的重心,开展农村的妇女运动,对于革命的进行有很大意义。"自武汉撤退、广州失守后,抗战的中心由大城市转入广泛的乡村,全国妇女大多数农村妇女的力量日益扩大,目前抗战阶段广大农村妇女有组织的帮助,比任何时候更为迫切。"①

---

① 《中共中央妇委关于目前妇女运动的方针和任务的指示信》,《解放》第 66 期,延安解放社,1939 年 3 月 8 日。

其次,农村妇女运动是与新民主主义革命和抗日战争紧密结合的。在革命根据地,不是把妇女问题完全地作为一个独立的社会问题去看待,而是作为广大革命和阶级斗争的一部分去看待。"妇女所受封建压迫与封建剥削的根源,是由于农村中存在着封建与半封建的剥削制度。"①人们认为妇女受压迫的根源在于封建剥削制度,如果通过革命和斗争来摆脱封建压迫,那么妇女受压迫的问题也就迎刃而解。另一方面,在抗日战争的大背景下,反抗日本侵略者是首要问题,民族矛盾是最尖锐的矛盾。妇女运动和妇女工作也围绕着抗日战争的需要来展开。这一时期的妇女工作经常强调动员妇女进行慰劳生产、做军鞋,从事照顾伤员、站岗放哨等工作。大力推动抗日战争宣传工作,积极推动妇女对敌斗争,鼓励妇女参加抗日战争。冀中地区提出了"抗日利益高于一切"的口号。

敌后抗日根据地妇女运动的另一个特点是自上而下地由中国共产党来领导农村妇女运动。这一时期广泛建立妇救会,开妇女代表大会,妇女工作多由妇救会等妇女组织和党来领导。蔡畅批评妇女干部脱离群众时也提道:"(妇女干部)甚至闲着无事时,却以片面的'妇女主义'的观点,以妇女工作的系统而向党闹独立性。"②

这样的妇女工作中出现了干部不了解农村妇女情况,进行工作时出现"主观主义、教条主义""我们的观点还是城市的、小资产阶级的"③等问题,缺乏农村妇女运动和妇女工作的经验,而不能很好地开展妇女运动。《中共中央关于各抗日根据地目前妇女工作方针的决定》中说到妇女运动发展缓慢的原因,其中也谈到妇女干部不考虑妇女特殊利益和特殊问题、缺乏实事求

---

① 晋绥边区民主妇女联合会编:《晋绥解放区妇女工作概况》,1949年,第9页。

② 蔡畅:《迎接妇女工作的新方向》,载佚名编:《妇女运动文献》,新民主出版社,1949年,第11页。

③ 刘少奇:《总结妇女工作的几个基本认识》,载佚名编:《妇女运动文献》,1949年,第25页。

是精神等因素对于妇女运动的影响。①

尽管妇女运动实际上是由中共主导，却还提出了群众自发运动的设想，但最终也没有向此方向发展。刘少奇在《总结妇女工作的几个基本认识》中谈道："我们的许多同志总站在群众之上，去解放群众，这是恩赐观点、剥削阶级观点。……解放妇女也要妇女自己起来，才能获得解放。"②

抗日根据地的妇女运动特别强调妇女的生产活动，在这一方面的工作也结合抗日战争的需要而进行。这方面的举措极大地促进了妇女地位的提升。1938 年即已开始发动妇女制作军鞋，1939 年，冀中地区一次号召就完成了 16 万双军鞋。1943 年《中共中央关于各抗日根据地目前妇女工作方针的决定》发布，从此抗日根据地开始广泛地注意到生产问题，强调妇女的生产活动。这一文件提出了在经济生产方面的措施：

（1）鼓励妇女参与生产，从经济独立入手；

（2）以组织农村妇女个体与集体的生产为首要工作；

（3）考虑不同地区生产的特殊性，同时她们的生产计划一定要和她们家庭的生产计划结合起来，不可能由妇女独立地去做；

（4）对于妇女的文化的、政治的教育应该通过生产力的方式来进行。

以晋绥地区为例，由于战争对于衣物等物资的迫切需求，晋绥地区确定妇女工作的中心是发展纺织，成立生产小组等组织，成效显著，"自一九四三到四五年，即由两个县纺织发展到二十六个县，解决了军民穿衣困难"。

然而在发动妇女生产活动中，强调不耽误妇女做家庭内的副业生产、家务等工作，强调性别分工，重视以生产力的方式进行的文化政治教育，忽视妇女的特殊利益和特殊问题；部分地区虽然主张反对不合理婚姻，反对丈夫、公婆虐待妇女，但由于对丈夫、公婆过度的不合理的批斗，"用斗争方式反对农民内部的封建思想，使妇女解放运动和整个民族解放斗争和人民解

---

① 《中共中央关于各抗日根据地目前妇女工作方针的决定》，载佚名编：《妇女运动文献》，1949年，第 1 页。

② 刘少奇：《总结妇女工作的几个基本认识》，载佚名编：《妇女运动文献》，1949 年，第 25 页。

放事业脱节,引起农民中的反感,脱离了群众",造成了"这种错误从 1940 年下半年开始停止,但从 1941 年后又产生了一种只强调家庭和睦,对妇女切身痛苦漠不关心,或不敢提保护妇女特殊利益的偏向"。①体现出一定的目的性和妥协性,即为了抗战和革命服务的目的而发展生产,向封建的男权制妥协,在战争的背景下,一定程度上将妇女等同于后备劳动力。当然如前文所述,抗日根据地的妇女运动是作为新民主主义革命的一部分而进行的,不能完全地从妇女解放的角度去认识这一时期的妇女运动,也要充分考虑几千年来封建思想和封建经济对于妇女运动的阻碍。

二、敌后抗日根据地妇女运动的发展

抗日战争这一阶段中农村妇女的经济地位有所提升。随着抗日战争的进行,人民生活极度贫困,大量男性青壮年参军、牺牲、随军支前,农村劳动力匮乏。自 1943 年中央提出妇女工作以农业生产为中心的方针后,妇女运动普遍强调经济独立对于女性解放的重要作用。妇女干部积极下乡传播先进的生产技术。农村妇女广泛参与田间劳作,并通过纺织、做鞋等副业生产获得一定的收入,经济地位提高。但在晋绥地区,贫苦妇女由于"误不起工"而无法参加纺织培训,妇女干部对贫苦妇女也不够重视,导致运动中得利的主要是中农以上的家庭,而贫苦妇女的经济地位并未提高多少,甚至停留在过去的状态。总体来讲,尽管农村妇女的经济地位有所上升,但其远没有到达经济独立的地步,仍然在很大程度上受封建思想束缚和封建剥削压迫。

这一时期妇女参与政治更广泛了。1939 年,"在国民参政会上妇女占百分之五,在陕甘宁边区参议会内,妇女占百分之二十,以及在晋察冀边区许多妇女已经开始被选为区长乡长等等"②。然而这一现象似乎并不持久。在晋

---

① 晋绥边区民主妇女联合会编:《晋绥解放区妇女工作概况》,1949 年,第 9 页。
②《中共中央妇委关于目前妇女运动的方针和任务的指示信》,《解放》第 66 期,延安解放社,1938 年 3 月 8 日。

绥地区，1940 年时已有部分妇女参与政权工作，但"这些妇女干部后来因敌人不断'扫荡'，身体支持不了，不便在战争环境下工作，因此普遍更换，以后担任村长村主任的就不多了"①。"由于战争环境……妇女干部因此得月经病、关节炎、心脏病的不少"②的叙述佐证了这一原因。而我们不禁思考，完全是因为身体难以适应战争的原因导致了这一现象吗？"1941 年配合村选运动，妇联提出了保证百分之七十妇女参加选举，并保证选好人。"③

随着妇女经济地位的提升、男女平等观念的宣传及妇女运动的开展，妇女社会地位也提升了。例如 1941 年，冀中地区冀中行署公布《婚姻条例》和关于女子继承权的指示，妇女婚姻自由和继承权得到保护，还实行了妇女陪审制。④《晋绥解放区妇女工作概况》中写道："（开展纺织生产后）男人、公婆不像过去那样看不起妇女了，有的男人地里回来还给帮拐线，帮做饭。男人们也让妇女出去开会了，妇女自己也觉得理直气壮了。"⑤

农村妇女运动在教育、文化等方面也有了一定的发展。识字班在抗日根据地广泛开办，义务教育也有更多女性参加。晋绥地区还开展了妇女入冬学的活动，掀起了拥军与文教活动的热潮。妇女文娱活动也广泛开展。

由此可见，抗日战争时期的妇女运动有一定的发展，这离不开党的积极动员和领导，尤其是在经济、劳动方面的工作，起到了尤为重要的作用。而且战争造成的男性劳动力的大量损耗也为妇女参加劳动、提高地位提供了契机。但此时的妇女运动仍有局限性，这一方面是由于中国封建社会顽固的封建思想和经济的阻碍，以及革命和战争的需要；另一方面是由妇运的方针不够明确、干部缺乏农村妇运经验、当时对于女性主义认识的历史局限等因素

---

① ③ 晋绥边区民主妇女联合会编：《晋绥解放区妇女工作概况》，1949 年，第 7 页。

② 同上书，第 8 页。

④ 冀中人民抗日斗争史资料研究会党政群组妇女工作组：《抗日战争时期冀中妇女工作大事记》，载冀中人民抗日斗争史资料研究会编：《冀中人民抗日斗争文集》第 3 卷，航空工业出版社，2015 年，第 903 页。

⑤ 晋绥边区民主妇女联合会编：《晋绥解放区妇女工作概况》，1949 年，第 12 页。

造成的。而性别问题在今天,仍是我国社会的一个重要问题,我们的路仍然很长。希望本文不仅能够探讨历史问题,也能给予当下社会一点点观照,为推动性别平等助力。

(李雪婷)

抗日战争前后中国民用航空事业的艰难发展和反思

亘古以来,人类谋求冲出云霄、征服自然的梦想从未磨灭。中国莫高窟的飞天壁画,西方教堂的天顶画,无不记录了人类对辽阔天际的无限向往。步入近代后,随着人类对自然科学研究的步步深入,支撑人类实现航空梦的物质基础逐步建立,束缚人类探索自然的封建思想藩篱逐渐打破。经过资产阶级革命和两次工业革命,人类"飞上蓝天"的条件已基本成熟。1903 年,随着莱特兄弟短短几秒的飞行,人类航空事业正式起步了。

近代中国由于资本主义长期处于萌芽状态,由于农耕经济藩篱的束缚,中国人对航空事业的探索发展有限,以至于 20 世纪初当西方列强的航空线控制中国蓝天的时候,国民政府才将民用航空事业匆匆上马。

一、抗日战争以前中国民航事业的生存状况

1919 年第一次世界大战之后,世界第一家商业航空公司——荷兰皇家航空公司成立。而此时此刻的东方,中国正处于纷乱的民国初期,政府腐败贫弱,无力支持民族航空事业发展,这使得民族航空事业不仅起步晚、发展慢,而且几乎完全被外国支配,机票只能用外国货币在洋行购买。以 1933 年中国航空公司挂在上海洋行的机票为例, 上海到南京往返票价 84 美元,到安庆 196 美元,到九江 266 美元,到汉口 350 美元。[①]

---

① 《中国航空公司沪粤线客票价目表》,载何荦编:《市民要览》,1934 年,第 323 页。

1929 年 4 月 5 日，中国第一家航空公司——中国航空公司于南京成立。国民政府交通部占股 55%，而飞机制造商史汀生公司在内的美国投资人却占股 45%。中国航空此时的主要机型为史汀生 SM1F"Detroiter"，并在随后的三年里引进了更大的 DC-2 和福特Ⅲ引擎机型，中国第一批航空服务员也在此时诞生。

截至抗战全面爆发前，中国民用航空市场只有中国航空和与德国汉莎合资的欧亚航空。中国民用航空事业基本被外国掌控。

二、抗日战争时期中国民航的艰难经营

抗日战争全面开始后，中国航空撤到西南后方，主要运营成都—昆明航线，以及执飞"驼峰航线"从缅甸运输援华物资。尽管中国航空是没有武装的民用客机，却经常遭到日军飞机的攻击，基地和飞机损失不少。1938 年 8 月 24 日，中航 DC-2"桂林"号遭到日军飞机攻击，机组和乘客 14 人死亡，仅 3 人生还。[①]而欧亚航空也因德国参战，所有外籍员工和飞机全部被德方撤回。南京国民政府因此将其改名为中央航空，但这改变不了其已名存实亡的状态。

在抗战历史上，有两条生死攸关的国际运输线，一条是著名的滇缅公路，另一条就是空中的"驼峰航线"。1942 年 5 月，中国远征军第一次入缅作战失败，日军占领缅甸北部的交通枢纽腊戍，彻底截断了中国所有对外补给的国际交通线。为保障中国战场所需战略物资的供应，美国和其他盟国领导人同意进行一个持续的空中补给任务。这条空中航线西起印度阿萨姆邦，向东横跨喜马拉雅山脉、高黎贡山、横断山、怒江、澜沧江、金沙江，进入中国的云南省和四川省。这条航线沿途是荒无人烟的崇山峻岭、深涧峡谷和原始森林，海拔均在 4500~5500 米左右，最高海拔达 7000 米，山峰起伏连绵，犹如

---

① 梅益:《日机追击桂林号》,《华美》第 1 卷第 19 期,1938 年 8 月 27 日。

骆驼的峰背，故而得名"驼峰航线"。

"驼峰航线"有北线和南线之分，北线由印度汀江机场起飞，经杜姆杜摩抵葡萄、程海，最后到达昆明，全长 819 千米；南线从昆明起飞，经云南驿、洱海、下关、云龙、河汉，到达印度的杜姆杜摩，再往西飞抵印度的汀江机场，航线距离 885 千米。"驼峰航线"上经常遭遇恶劣天气，雷雨季节通常要持续几个月，多变的上下气流和强劲季风让飞机飞行变得异常艰难。高空飞行经常出现严重的积冰，飞机机翼会被冰层包裹，飞机的操纵性严重下降。加之没有可靠的天气预报和导航设施，即使对于经验丰富的飞行员来说，这也是一条极其危险的航线。

"驼峰航线"的运营虽以美国陆军航空队为主，但中国航空作为民用航空公司也大力参与到空运活动当中，最多时投入了近 40 架运输机。在长达 3 年的艰苦飞行中，中美两国共运送了 73 万吨的战略物资、3.3 万名战斗人员。由于恶劣的自然环境和日机的袭扰，中国航空在"驼峰航线"运行期间损失相当严重。但中国航空通过美方获得了 C46、C47 等先进机型，并培养出了一大批具有丰富经验、掌握先进技术的空地勤人员，为战后的发展奠定了基础。

因此从整体上来看，南京国民政府控制的民航体系虽在抗战中损失惨重，历经困难挫折，但依然获得了发展。

1931 年九一八事变后东北三省沦陷，为控制中国东北的航空，支援日军南下作战，日本组建了两大民用航空公司——"满洲航空株式会社""中华航空株式会社"。

满洲航空株式会社，1931 年在日本关东军军用定期航空事务所的基础上组建，设有奉天、长春、哈尔滨、齐齐哈尔、锦州等 5 个分部。

1932 年 11 月，满航正式营业，首航航线是奉天—齐齐哈尔、奉天—大连。随后开通的通航点包含东北三省的奉天、长春、哈尔滨、大连、齐齐哈尔，以及承德、山海关、北平等地，还有到朝鲜半岛新义州、蔚山、京城（今首尔）的航班。这些航线绝大多数是不载客的邮政航班。

除商业运营外,满航还承担军火、军邮、航空摄影等直接参与侵略行为的准军事行动。满航将自己的航班分为定期航班、临时航班、军用航线、特殊联络航线以示用途区别,并在 1933 年成立了专门的"航空摄影班"。

1936 年,满航运力鼎盛时期有航线 34 条,通航里程 8920 千米,年输送旅客 3.24 万人次。次年抗日战争全面爆发,满航部分飞机被日军征用,运力开始下降。

中华航空株式会社,前身是伪冀察政务委员会与关东军在 1936 年合办的"惠通航空股份有限公司"。日军在 1938 年全面侵华之后,整合其占领区航空业务,将其改组为中华航空,名为"中华"但实际主控权完全在日方手中。

伪中华航空、满洲航空都是配合日军在占领区的军事和经济活动成立的,活动范围也仅限于日军占领区,早期航线有北平—天津—山海关—锦州,北平—天津—大连,北平—天津—济南—青岛—大连,旅客在大连可以搭乘日本航空班机前往东京。日军占领广州、上海后,中华航空在 1940 年就增加了广州—上海航班。

1945 年,日本无条件投降,这两家公司也随之烟消云散。

三、抗日战争以后中国民航的蓬勃发展

抗战胜利后,在抗战中损失惨重的中国航空和中央航空通过借款,以购买美军"剩余物资"的名义再次获得了大量 C46、C47、C53 机型。两航快速恢复了元气并获得了迅猛的发展。

中华人民共和国成立后,废除原国民政府所有民航机构,于 1949 年 11 月 2 日宣布在人民革命军事委员会下设民用航空局。11 月 9 日,中国航空公司、中央航空公司总经理刘敬宜、陈卓林率两公司在香港的员工起义,驾驶 12 架飞机返回内地。以两航起义人员、物资为基础,1950 年 7 月,民航局计划在 8 月 1 日建军节首航以示庆祝,计划两条航线分别为天津—北京—汉口—广州和天津—北京—汉口—重庆。

现如今继承中国民用航空局机队的三大航空公司——中国国际航空、中国东方航空、中国南方航空均已成为世界一流的航空公司,拥有世界先进的服务体系,已然跻身世界航空业领先行列。

四、抗战时期民族民用航空发展的历史启示与现实意义

抗战前后中国的民用航空事业的命运,摆脱不了中国近代民族工业的悲惨命运,他始终在帝国主义、封建主义、官僚资本主义三座大山的夹缝中生存探索。

中国的落后首先源于对世界先进科技的无知,直到鸦片战争之时才有林则徐、魏源、徐继畬等人"开眼看世界",向国内介绍西方发展情况。在我国经济社会高速发展的今天,依然要紧盯世界一流水平,常怀谦逊之心,承认落后比盲目自大更有用。在第四次工业革命兴起的背景下,中国的发展机会更加多元,我们在补齐短板的同时,更要在部分领域争取世界领先。

在近代中国民航的探索中涌现出冯如、李宝焌、刘佐成等一批杰出人物,他们在物质、资金和技术都很匮乏的情况下发展本国航空,与外国资本争夺市场。他们所彰显的善于创新、敢于冒险、艰苦创业、独立自主的企业家精神,是熔铸于中华民族精神中的,更是体现当代中国发展的重要精神信标。

中国抗战时期的民航发展之路,是近代中国人民为民族独立、生活幸福而艰苦奋斗的缩影,是当代中国人不能遗忘的一段曲折的岁月。在中华人民共和国即将 70 华诞之际,作为一名青年学子、一名共青团员,我们更应不忘初心、勤奋学习,为实现中华民族伟大复兴的中国梦贡献自己的青春能量。

(山东省青岛市第一中学 刘鹍、胡彦博 指导教师 管路燕)

抗战期间对日本南进政策的报道与认识

——以《东方杂志》刊载文章为例

一、日本的南进政策

中国是最早同法西斯战斗的国家，中国战场是世界反法西斯战争的东方主战场，为世界反法西斯战争胜利做出了重大牺牲与贡献。所以，应该从世界反法西斯战争的全局审视中国的抗战。日本在发动侵华战争后，策划了南进政策，所谓南进"是指日本通过中国向南洋，即东南亚和西南太平洋地区扩张，占领该地区，将其纳入'大东亚共荣圈'的范围，成为日本殖民地"①。而由于中国战区的牵制，使得日本错过了南进的最佳时机，深陷中国战场，并且在太平洋战争中受到重创，南进政策以失败告终。

(一)错失机会

1939 年德国进攻波兰，英、法对德宣战，为日本提供了南进的机会，1940 年 5—6 月，德国击败法国，英国也岌岌可危。德国在西欧的胜利再度给日本带来了南进的良机，但由于日本深陷中国持久战的泥潭而不能自由行动，迟迟不能将南进政策提上日程，以至于错失两次机会。②1941 年 12 月，日本偷袭珍珠港，进军东南亚，冒险发动了太平洋战争，开始实施南进战略，但此时已不是南进的最佳时机。当时"日本当局内部分歧主要集中于解

---

① 胡德坤：《反法西斯战争时期中国与世界研究》第 1 卷《中国抗日战争与日本世界战略的演变》，人民出版社，2015 年，第 235 页。

② 同上书，第 236 页。

决中国问题与南进的谁先谁后问题,即使主张先南进,也要考虑利用南进胜利来解决中国问题。即是说,中国战场是日本南进最大的障碍"[①]。1941年7月21日,在日本大本营、政府联席会议上,海军军令部长永野修身发言指出:"对美作战现在尚有把握,但随着时间的推移,把握性会变小,到明年后半期就不是对手了,再以后就会越来越糟。"[②]1941年10月16日近卫文麿宣布辞职:"在这个时候,我深信,应该以卧薪尝胆的思想准备,保持没有受到损伤的海军力量,无论如何,先把中国事变加以解决,再慢慢地设法增加国力。"[③]10月18日,东条英机组阁,才开始加快南进的步伐,但已错过了两次机会。

(二)深陷泥潭

太平洋战争爆发后,两线作战、中国抗战的牵制,使日本在太平洋战场的处境更加艰难。开战仅一年,便从战略进攻转向了战略防御,到1943年不得不退守"绝对防御圈"。太平洋战争爆发之后,日本企图以太平洋战线为主,以中国战线为辅,不愿在两条战线上平均使用兵力,但事实上难以实施。[④]太平洋战争爆发时,日本陆军总兵力为51个师团,其中本土2个师团,朝鲜2个师团,中国东北13个师团,中国本部22个师团(另有20个旅团),南方10个师团,用于太平洋战场的兵力还不及中国战场的1/3。[⑤]1942年9月,四川作战使日本陆军在太平洋战场兵力严重不足。当时日本陆军总兵力为227万,其中在南方战线仅34万人,占总兵力的15%,而中国战场(不含关东军)就有61万人。即是说,日本陆军在太平洋战场的总兵力只相当于中国战场(不

---

① 胡德坤:《反法西斯战争时期中国与世界研究》第1卷《中国抗日战争与日本世界战略的演变》,人民出版社,2015年,第247页。

② 日本防卫厅防卫研修所战史室:《战史丛书》20《大本营陆军部》2,朝云新闻社,1968年,第358页。

③ 复旦大学历史系编译:《日本帝国主义对外侵略史料选编(1931—1945)》,上海人民出版社,1983年,第357页。

④ 胡德坤:《反法西斯战争时期中国与世界研究》第1卷《中国抗日战争与日本世界战略的演变》,人民出版社,2015年,第262页。

⑤ [日]服部卓四郎:《大东亚战争全史》,原书房,1982年,第194-195页。

含关东军)总兵力的 56%。①由于陆军兵力分布不均衡,导致日本在太平洋的陆战中接连失利。1943 年初,日本在瓜岛争夺战中完败,迫使日本开始在太平洋战场迅速地转入了战略防御。1945 年 1 月,美军攻占了菲律宾吕宋岛,日本的"绝对国防圈"全面崩溃。日军在中国战场也逐渐崩溃。

二、《东方杂志》对日军南进政策的报道

《东方杂志》(图 1)是近代中国最著名的综合性刊物之一,亦是近代"创刊最早而又赓续最久之刊物",反映了近代中国的方方面面。1904 年 3 月 11 日《东方杂志》创刊于上海,以"启导国民,联络东亚"为宗旨。1932 年,《东方杂志》在"一·二八"上海事变后停刊,同年 10 月复刊。淞沪抗战爆发后,《东方杂志》于 1937 年11 月迁至长沙,第二年 11 月在香港、重庆两地同时发行。太平洋战争爆发后,香

图 1 《东方杂志》封面

港版停刊,而重庆版亦因商务印书馆的工厂"有待整理与扩充"而停刊。1943年 3 月 15 日,《东方杂志》在重庆复刊。在"复刊词"中,王云五指出:"本志以阐明学术为主旨,所刊各文,见解力求客观,议论务期平允。注重新知之介绍,然力避武断,期无悖研究之精神。内容则人文自然、中外新旧,兼收并录。"抗战胜利后,因为商务印书馆的馆员回到上海,《东方杂志》于 1946 年10 月 15 日出版了在重庆的最后一期,并在 1947 年 1 月迁回上海。1948 年12 月,《东方杂志》停刊。从始至终,《东方杂志》曾在月刊与半月刊中几度来

---

① 日本防卫厅防卫研修所战史室:《战史丛书》59《大本营陆军部》4,朝云新闻社,1972 年,第567 页。

回变更，内容上则广泛辑录其他报刊的文章，共 44 卷 819 号（期），发文 22442 篇、图画 12000 多幅、广告 14000 多则等，历时近 45 年，被认为是"杂志的杂志"。王云五说：这是中国杂志中"最努力者"，也是"创刊最早而又养积最久之刊物"。

抗战期间，我国媒体是否注意到了日军的南进政策，又是如何报道的，对其政策有何认识呢？此问题较为重要。因为对南进政策的报道，对当时国人关于战争的过程、意义的判断会产生重要影响。《东方杂志》曾多角度持续报道日军南进政策，具有代表性，我利用抗战文献数据平台（www. modern-history.org.cn）提供的《东方杂志》资料，按照时间顺序，选取较为典型的几篇文章进行简要分析：

1.《日本为扩充北进南进政策设立的拓务省》

1929 年 7 月 10 日，杂志刊载颂华的文章《日本为扩充北进南进政策设立的拓务省》，文章认为日本解决人口"过庶现象"的方式为殖民掠夺，"其南进与北进两种政策逐步进行，掠夺了许多殖民地，人口增加才不大受天灾人祸的淘汰"，于是设立了"拓务省"，以"谋各殖民地统治上的联络"。文章详细分析了拓务省的组织结构和其第一次实施的 9 个方针政策，严厉地批判了日军侵占旅大，违反国际规定，侵犯我国主权，并且给予简单的应对方法："对于南洋，政府须采积极保护华侨方策；对于国内东北三省……推广内国殖民事业。"①

2.《日本之南进》

1936 年 10 月 6 日，杂志刊载图文消息《日本之南进》，通过地图介绍了南洋群岛形势②和日本在暹罗（今泰国）开通克拉运河之形势③。通过照片介绍了日本人在南洋采珍珠、捕鲣鱼、采棉、采树胶等经济侵略活动。此文章较为直观地介绍了日本南进活动，有利于国人对于日本南进的理解，也揭示了

---

① 颂华：《日本为扩充北进南进政策设立的拓务省》，《东方杂志》第 20 卷第 13 号，1929 年 7 月 10 日。

②③《东方杂志》，第 33 卷第 20 号，1936 年。

日本的侵略行径。

3.《日本的南进政策》

1937 年 11 月 1 日,杂志转载了 Frank H. Hedges 的"*Japan's Southward Course*",彭文英译为《日本的南进政策》。文章认为,日军南进的原因其一为"日军历来在亚洲大陆建立不少奇功",而海军则相形见绌;其二为"(日军)近年大陆上的进展并非一帆风顺,苏俄远东军及其军事设备给予日军极大地胁迫,使得日军在满洲有巨大损失,于是日军转向南进,用南方所得来补偿北方所失"。但是"日本南进有一个最大的困难便是欧美",当时英属香港、澳洲、美属菲律宾、英法控制下的暹罗(今泰国)以及荷属爪哇岛,都是日本觊觎之地,但日军忌惮英美的势力,"日本对于菲律宾屡次声明绝无野心","日本的政府、海军及商人曾屡次声明所谓南进政策只是经济的",可以看出日军想假借发展经济的原因推行其南进政策,但英美各国都能看到其野心,英国在新加坡建筑强固的军港就是最直接的回应。文章认为英美的实力足以震慑日军,故判断"南进政策怕是不能实现的了"。①

4.《日本南进与英国在太平洋上的防务》

1939 年 6 月 16 日,杂志刊载黄德禄的文章《日本南进与英国在太平洋上的防务》。文章认为日本早期通过贸易战经济渗透南洋,但"日本固为忘情于南洋之开拓",并且把"外南洋"视为其第三条生命线,外南洋包括美属菲律宾群岛、英属婆罗洲、荷属东印度、葡属帝汶、暹罗以及法属越南,约 10 倍于日本本土之领土,"日本南进途中最大的障碍是英法美,其中以英为甚"。文章又分析日军为何敢南进,第一是德意日轴心国同盟问题,德国目标在中欧和南欧,意大利目标在地中海和北非,日本欲独占东亚,于是意大利"怂恿日本南进,希望借此牵制英国,恫吓法国,企图渔人之利"。第二,《慕尼黑协定》给予日本很大启发,日本学会了希特勒的敲诈伎俩,利用英法的"绥靖政策",袭据了海南岛,建立了南进的空军根据地。可是"英帝国的生命线是由

---

① [日]黑吉士:《日本的南进政策》,彭文英译,《东方周刊》第 34 卷,第 20、21 号,1937 年。

东南而西北的;起自新西兰,经过澳洲之悉尼(Sydney),海峡殖民地之新加坡,印度之马达拉撕(Madras),苏黎世,直布罗陀而至英国本部英格兰至南安普顿(Southampton)"。可见,英帝国的东南生命线是日本南进的目标,英日在南洋的正面冲突是不可避免的了。于是英帝国于1938年3月召开太平洋会议商讨防务问题,会议决定保护海上交通和供给,加强各政府之间的军事合作。文章又详细介绍了新加坡、澳洲联邦、新西兰联邦的防务问题。文章认为英国加强太平洋的防务,不仅仅有利于英帝国本身的安全,"而且是关系与整个世界和平的安危问题",可以遏制轴心国疯狂的进攻势头,"我们希望英国加强太平洋上的防务只是她对抗法西斯侵略者所走的第一步,跟着她更应该称其要来领导并与爱好和平的国家合作以扑灭日益高涨的法西斯凶焰,并奠定世界的永久和平"。①

5.《南进迟迟的日本》

1940年12月16日,杂志转载 Freda Utley 的 "*Has Japan Delayed Too Long?*",中文翻译为《南进迟迟的日本》,文章主要分析了日本南进迟缓的内部原因。文章指出,"德国不在容许日本反复无常",敦促其尽快履行轴心国集团的义务,作者认为"日本能否履行轴心国的义务,要靠法西斯的军人们能都转变日本为国社主义的国家",若能实现,法西斯政党就可以完全掌权,然而由于受明治时代的历史传统影响,"日本君政不肯将权力让给议会",国家的领袖地位被天皇占据着,于是少壮派发动"昭和复古运动",使天皇退隐于京都,近卫内阁也计划建立新的议会体制,美其名曰是为了维护"万世一姓君政",实际是计划一国一党专制,让天皇"神圣而无权"。日本的实权转移到法西斯政党后,可是由于日本特殊的经济社会组织,各阶级间存在矛盾,尤其是大型垄断资本家支配政治,与地主、军阀存在的矛盾,使得日本错过了南进的黄金时期,所以作者认为日本需要一种新秩序来"确立阶级间更大

---

① 黄德禄:《日本南进与英国在太平洋上的防务》,《东方杂志》第36卷第12号,1939年6月16日。

的平衡"①,这也是日本南进迟迟的原因。

三、浅析《东方杂志》对南进政策的报道

本文虽只摘取了《东方杂志》5篇文章,也足以看出其报道的专业性。具有如下特点:

角度全面。兼顾国内与国际,兼顾通俗与专业,兼顾历史与当下,兼顾宏观与微观。5篇文章中,有两篇转载外国文章,同时使用地图、照片这种简明的方式,利于国人理解。也有从历史文化角度剖析日军迟迟南下原因的文章,在宏观讲述日军南进的局势与影响后,又微观分析局部地区的防务或者部门的运作。文章的专业性鲜明地表现在其完整的角度。

分析深入。切入点具体,数据充分,立论深刻。通过对"拓务省"一个部门的分析,更详尽地介绍了日军南进具体步骤;分析日军的扩张,不仅仅从现实利益来看,更是从日本的文化背景中去剖析,分析日本自明治维新以来的政治制度和社会环境,从政治文化这种更深层的角度了解日军迟迟南进的原因;南进政策扩张带来了国际局势变化,详尽分析了英帝国的防务,对于新加坡、澳大利亚、新西兰防务的分析,数据充足,立论准确。

持续时间长。从1929年到1940年,从九一八事变之前到太平洋战争爆发,几乎贯穿整个抗战时期。《东方杂志》从1929年就开始关注南进政策,说明其前瞻性很强,在长达十几年的报道中,随着日军侵略的深入和局势的变化,文章内容也相应进行调整,体现了其时效性。由于太平洋战争的爆发,国内环境的不断恶化,《东方杂志》也不得不暂停报道。一本杂志的发展、兴衰与整个时代是密切联系在一起的。《东方杂志》长期艰难报道,也反映出我国抗战的长期艰难。

---

① 乌德莱:《南进迟迟的日本》,《东方杂志》第37卷第24号,1940年12月16日。

当然,中国还有大量的媒体对南进政策进行了持续报道和分析,如《上海周报》《浙江潮》《新亚》《抗战时代》等,都是当时优秀报刊的代表,表现了当时新闻媒体界的爱国热潮,方便国人了解战争形势的变化,同时激发了华夏儿女的爱国热情,凝聚了整个中华民族,展现了中国为世界和平所做的巨大牺牲和贡献。

(天津市南开中学 何昊坤　指导教师 张明)

从日本角度看侵华历史

历史上中日之间共发生过五次战争,即白江口之战、元日战争、万历朝鲜战争、甲午战争和抗日战争。

从日本的侵略历史上看,日本人想让日本更加强大,在封建时代和近代前期都主要依靠对外战争,通过对外掠取土地、人口的方式。一是扩张领土范围,二是扩大财政来源,三是为本国文化找到根基。其中近代发生过多次中日战争,这篇论文主要论述近代的两次中日战争。

一、对明治维新时期发展成果的盲目乐观和
几次对外战争胜利的惯性思维作祟

明治维新是指19世纪60年代末,日本在受到西方资本主义工业文明冲击下(佩里叩关)所进行的,是自上而下、具有资本主义性质的全盘西化与现代化改革运动。

通过殖产兴业等一系列改革措施,日本迅速从封建幕府将军统治过渡到天皇专制,从自由资本主义阶段过渡到垄断资本主义,快速完成了工业革命,继而成为一个"资本主义国家",并通过包括中日甲午战争和日俄战争在内的对外战争,成功树立了自己在列强国家中的地位。但工业革命的发展和当时不正常、不和平的国际环境,造就了早就存在于日本的军国主义思潮蔓延,进而走上了对外扩张的道路,直至走向全面侵华战争。

二、是日本明治维新时期思想家思想(如称霸世界三步走)的继续贯彻和昭和时期的"发展国策"

福泽谕吉——日本近代教育之父,福泽谕吉思想的出发点是所谓"脱亚入欧"。

1885年,福泽发表《脱亚论》一文,他写道:"我日本国土虽位居亚细亚的东边,但其国民的精神已脱去亚细亚的痼陋而移向西洋文明。……故今日我国之上策,与其坐等邻国开明而共兴亚洲,毋宁不与他们为伍,而与西洋文明共进退;与支那朝鲜接触时,也不必因为他们是邻国就特别客气,而以西洋人的方式处理即可。"

从中我们不难看出其侵略的意图,且其以堂而皇之的方式表达了出来。对强者的恭顺和对弱者的歧视,对历史的忘却和对现世强权的追捧。他贬低友邻,把侵略友邻认为是自身发展的必由之路,居心叵测。

福泽谕吉的思想,深深地根植于当时日本的时代土壤。作为一个新发展起来的国家,无法避免地想要挑战传统的强国,中国作为东亚文化圈的龙头,朝鲜作为东亚文化圈的重要组成部分,自然成为其首选的目标。在日本人看来,发展起来的自己,必然要通过掠夺传统强国的资源,瓜分利益,以达到继续发展的目的,才能与欧洲强国抗衡,中国自然而然就成为必须捏的"软柿子"了。

尤其日本还是一个类似英国的岛国,工业革命初期不需要大面积的土地使其得到初步的发展。但资本主义的继续发展需要广阔商品倾销地和原料来源地,英国作为先发国家可以通过殖民掠夺完成,但日本作为后发国家,错过了发展的黄金时期,再加上自身没有广阔市场,只能走殖民扩张之路,当其放眼四周,只有相对落后的中国可以满足要求,是"阳光下的地盘"。

三、大萧条时期对社会的冲击和趁势而上和
关东大地震中转嫁危机的无耻行径

1929—1933 年,世界经济危机波及日本时,日本的失业率升高,约有 100 万~200 万人失业,并导致生活状况的恶化。

关东大地震是 1923 年 9 月 1 日日本关东地区发生的 8.2 级强烈地震。受灾者达 340 余万人,其中 10 余万人丧生,财产损失 65 亿日元。同时日本政府借此机会屠杀革命党人和侨居日本的中国人、朝鲜人。

《晨报》在 9 月 3 日发表题为《日本大震灾》的社论:"我国国民宜速组急赈会,募集巨款,特派大规模之救护团,驰往赈济,并切实调查灾况,如有缺乏粮食衣服之事,尽量输赠,万一灾后发生时疫,亦当派遣十字队前往医护。款项愈多,人员愈众,时期愈速,则救之范围愈广,效果亦愈大。"

《民国日报》社论标题为"吊日本地震惨灾"。《申报》社论标题为"悲日本地震大火灾"。中国新闻界几乎一致呼吁民众,为日本地震灾区尽已所能献出爱心。

此时令中国人柔肠寸断的日本,不久前还在令中国人咬牙切齿。日本逼迫袁世凯接受了丧权辱国的"民四条约"。当时中国虽然落后贫穷,但北洋政府还是决定对日本进行救助。号召百姓忘却战争前嫌(即甲午中日战争),不再抵制日货,以减轻日本人民负担,利于恢复生活。

上下一心、众志成城,各界的踊跃捐款捐物,却没有换回日本政府的良心发现。在地震后的混乱中,日本政府却四处散布"朝鲜人要举行暴乱"的流言,煽动处于癫狂中的群众,纵容抑或引导人民杀害了 6000 名朝鲜人和 600 多名中国人。这不免有通过煽动民族仇恨,以缓解日本政府控制局势不力造成的群众性心理压抑的嫌疑。以一颗善良之心坦诚相待,却换回农夫与蛇、东郭先生与狼的悲剧。

由此不难看出，军国主义、法西斯思想荼毒下的日本社会是多么的残酷，简直是罄竹难书。

中国舆论一时大受刺激，抗震援日的热潮一变而为抗议日本屠杀华工。民众指责日本"仁义道德沦亡殆尽。吾本恤怜之义，集资以济其急，而其浪人反加横杀，以德报怨，莫甚于斯，吾人一息尚存，当速提抗议，惩办恶凶，赔偿损失"。

《晨报》社论说："日本震灾，我国表其深挚同情，对于华侨极为残酷……吾人对于日本震灾，虽具有同情，而对于虐杀则不能不提出严重抗议。日本政府若不亟谋谢恤之法，则中日间感情将因此而愈难改善矣。"

但终究是弱国无外交，没有实力做支撑的言语苍白而又无力，日本人对此先是矢口否认，随即承认这只是误杀。虽然国内群情激愤，但最后也只能草草了事。

关东大地震的发生，日本朝野震动，两百年以来的江户文化化为灰烬。日本人只得大感国土之狭小，在灾害面前如此无力。因此为了开拓生存空间，吞并朝鲜以后，日本果然瞄上了当时军阀割据下的中国。关东大地震之后，日本为缓和国内压力，转嫁社会危机，弥补国内的资源不足、发展疲软，而制定了一系列侵华策略，如"欲先征服世界，必先征服中国"，并且先把眼光瞄准了中国的东三省。

起初，企图通过张作霖染指中国东北（满蒙）。后来局部侵华战争爆发，日军占领东北，成立伪满洲国，溥仪为伪执政，于 1934 年 3 月 1 日更名为"满洲帝国"，溥仪改称"皇帝"，试图奴化中国人。日本人整户整户地建立开拓团，先后建立了不少移民村，大批日本人迁移到中国东北，侵占优质土地耕种，将中国人赶到山地、丘陵等贫瘠的土地上。从此日本人在中国的土地上"安居乐业"，中国人却只能背井离乡。

关东大地震虽然使日本国内陷入困境，但也加速了日本侵略中国的步伐。

一个民族对另一个民族的侵略和压迫，无论从哪个角度来说都是非正义的，都是充满血腥的。无论对侵略者来说有多么冠冕堂皇的理由抑或是借口，都无法掩盖其妄图以其他民族的伤痛为代价以达到自身不正当目的的本质。任何借口都无法抹去其对被侵略国之国民、对世界之人民，甚至其本国之人民的伤害。每个爱好和平的人都不应忘却历史。历史不容篡改抹杀，希望人人都能铭记历史、正视历史、热爱历史、以史为鉴，为光明的未来奋斗终生。

　　谨以此文与诸君共勉。

（山西省太原市育英中学　王翰之　　指导教师　臧泽峰）

日租界在抗日战争中的影响
——以天津为例

一、天津日租界的渊源

日租界是近代天津 9 个租界之一，同时也是近代中国 5 个日租界中最大且唯一较繁荣的一个。1896 年 7 月 21 日，清政府和日本政府签订《中日通商行船条约》。1898 年 8 月 29 日，根据该条约，两国签订《天津日本租界协议书及附属议定书》，划定日本租界，南临法租界，西北与老天津城相望，但没有进行开发。1903 年日租界正式设立时，面积扩展到了 2150 亩。日租界原是位于天津城东南方的一片沼泽地，1860 年英法两国在天津开辟租界时，避开了这片不易开发的地区。1903 年以后，日本人进行了浩大的填筑工程。由于它位于英、法租界与天津旧城之间，不久就发展为天津的娱乐商业区。日本政府为了攫取利益，允许在租界吸食鸦片，承认毒品行业合法化。因此当时的天津日租界成为烟馆、妓院云集之地，曾引起国际舆论的关注。20 世纪 20 年代左右，日租界越发繁荣，其繁盛堪比日本本土的中等城市。

1943 年 3 月 30 日，日本将各地日租界交给汪伪政府，但实际仍维持其原有体制，直到 1945 年第二次世界大战结束，日本无条件投降，中国政府才正式接管日租界，将街道改名。

二、日本租界的繁荣

天津自《北京条约》签订始成为商埠,列强势力得以进入。东方邻国日本因其地理位置的优势,早一步在天津开展商业活动。在甲午中日战争结束后,得益于《马关条约》,日本在天津的贸易快速扩大,到后来,日本在天津的经济实力赶超了英国等国。以下是日本在天津的经济发展的数据表格:

表1　　　　1896—1906 年进入天津的日本棉纱额

时间	数额(两)
1896 年	52426
1898 年	90831
1899 年	153112
1906 年	129272

表2　　　　1886—1906 年进入天津港的日商船

时间	数量(艘)
1886 年	18
1889 年	25
1906 年	258

表3　1905 年和 1906 年日本在天津的洋行数与人数同其他列强大国的比较

国名	1905 年		1906 年	
	洋行数	人数	洋行数	人数
日本	60	1838	72	1914
英国	32	500	60	1500
德国	29	387	52	518
法国	14	242	21	250
俄国	6	124	6	104
美国	2	285	4	390

以上数据说明日本在天津经济实力的强大，也表明了后起的日本资本主义成为西方列强在天津的劲敌。

日租界内政治环境相对宽松，许多新兴产业得以发展，如报刊业。租界原有的自由观念使得租界内的文人能够自由发表观念，报刊随之迅速发展。但也因为租界受日本控制，许多报刊表面上是中国人创立，但其实为日本侵华提供了便利。

三、日本租界为日本侵华提供便利

日租界经济的繁荣为日本提供了大量的财力，使日本有足够的经济实力发展其军事实力。除此之外，当时设在日租界的大仓洋行、三井洋行和三昌洋行负责收购和运输日本掠夺的中国白银和铜圆，他们将收来的白银、铜圆装入麻袋运往日本，有时为掩人耳目，由日本领事馆作为外交行李箱装船运走。日本以此种方式掠夺了中国大量的白银和铜圆。日本还不断干预天津的教育，尤其是初等教育，向中国学生传播奴化思想。在天津日租界内设立的"日出学馆"是日本在天津设立的唯一一所教育华人子弟的学校，在教学中反复向学生传播奴化思想，意图培养一批为日本效力的人才。日租界内报刊的发展也为其文化侵略提供了便利。由日本控制的报刊意图让国人接受日本的"友好"，并试图让国人相信日本侵华是为了避免中国灭亡。尤其在抗日战争时期，一些时事政治类的日伪报刊，如《庸报》《民报》《东亚晚报》《京津事情》等，充当日军的耳目喉舌，大量宣传日伪政策，意图使中国国民反共亲日，是日本侵略中国的重要宣传工具。

（海南省乐东县华东师范大学第二附属中学乐东黄流中学　陈杨莹　指导教师　羊彩美）

从日本的经济实力变化看日本侵华战争的原因与中国抗战的意义

20世纪初,日本作为新兴的帝国主义强国,在甲午中日战争和日俄战争中,获得了巨大的利益,一跃从落后的农业国发展成为亚洲霸主。但由于工业起步较晚且日本作为岛国资源贫乏,日本的经济极为脆弱,迫切需要进行快速扩张,以追赶欧美资本主义强国;同时它脆弱的经济和孱弱的工业实力,又无力支撑它的快速扩张,所以日本每一次发动侵略战争,都像是一场对国运的豪赌。或许用日本海军名将东乡平八郎的一句话可以很好地描述日本发起的每一场侵略战争:"皇国兴废,在此一战。"事实上,自1894年以来,日本始终在拿国运做着一场场豪赌。甲午战争、日俄战争,日本这个赌徒在这两次豪赌中赚得盆满钵满,但是赌徒绝不会收手的,直到输得一无所有。

1929年,美国遭遇了史无前例的经济大萧条,紧接着经济危机很快席卷全球。这场经济大危机给日本经济以重创,加之日本工业化发展较晚,岛国资源较为贫乏,市场并不广阔,缺少转嫁危机的有效方式,日本的经济很快开始崩溃,股市全面崩盘,原材料价格和生产资料价格大幅度下跌。大批企业停业倒闭,失业者随处可见。鉴于此,日本的许多有识之士意图削减军费并裁军,借此来缓和经济危机,但此举引起军部法西斯势力的反弹,这些军国主义者丧心病狂地刺杀希望和平解决经济危机的人士,并决心通过一场战争来掠夺资源,转嫁危机。

纵观自甲午战争及之后的历史,便可发现日本的资本积累过程多是靠着对中国的侵略和掠夺完成的。为转嫁危机,日本建立起法西斯专政,希望利用国民经济军事化和发动战争的方式，来度过危机。这无异于饮鸩止渴。

1931 年，日本发动九一八事变，拉开侵略中国的序幕，以此缓解经济危机带来的压力。当年，日本的国家预算只有 13.33 亿元，而军费预算仅仅 4.07 亿元。[①]在这种状况下，日本能维持现有的军事力量已属不易，根本无力扩军备战，遑论支撑大规模战争开支。

战争对经济的打击和对资源的消耗无疑是十分巨大的，特别是消耗战和游击战，更是对经济造成极其严重的破坏，巨额的军费开支和几乎为零的战争红利，无疑是资源稀缺的岛国的噩梦。日本脆弱的经济实力和人口数量，决定其只要陷入消耗战泥潭，就会被逐渐削弱，直到彻底崩溃。

沈阳兵工厂落入日本侵略者之手是东北沦陷最为严重的后果之一。沈阳兵工厂中的数百门各式火炮、数千挺机枪和 10 万余支步枪，足够装备 20 个师。而且由于事发突然，东北空军 300 余架飞机全部落入日本侵略者手中，张作霖苦心经营的空军就此灰飞烟灭。而这些武器装备全部落入日本侵略者手中，成为屠杀中国人民的"刽子手"。

据统计，此时的东北，国际贸易额为 4.5 亿两白银，占全国国际贸易额的 1/5；出口贸易额为 3.26 亿两白银，超过全国的 1/3；煤产量 921 万吨，约占全国的 1/3；铁产量 87 万吨，约占全国的 1/3；石油产量 46 万桶，超过全国 90%；金产量 5 万两，占全国的一半；发电量 19 万千瓦，约占全国 1/4；铁道长度 6100 余公里，约占全国的 1/3。[②]日军占领东北后，这些全部落入日本侵略者之手，暂时地缓解了日本的经济危机和资源危机，使得日本获得了巨额的金钱和海量的资源，极大地增强了日本的实力，并助长了日本的侵略气焰。在随后的 14 年间，日本始终将东北作为侵华的原料产地和战争策源地。

同时，中国彻底失去了遏制日本的大好机会。在获得肥沃富饶的东北之

---

① 李立侠：《日本军费之膨胀与财政危机》，《东方杂志》第 32 卷第 20 号，1935 年 10 月 16 日。
② 李天民编：《抗日手册一册》，青年人出版社，1938 年，第 276-278 页。

后,随之而来的是日本对东北的疯狂掠夺。数据显示,1931年,日本从中国东北掠夺了24.2万吨生铁,占当年日本进口总数的61%;1932年掠夺了32.2万吨,占进口总数的73%;1933年掠夺了45.3万吨,占进口总数的71%;1934年掠夺了40.9万吨,占进口总数的67%。[①]为达到以战养战的目的,日本将掠夺的资源大多供应军火生产。随着对东北的掠夺式地开发,日本的经济状况得到极大的改善,但同时东北抗日联军和民兵组织展开大规模游击战,在一定程度上限制了日军对东北的掠夺,消耗了日本的经济实力。据统计,在九一八事变和随后残忍镇压中国军民抗日斗争的过程中,日本花费了20余亿日元的特别军费。

随着经济危机的不断加深,日本也在不断扩大侵略范围,东北、淞沪、华北。与此同时,中国军民的顽强抵抗也使得日本的军费与日俱增,消耗不断增大。日本只能通过不断加紧侵略来支撑不断增加的军费开支,以至形成恶性循环。

1936年,日本爆发了震惊世界的二二六事件,日本多名反对战争的高官被疯狂的皇道派法西斯分子杀害。而这次事件的一个重要原因就是日本的经济危机没能得到有效缓解,大批底层军官不满日本政府的统治,企图通过刺杀的方式,改变对外政策,加紧掠夺中国以此来缓解经济危机。政变失败后,皇道派军官被扫除一空,但日本的经济危机并未得到解决。法西斯文官广田弘毅上台组阁,提出臭名昭著的"广田三原则",对华北展开进一步侵略,为全面侵华做进一步准备。

1937年7月7日,卢沟桥事变爆发,日本开始了全面侵华战争。日军妄图在三个月内灭亡中国,以此来避免经济的消耗。这也证实了日本的经济不足以支撑起一场长时间大规模的战争,日本对此有着较为清晰的认知。所以在战争初期,日本趁中国方面对战争还没有充足的准备,发起猛攻,占领了大片领土,华北、华东、华中、山西相继落入日军手中。日本通过掠夺占领区,

---

① 范云波:《看看当年日本所谓的"殖民开发"》,新华网,2015年8月24日,http://www.xinhuanet.com/politics/2015-08/24/c_1116354513.html。

获得了丰富的资源,并在"以战养战"的战略下,日军将占领区的中国民营企业强制实施军事管制,生产战争物资。同时,日军强征劳工,来弥补日本自身劳动力的不足。由于日本最初的战事较为顺利,获得的大量的战争红利,有效地缓解了国内的经济危机和资源危机。仅1937年,日本的国家预算47亿,超过1936年的1倍多,更达到侵华战争开始前的3倍多。

但日本侵略者低估了中华民族抗战的决心与毅力。"一寸山河一寸血,十万青年十万军。"中国军民不计代价、不惧死亡的顽强抵抗给日军以重创。从1937年8月至1938年10月武汉会战结束的这段时间内,日军遭到中国军队的顽强抵抗,从淞沪到太原,从徐州到武汉,近百万人的大军团交锋,使各部损失都大大增加,各种重武器的使用,也使军费开支急剧增长,而且大规模使用机动部队,也消耗了日本大量的资源。在1937年一年内,日军的军费开支达到32亿元,是1936年的3倍。

但随着武汉会战结束,日军的占领区不断扩大,分摊的兵力也愈来愈多,不断地分派兵力使得本就不足的兵员情况进一步恶化,难以发动大规模的进攻。中日双方在正面战场进入相持状态,加之中国共产党领导的游击战和运动战,将日军拖入消耗战的深渊。日军在掠夺大量资源的同时,军费开支也连年增高。日军参谋本部甚至考虑逐步减少侵华日军人数,但中国共产党率领抗日军民四处出击,不断打击日军的交通线和物资运输,沉重地打击了日军的物资供应,迫使日军不断增兵来保护运输线,从而使日军进一步加大军费开支。1939年一年,日本的军费开支为65亿元,而日军在这一年内却鲜有战果,特别是第一次长沙会战,极大地打击了日本的侵略气焰,大量精锐士兵的伤亡,对日本造成了沉重的打击。而战场形势也逐渐复杂,日军在湖南、山西等地多次发动进攻,皆被中国军队击退。

而随着大批工厂内迁完成,中国的工业实力有所恢复,各部开始互相配合,战时体制和国民经济军事化完成,情况有所缓和,准备更加充足的中国军队也发动多次反攻,大量消耗了日军的实力。

1941年,冈村宁次升任陆军大将,后任华北方面军、第六方面军司令官和中国派遣军总司令官,提出了臭名昭著的"三光政策",即在大"扫荡"中实行烧光、杀光、抢光的政策。事实上,他的"三光政策"也从侧面说明了日本经济的每况愈下,不得不依靠这种残忍的方式来维持战争机器的运转。此时的日本,由于占领了中国的半壁江山,通过疯狂掠夺,国家预算总额达到165.4亿元,但与之相对应的,军费开支也达到125亿元。在这种情况下,日军已经无力再发动全面进攻,而是以维持占领区为主要目的,特别是在日军出兵法属印度支那之后,美国对其实施石油禁运,日本的资源储备不足以支撑其在东亚战场的漫长战线,只能一边疯狂搜刮占领区,一边开始下一场豪赌——偷袭珍珠港。

这次赌注无疑激怒了强大的美国,美国的参战使日本的压力剧增,特别是耗费大量资源组建的海军更是被美军一战打残,从此一蹶不振。随着美军逐渐完成对日本的包围,日本的军费开支连年增高,资源产量和储备量都快速减少,随之而来的则是日本对中国的疯狂掠夺。到1944年,日本经济已彻底崩溃。1944年4月,豫湘桂会战开始,这是日本在明知败局已定的情况下,发动的侵华战争以来最大的战役。此时的日本,经济已彻底崩溃,只能拼尽全力最后一搏,试图彻底击败中国,进一步实行掠夺,以恢复经济。通过这种孤注一掷的疯狂进攻与掠夺,日本的国家预算总额达到862亿元,但中国军民的奋勇抗战,特别是在国民党正面战场出现大溃败时,八路军、新四军仍然坚持抵抗,通过游击战的方式牵制日军,抵挡住日军的绝命一击。由于各大战场的接连惨败,日军的军费预算已高达735亿元。

事实上,自1931年九一八事变起至1945年,日本的经济经历了由弱到强,到1938年陷入消耗战僵局开始又由强转弱,在1941年末东南亚战役后有所恢复,直至最终崩溃的过程。而中国军民的奋勇抗战,特别是敌后战场对日军的牵制,极大地消耗了日本本就稀少的资源,并沉重地打击了日本的经济,迫使日本将觊觎的眼光瞄准美国,从而导致了日本的速亡。

(天津市第一中学 桑异凡 指导教师 苏海)

从日本角度看日本发动侵华战争的原因

  1931 年日本发动了九一八事变，这是 20 世纪 30 年代日本侵华的起点。九一八事变后，日本一步一步地在军事、政治上蚕食中国，中国人民坚持抗战 14 年，用巨大的牺牲换回正义。如今，战争的硝烟虽已散去，可记忆却不曾消逝，历史的伤痕还在，历史的教训还在！随着时间的推移，我们对这场战争的认识也越来越清晰。那么日本方面是如何看待九一八事变的？日本又为何要发动这场侵华战争？

  让我们先回到战争的起点。1931 年 9 月 18 日夜，日本关东军袭击东北军北大营，九一八事变爆发。在事变爆发后，日本的天皇和军部是什么反应呢？日本军部接到事变的通报后，立即召开紧急会议。会议一致认为关东军的决心和行动"完全得当"，并准备派驻朝鲜的日军进入东北支援。接着在 9月 22 日又开了内阁会议，会上做出增拨出兵经费的决定。可见日本内阁对这次军事行动及事态的继续扩大是持支持态度的。当晚，内阁会议的决定上奏至裕仁天皇，而这个时候日本关东军已经造成了攻占东北的既成事实，并且在军部的暗中支持下，驻朝鲜的部分日军也已经进入了东北。裕仁天皇在看到关东军很轻松地占领东北后，马上又对日本关东军的行为做出了肯定和赞赏。从以上情形可见当时日本国家领导层对侵略中国的态度。

  日本媒体对这一事变的态度又是怎样的呢？九一八事变发生的第二天，日本的主要报纸对事件进行报道："暴戾的支那兵炸毁满铁线，袭击我守备兵。因此，为守备队不失时机地应战，炮轰北大营的支那兵"，"本日晚十点半，在北大营西北暴戾的支那兵炸毁满铁线，并袭击我守备兵，我守备兵立即应战，炮轰北大营支那兵，并占领了北大营之一部分"。九一八事变的策划者石原莞尔 9 月 19 日会见记者时,竟大言不惭地说:"我们不得不驱除群聚的苍蝇,此点各国也已承认。现今观之,因为是暴戾至极而又无知的支那兵,所以才有突然如此事态的形势。但未曾料到竟会乘夜间破坏我方铁路之铁轨,且向欲加制止之我警备兵开枪,这是何等的暴戾行动!"[1]日本国内认为九一八事变是"完全得当"的行为,而"暴戾的支那兵"是这一事件的罪魁祸首。日本社会为何会认可这一侵略行为并进行了歪曲事实的报道?

首先,九一八事变前的日本,经济早已是千疮百孔。一战刚结束时,英、法、德等国的经济尚未恢复,日本得到了美国的大量工业订单,经济也曾一度繁荣。但好景不长,之后的日本在经济上遭遇了一系列重创。其一,随着欧美经济的恢复,欧美各国商品大量涌向日本和亚洲市场,日本商品滞销。1920—1921 年,日本工业总量下降了 19.9%,外汇储备从 13 亿日元减少到 6 亿日元。1920—1929 年,日本贸易逆差达 33 亿日元,主要是由于日本缺乏国际竞争力。其二,1923 年 9 月 1 日,日本发生关东大地震,200 多万人无家可归,财产损失 65 亿日元。使得经济萧条中的日本雪上加霜,日本政府开始向英美等国举借巨额外债。其三,1927 年,日本爆发金融危机,国内整个金融体系开始坍塌,信贷紊乱。整个 20 年代,日本工农业生产停滞不前,对外贸易年年入超,黄金储备锐减,财政困难。还未等日本喘过气来,1929—1933 年资本主义世界的经济大危机波及了日本,日本遭遇了经济上的"寒冬"。英国前首相丘吉尔曾说过:"这场经济风暴,对日本的冲击绝不亚于对世界任何地方。"实际上,真实的情况更为严重。日本现代史中多称此次危机为"昭和经济危机"。日本国内市场本来就小,其自然资源更是匮乏,日本经济的正常运转基本是依靠进出口贸易来维持的。

金融风暴席卷而来,给日本带来了空前的灾难,从经济层面上看,1931 年的生产总值相较 1929 年下降 32.9% 之多。1930 年,破产企业和公司达

---

① 史桂芳:《九一八事变后日本国内的新闻报道与战争狂热》,《学术交流》2016 年第 9 期。

800 多家。1931 年,陷入破产和停业状态的银行达 58 家。①这种大幅度的削减是空前的,将近 400 万人失去了工作,没有了生活来源;农民的生活也不好过,500 万户农民彻底破产,日本群众的生活苦不堪言。从社会层面及对外关系来看,经济的萧条不但使广大人民挣扎在温饱线上,日本社会变得越发动荡不安,而且还加剧了日本与其他帝国主义国家争夺海外市场的斗争。在这种情形下,日本军方的少壮派军官开始提倡日本对内应该推动强硬的军国主义政策,压制共产主义的颠覆;对外推动疆域的拓展与资源市场的掠夺,认为日本才能走出发展的危机。少壮派军官,就成为这种理念的实际推动者。为转嫁国内政治、经济和社会危机,维护国内稳定,日本政府以及受舆论所左右的国民在对外扩张上达成了默契和一致。在这一背景下,日本于 1931 年悍然发动了侵略中国东北地区的九一八事变,随后更是在对外侵略和扩张的道路上一发不可收拾。

此外,从日本国民这一角度来分析,因资源严重匮乏、自然灾害频发及欧美等国的威胁,日本国民有着强烈的生存危机意识。在九一八事变爆发后,日本不战而得到东北,广袤辽阔、资源丰富的中国东北给日本带来了巨额财富,使日本国民认识到,侵华战争是可以给自身带来很大利益的,大多数日本民众越来越狂热。对天皇的愚忠和盲从,对资源、市场的渴望,战争初期胜利的刺激,使得大多数日本民众失去了理智。在侵华战争期间,除少数反战者外,大多数日本国民积极投身于支持侵华战争的各项活动。这种极端的、扭曲的国民性,推动了日本进一步的侵略行动。

再从军事方面看,日本从明治时代就开始改革军队编制,陆军参考德国训练,海军参考英国海军编制,同时发展国营军事工业,军事预算也急剧增加,军事实力不容小觑。在二战期间,日本在中国投入的兵力大约为 200 万,几乎全是正规军。至于日本军人的作战能力,可以说具备四大优势:第一,日军的机械化程度高,武器装备和训练,还有战争意志都非常优秀。第二,日军

---

① 张经纬:《对 20 世纪 30 年代初期日本经济危机的再认识》,《史学理论研究》2009 年第 2 期。

的作战特色是集中力量,尤其是集中装甲兵力,正面突破,这一点在进攻作战中非常占优势。第三,日军机动能力极强,包围迂回等战略计谋非常巧妙。①第四,日军战斗力强,有独特的拼刺刀、突击的能力,而且"单个战斗动作熟练,特别是夜战熟练"②。从整体军事实力来看,在二战期间,中国军事工业全部家当只生产出了30万支步枪和少量的迫击炮,以及一些零星的弹药。相比之下的日本却生产出了360万支步枪和其他许多武器。而中国一年的钢铁产量不足5万吨,还不够日本建造一艘"大和"号用掉的钢铁。可以说,军事力量占据优势也是日本敢于发动侵略战争的有力后盾。

综上所述,资本主义发展的需要是日本发动这场战争的根本原因,国内市场的狭小、资源的匮乏、生存危机是现实原因,经济危机的沉重打击是直接原因,军国主义思想则是思想根源,优越的军事力量是其后盾,而中国国内国民党"围剿"红军则给了日本可乘之机。

从以上分析可以看出,日本发动侵略中国的战争孤注一掷,军事实力也占据优势。但日本面对的既不是甲午战争时腐朽的清政府,也不是签署"二十一条"的北洋军阀政府,而是一个团结起来和空前觉醒的中华民族。中国人民最终能赢得这场战争的胜利,实属不易,中国人民付出了巨大牺牲。实行全民族抗战,正面、敌后两大战场相互配合,持久战的战略方针,是战胜强敌的成功战略举措。抗战时期,全国各族人民的团结和海外华侨的支持,我们血肉相连。经历了抗战血与火的洗礼,誓死不当亡国奴的民族自尊品格、共赴国难的民族团结意识、敢于同敌人血战到底的民族英雄气概,将是一面高高飘扬的旗帜,鼓舞着中国人民无论面对任何困难,都将努力奋斗。

(山西省太原市师苑中学校 尹培钊 指导教师 臧泽峰)

---

① 张展:《一打六是保守估计?日军秘密文件中的日中战力比统计》。
② 康康:《抗战爆发前,国军对敌我双方优劣的认识》。

浅析日本为何发动侵华战争

黑暗的黎明前夜,他们奔跑,他们怒吼,用血与泪洗刷着祖国被日本法西斯欺凌的耻辱,用生命从日本法西斯手中夺回了满目疮痍的祖国,铸就美好未来的基石。面对侵略者,中华儿女不屈不挠、浴血奋战,捍卫了中华民族五千年的文明成果,捍卫了人类和平事业,铸就了战争史上的奇观、中华民族的壮举。中国的抗日战争,起步时间最早,持续时间最长,不仅对中华民族的解放意义重大,而且对拯救人类文明、保卫世界和平也具有极其重要的意义。

2019 年是中国人民抗日战争暨世界反法西斯战争胜利 74 周年。作为新时代的中学生,我们在继承伟大的抗战精神的同时,更应回首历史,以史为鉴,重新认识曾经给祖国带来巨大灾难的敌人——日本,反思日本侵华战争爆发的起源。我认为,以下多个因素共同导致了日本持续发动侵华战争。

一、日本资本主义发展对资源的极度渴求

众所周知,日本是一个岛国,资源不足的问题严重阻碍日本资本主义发展。

日本的耕地面积仅占国土面积的 14%,粮食产能不足以支撑快速膨胀的人口;石油和煤铁等资源的匮乏,导致日本长期需要通过进口以支持工业发展,在经济上表现出强烈的对外依赖。

1923 年,日本发生关东大地震。震后,日本政府为转移民众的不满,同

时将国内矛盾转化为对敌对势力的仇恨,山本权兵卫内阁成立,并宣布举国进入战时状态,专门针对朝鲜人和为其捐助的中国人。1927年,首相田中义一向天皇递交了臭名昭著的"田中奏折","欲征服中国,必先征服满蒙"成为日本侵略中国的战略规划。1929年,经济大危机席卷整个资本主义世界,日本也遭受了沉重打击,工业持续萎缩,大量工人失业,黄金源源不断外流,国民经济告急,人民处于水深火热。为了摆脱世界经济危机给日本国内造成的深重困扰,转移国内矛盾注意力,日本加速了疯狂地向外扩张侵略的进程。

二、让日本帝国主义有恃无恐

(一)巨大的国力差距

鸦片战争以来,中国积贫积弱,遭帝国主义侵略已跌入万劫不复的深渊。1937年以前,日本的工业总量是中国的4.4倍。无论是经济实力还是军事实力,中国均远低于日本,差距悬殊。日本在旁虎视眈眈,中国无异于羊伴虎睡,随时会被撕咬得粉身碎骨。

表1 1937年以前中日两国实力对比

	中国	日本
国土面积	1100多万平方千米	37万平方千米
人口数量	4.6亿	0.9亿
工业总量(占GDP的百分比)	13.6亿美元(占GDP10%)	60亿美元(占GDP80%)
钢铁年产量	2800万吨(其中外资企业占55%)	5070万吨
坦克年产量	0	330辆
大口径火炮年产量	0	744门

（二）日本帝国主义肆意发动侵华战争

明治维新之后，日本素有制定对外扩张策略的传统，制定了以侵略中国为中心的"大陆政策"，剑指中国，成为最富有侵略性的帝国主义国家。

表2　　　　　　　　　　　1937 年之前的日本对华侵略大事件

时间	事件	结果
1874 年	日本试探进攻中国台湾	—
1894 年	日本挑起甲午战争	清政府战败，被迫签订《马关条约》
1900 年	参与八国联军侵华战争，镇压义和团运动	清政府战败，被迫签订《辛丑条约》
1904 年	日本挑起日俄战争	日本从俄国夺取对中国东北的控制权
1919 年	日本攫取德国在山东的权利	激起中国民众反帝浪潮
1931 年	日本制造九一八事变	国民政府奉行"不抵抗政策"，导致东北全境沦陷；日本占领约本土面积 3 倍的土地，疯狂掠夺资源，残害中国人民，拉开长达 14 年的侵华战争的序幕
1935 年	日本蓄意制造华北事变	国民政府奉行"攘外必先安内"政策，妥协退让；日本进一步侵犯和蚕食华北地区
1937 年	日本挑起七七事变	全面抗日战争爆发

三、日本国内外政治形势的急剧变化

（一）日本国内以军部为代表的法西斯力量崛起

明治维新后，日本由封建社会转变为资本主义社会，确立近代天皇制，迅速转向对外殖民扩张。1932 年，首相犬养毅被军部右翼分子山岸宏、三上卓等刺杀，标志第一次世界大战后日本短暂的政党政治寿终正寝，日本民主政治的发展受到致命打击。此时，军国主义飞扬跋扈，法西斯的苗头遇上军国主义的温床肆意生长，严重的贫富差距，让一大批所谓的"热血青年"以改革为由,高呼"昭和维新",在 1936 年发动二二六事件。政变失败后,武力扩张亚洲版图成了举国上下的核心价值观,天皇及政府被军方裹挟,形成以军部为代表的法西斯政权。整个日本沦为亚洲战争策源地,彻底走上法西斯的不归之路。

(二)世界对日本侵略行径的绥靖态度,纵容了法西斯势力的肆虐

国际联盟是一战后最大的国际组织。当时的国民政府曾寄希望于国际联盟干预日本的侵略行为,但自 1931 年日军发动一系列侵华行径,到 1937 年抗日战争全面爆发,国联在处理中日问题上几乎毫无作为,而且对华未施以足够的援手,助长了日本军国主义的气焰,使日本对中国的侵略肆无忌惮。

四、总结

明治维新领导人大久保利通曾说:"大凡国之强弱,决定于人民之贫富,人民之贫富则系于物产之多寡。"日本这个资源贫乏的岛国,孤悬大海中央,自古就有一种深恐被大陆文明抛弃的极强危机感,日本人"尚武""扩张""悲观"等特性均是这种危机感的表现形式。另一方面,日本人又极度自傲,自以为是世界上最优秀的民族,蔑视邻国。因为极强的危机感和自傲感,日本民族既有凝聚力和韧性,又充满危险的情绪化,国民很容易被"国家情绪"所左右,从而一心暴走在军国主义侵略扩张的不归路上,发动了那场惨绝人寰、旷日持久的侵华战争,实施了一幕又一幕反人类、令人发指、不可饶恕的计划。

战争的硝烟已被风吹散,侵略者狼狈败退,法西斯被扼死捣毁,出现在地平线上的是属于中华民族美好而光明的未来。今天,我们重新分析了日本侵华的原因,希望用历史告诫日本——侵略必自取灭亡;同时警醒中国——腐败和落后必然挨打,铭记历史,以史为鉴。

当前,世界面临百年未有之大变局,各国普遍求安全、求发展、求稳

定,对美好生活的向往、对国家与世界"良治"的愿望,是当前全球共同愿景。中国将在维护和平安全、实现稳定发展等方面贡献经验与智慧,从而实现"人类命运共同体"的全球愿景。面向未来,我们在民族复兴的道路上,将坚持追求正义,保卫和平,维护世界和平与地区稳定。我相信,巍巍中华必将以更加昂扬的姿态,屹立于世界民族之林!

(广东省肇庆市第一中学 姜芷涵 指导教师 符皓东)

论日本发动侵华战争的历史根源

1931 年 9 月 18 日,日本悍然发动九一八事变,挑起了局部侵华战争。1937 年 7 月 7 日,日本策划了卢沟桥事变,发动了蓄谋已久的全面侵华战争,由此点燃了第二次世界大战的东方战火。从 1931 年至 1945 年,日本帝国主义发动的侵华战争,历时 14 年,对我中华侵略手段之残忍,对我民族危害之深重,在古今中外战争史上绝无仅有。回顾这段屈辱的历史,并对其背后的历史根源进行深入剖析,不仅有利于我们认识日本军国主义的本质,也能让我们以史为鉴,防止历史悲剧重演。

一、发动对外侵略战争是日本军国主义的本质特征

众所周知,日本岛地处太平洋西部,与世界第一大陆——亚欧大陆隔海相望,国土面积为 37 万余平方千米,仅相当于我国云南省的面积,且资源严重匮乏,耕地面积稀少,更有环太平洋火山地震带穿过,火山爆发、地震频发。作为岛国,日本始终存有一种强烈的危机意识和不安全感。于是他们逐步将目光锁定在与之一海相隔的中国。

早在 19 世纪中叶,在日本军国主义的形成演变过程中,日本统治集团就提出,要使日本富强,必须发动对外侵略战争,要想取得对外侵略战争的胜利,就必须发展军国主义,并使军国主义在日本社会中居于统治地位。1868 年明治维新以后,日本确立了以天皇为中心的中央集权政府,逐步建立起军国主义的经济基础和军国主义的武装、警察及监狱,开始对外实行侵略扩张。1872 年,日本以天皇名义发布了《征兵诏书》,组建了天皇的"御亲

兵"。1878年,设立参谋本部,掌管军令大权,直属天皇。后经宪法明确:"天皇总揽统帅权。"1890年,政府颁布《教育敕语》,强调"义勇奉公,以辅翼天壤无穷之皇运"。至1894年发动甲午战争时,日本在政治、军事、经济、文化等各个领域,逐步建立起军国主义体制和制度。[①]

此外,日本军国主义利用日本的古代神话,把日本称为"神国",把日本民族称为"天孙民族",认为日本天皇是"天照大神"的子孙,"万世一系、八纮一宇",他们把日本当成世界的中心,日本天皇是理所当然的世界最高统治者,要求日本军人无条件将天皇当作"神"来崇拜。为了强化这一"神话",日本政府采取了一系列措施,创造出"神道宗教",并以国家的名义宣扬"神道宗教"。1869年,在日本天皇的指示下,日本东京设立了"招魂社",后改名为"靖国神社"。在这里,日本所有的阵亡者都将受到民众和天皇的祭拜,以驱使军队效忠天皇。

二、依靠对外侵略战争掠夺财富资源和摆脱国内危机

日本对外发动侵略战争与国内经济因素密不可分。明治维新以后,日本为发展资本主义,既依靠战争掠夺财富、攫取资源,又依赖巨额资本发展壮大军力,形成资本积累增值与侵略扩张的双向循环。从最初对朝鲜小试牛刀,到侵占中国东北,再到发动全面侵华战争,日本侵略野心不断膨胀。1890年,日本暴发了经济危机,造成国内矛盾激化。在经济危机的打击下,日本统治者为了摆脱困境和转移国内阶级斗争的视线,想方设法以发动侵略战争来化解国内矛盾、摆脱国内危机。

1894年,日本发动甲午战争,致中国北洋海军全军覆没。日本逼迫清政府签订了丧权辱国的《马关条约》,强占台湾、澎湖列岛和辽东半岛,赔款白银2亿两,并强迫开放重庆、沙市(今湖北荆州)、苏州、杭州为通商口岸,日船可在中国内河行驶等特权。1900年,日本作为八国联军的侵华主力,出兵

① 李铁映:《伟大的抗日战争——纪念抗日战争胜利70周年》,《中华魂》2016年第1期。

占总数的50%。侵占北京以后,在清政府官衙库抢劫的物品达6000多万两白银,皇宫大量的珍贵文物被抢劫和破坏。日军仅从北京、天津掠走的库存白银就达500万两。八国联军强迫清政府签订《辛丑条约》,勒索赔款白银4.5亿两,这其中一半为日本所得。还要求清政府同意从北京到山海关铁路沿线的重要地区进行驻军。①1905年,日本赢得日俄战争的胜利后,又从俄国手中夺得了在中国东北的大部分经济利益,并索取了中国赎辽"赔款"白银3000万两。至于日本从其他亚洲国家,以及九一八事变后从中国掠夺的财富则更是数额庞大、不计其数。②

由于日本疯狂掠夺中国的资源与财富,至第一次世界大战时期,日本从原来的负债达3亿日元的负债国跃升成为拥有17.4亿日元的债权国。1899年,日本经济只占世界国民生产总值的1%,到1937年它所占比重已达到4%。美国斯特林·西格雷夫在其专著《黄金武士——二战日本掠夺亚洲巨额黄金黑幕》中指出,战争期间,裕仁天皇委派叔父朝香宫鸠彦和弟弟秩父宫雍仁、三笠宫崇仁和表兄竹田宫恒德负责"金百合计划",具体由日本宪兵队、大公司、黑社会负责执行,日本皇室从南京掠夺走的黄金至少在6000吨以上。③侵略战争为日本带来了巨大的经济利益。

三、中国积贫积弱和分崩离析令日本觉得有机可乘

在清王朝统治时期,清政府因"闭关锁国"的政策,中国原本处于世界领先地位的工业、商业都出现了明显下滑,以至于逐渐落后于世界。无数仁人志士先后发动了洋务运动、戊戌变法等,在一定程度上提升了中国的工商业实力,但终究无力扭转乾坤。甲午战争时期的清王朝,无论在思想上、组织上,还是在军事上,都处于分崩离析的松散状态。民众只知有朝廷而不知有民

---

① 龚书铎主编:《中国通史》第11卷,上海人民出版社,2015年,第270页。
② 王金华:《日本发动全面侵华战争之历史根源剖析》,《军事历史》2014年第6期。
③ 宋开友:《日本军国主义挑起全面侵华战争溯源》,《深圳特区报》2015年7月28日。

族和国家。兵民相斥、海陆军分离,甚至北洋水师和南洋水师相互隔洋观火……最终导致清朝军事力量被日本各个击破。而随后建立的北洋军阀政权,又陷入了军阀混战的泥潭,加深了中华民族危机。

1928 年,国民党名义上"统一"了中国,但各派军阀混战,明争暗斗、貌合神离,中国近代以来一盘散沙的局面并没有从根本上得到彻底改变,这无疑使得觊觎中国的日本终于觉得有机可乘。事实上,日本统治阶层早已对地大物博的中国虎视眈眈、垂涎三尺,只是苦于实力不足,时机不成熟,才没有对华发动全面侵略战争。而一旦认为时机成熟,日本便企图独力吞并中国。①

中国政治的分崩离析和一盘散沙的局面,使得日本感到此时侵略中国,不必过多担心遭到中国的全民抵抗,让日本深感全面侵华机不可失。而从地缘政治角度上看,国际社会对日本奉行绥靖主义政策,使日本全面侵华无所顾忌。日本的特殊地理位置决定了西方列强一方面要让日本强大起来,以牵制俄国,另一方面又要控制住其军国主义的烈焰,阻止其引燃太平洋。然而正是西方这种绥靖主义政策,无形中助长了日本帝国主义的侵略焰火,使其更加肆无忌惮地发动全面侵华战争,最终走上全面侵略中国的罪恶之路。

综上所述,日本发动侵华战争的原因是多方面的。战争的过错也完全不在中国,但我们亦要深刻自省。落后就要挨打,弱肉强食的丛林法则不是一朝一夕就能够消除的,想要不被欺辱的唯一出路就是使自身变得强大,强大到足以保卫自身安全,强大到足以维护世界和平。勿忘国耻、珍爱和平。百年前,天安门前五四运动的呐喊声,穿越一个世纪的光阴,仍声声震撼着我们青少年的心灵。我们当代中国青少年从来就不是贪生怕死、懦弱无能的一代,我们愿意为了祖国的繁荣昌盛和国泰民安,勇敢肩负起我们这一代人的历史使命,为了悲剧不再重演,为了战争不再爆发。

(北京市第一六六中学 赵怡婷)

---

① 王金华:《日本发动全面侵华战争之历史根源剖析》,《军事历史》2014 年第 6 期。

日本发动侵华战争原因的经济维度分析

从 1931 年 9 月 18 日开始,日本发动了长达 14 年的侵华战争。在这 14 年间,穷凶极恶的侵略者在中国烧杀淫掠,无恶不作,那么让日本走上对外侵略道路的原因是什么呢?本文拟从经济维度加以分析。

一、近代日本的基本国情决定了其对外扩张或侵略的倾向

日本的国土面积十分狭小,可谓是弹丸之地,但是向西可以觊觎中国、朝鲜的资源,向南又可掠夺东南亚国家的资源。较之欧美,日本又是一个资本主义发展较晚的国家,加上资源贫乏、国内市场有限,其经济的对外依赖性比较强。

二、日本在一战后遭遇的国内外严重经济危机是其发动侵华战争的现实原因

一战结束后,英、美商品在亚洲市场卷土重来,亚洲的民族解放运动日益兴起,对日本经济构成沉重打击。在华盛顿会议上,日本被迫放弃借第一次世界大战之机在中国攫取的各种权益,恢复到由几个帝国主义列强共同支配中国的局面,终结了日本对中国市场的独占地位。这对于主要依靠中国市场而得以发展的日本经济是一个沉重打击。

20 世纪 20 年代初,日本暴发了空前严重的经济危机,工业总产值下降 19.9%,出口下降 40.3%,国际收支逆差达 3.5 万亿日元。1923 年 9 月 1 日,

处于经济萧条的日本又发生关东大地震，导致东京和横滨大部分工业企业被毁坏，有300余万人受灾，财产损失达65亿日元。1929年，美国发生了空前的经济危机，危机一直持续到了1933年，这场危机不仅给美国造成了空前绝后的影响，在这场世界性的资本主义经济危机之中，日本也同样受到致命打击。在经济危机的猛烈冲击下，日本出口总额下降了76.5%，进口总额下降了71.7%。出口的锐减加剧了生产过剩，造成物价暴跌，大批企业破产，银行纷纷倒闭，工业生产大幅度下降。1929—1931年，日本工业总产值由72.4亿日元下降到49.9亿日元，下降了31%，整个日本经济一片混乱。在危机期间，广大人民处于水深火热之中，工人罢工有增无减，租佃纠纷层出不穷，人民对统治阶级的怨恨与不满与日俱增，阶级矛盾日益尖锐，政局动荡不安。

三、日本发动侵华战争的前期准备及具体经济原因分析

日本亟须扭转当时的国内经济形势，使日本经济在未来持续稳定地增长，而众多经济因素都将矛头再次指向了对外侵略这条不归路，本可自我消化的危机再次转嫁给了中国等亚洲邻国。于是日本原本就蓄谋已久的侵略计划得以实施，侵略野心便极度膨胀，日本的军国主义人士想要发动一场战争来消除危机并称霸全球，开始具体筹划侵华战争的经济掠夺与政治控制，精心策划了一个个"外交"和"经贸交流"的骗局。

中国东北是日本侵华战争的第一个目标。早在1920年，东北已成为日本重要的商品市场、原料产地和投资场所。20年代，日本对东北的输出额约1亿日元，占对外输出总额的4%~6%；从东北的输入（主要是原料），约为1.5亿日元，占总输入额的7%~8%。在日本资本输出方面，中国东北占有更重要的地位。20年代，日本对东北的投资急剧增加，到1930年竟高达16.17亿日元，占对外资本总输出的58%。日本田中义一内阁在其召开的"东方会议"上的《对华政策纲要》指出：中国"满蒙"（东北）地区"不惟地广人稀，令人羡慕，农矿森林等物之丰，当世无其匹配。我国欲开拓其富源，以培养帝国

恒久之荣华,特设南满洲铁道会社,借日、支共存共荣之美名,而投资于其地之铁道、海运、矿山、森林、钢铁、农业、畜产等业,达四亿四千余万元"[1]。

在东北如此丰富的资源的利诱下,日本为了更好地开展对中国的侵略,达到自己的经济和政治目的,于 1927 年 6 月 27 日至 7 月 7 日,田中义一内阁召开了"东方会议"。会议在《对华政策纲要》中指出,先占领"满蒙",再征服全中国,然后称霸亚洲和世界。

四、日本侵华战争的开端及具体经济原因分析

日本虽未能立即发动侵华战争,但在 20 年代后半期,特别是 1929 年的经济危机到来之后,日本法西斯乘机崛起,通过军部影响内阁,继承田中内阁的战争政策,迅速把侵占中国东北的战争提上了日程,[2]加上法西斯分子的煽动,1931 年 8 月,日本军内军外、全国上下,掀起了一股空前高涨的侵华战争狂热。正是在这一片战争叫嚣声中,日本军部和关东军密谋策划并发动了九一八事变。

九一八事变的成功,大大提高了以军部为核心的日本法西斯的政治地位。此后军部逐渐得到了财阀的全力支持,由影响内阁到操纵内阁,直至成为日本政治的主宰。在法西斯军部的全力推动和操纵下,九一八事变后,日本历届内阁都变本加厉地推行战争政策,终于将日本导向了全面侵华战争之路。

九一八事变使日本侵占了东北地区,日本也马不停蹄地开始了对东北资源的掠夺,直接导致了以军工生产为核心的各类产业的恢复及发展,给危机中的日本经济带来了转机。1932 年,当主要资本主义国家的生产指数下降到最低点时,日本却开始了回升,与此同时,日本每年的军费支出与日俱增,军费的激增也进一步促进了重工业的发展。[3]1930 年,日本工业总产值

---

① 日本外务省编:《日本外交年表及主要文书》(下),原书房,第 102 页。
② 胡德坤:《日本发动全面侵华战争经济原因初探》,《湖北社会科学》1987 年第 4 期。
③ [日]山本四郎:《准战时体制》,岩波讲座《日本历史 20·近代 7》,岩波书店,1981 年,第 83 页。

中,轻工业占 64.5%,重工业仅占 35.5%,轻工业占主导地位。1931 年,日本轻、重工业产值对比发生了重大逆转:轻工业下降到 47.3%,重工业激增到 52.7%,重工业首次超过了轻工业。其中军火工业的发展速度尤为惊人。1931 年,日本陆海军武器生产总额为 0.868 亿日元,1937 年猛增到 7.815 亿日元,增加了近 8 倍。[①]到 1937 年,日本的主要工业产品产量均已接近英、美、苏、德、法等国,重工业的飞跃发展,使日本经济力量急剧增长。[②]

但日本经济的迅速增长也使原有的资源匮乏这一问题变得更加严重。[③]此时的东北已经不能完全满足日本对于资源的需求,于是日本又以武力为后盾,对华北乃至全中国进行经济侵略。

但日本好景不长,中国在经济上对日本的反抗,极力遏制了日本经济的迅速增长,日本大大加快了发动全面侵华战争的进程。

五、全面侵华战争的开端及其具体经济原因分析

日本首先在华北地区大量设立工厂,并进行大量非法的走私贸易,企图独占华北和整个中国市场。但由于中国人民抗日救亡运动的高涨,以及日本同英、美矛盾的加深,1935 年 11 月,国民党政府在英国的支持下,实行币制改革,放弃银本位制,发行法币。这对日本妄图独霸中国市场的野心是一个沉重的打击。日本法西斯担心中国币制改革,将会导致国民党政府进一步向西方靠拢,走上依靠英、美同日本对抗的道路;同时又担心币制改革将从经济上实现全中国的统一,进而导致全中国的政治统一,对日本分裂华北的计划不利,因而对中国币制改革极为仇视。币制改革后,日本加紧了对华北的

①[日]岛恭彦:《战争与国家垄断资本主义》,岩波讲座《日本历史 21·现代 4》,岩波书店,1963 年,第 8 页。

②[日]原期:《战时统制经济的开始》,岩波讲座《日本历史 10·近代 7》,岩波书店,1981 年,第 249 页。

③[日]山崎广明:《日本战争经济的崩溃及其特征》,载《战时日本经济》,第 8 页。

侵略活动的具体战略部署。①

　　综上所述,我们不难发现,战争是政治的继续,政治是经济的集中表现。经济的巨大失衡,破坏的不仅仅是整个社会的平衡,更因为当时日本社会的物欲横流,也势必给法西斯这种极端思想创造了蔓延的空间,最终导致了整个国家为恶魔所控制,造成了人性和道德的失衡。

　　我们应深刻意识到,世界各国在经济上是一个命运共同体,任何以邻为壑的对外经济政策,都会给任何一方的利益带来巨大的损失,甚至成为引发战争的关键因素。

（山东省青岛市第一中学　郑兆丰）

---

　　① 张宗麟、吴景崧、邹云涛:《九一八以后的日本经济莫得恒》,《上海周报》第 1 卷第 2 期,第 17 页。

杀不死我的只会让我更伟大

——浅谈中华民族抗日战争的启示

中国伟大而艰苦卓绝的 14 年抗日战争始于 1931 年日本处心积虑发动的九一八事变,此后中国东北被日本占领。1937 年卢沟桥事变之后,日本发动了全面侵华战争。直到 1945 年,日本宣布无条件投降。中国人民经过前后 14 年艰苦卓绝的抗日战争,终于赶走了日本侵略者,赢得了国家独立和民族解放。中华民族抗日战争是近代以来中国反抗外来侵略首次取得完全胜利的民族解放战争,在中国近代史上具有划时代意义。抗日战争取得完全胜利是中华民族伟大复兴道路的起点。

日本是一个岛国,地理环境狭隘,自然资源贫乏,却有独霸东亚的邪恶想法。征服中国、排斥欧美、独霸东亚是日本"大陆计划"的重要内容。据 1927 年 7 月 25 日的"田中奏折"中记载:"欲征服支那必先征服满蒙。如欲征服世界,必先征服支那。倘支那完全被我征服,其他如中小亚细亚及南洋等异服之民族,必畏我敬我而降于我,使世界知道东亚为我国之东亚,永不敢向我侵犯。"[1]正是在独霸东亚的野心驱使下,自明治维新后,日本野心一直膨胀,军国主义抬头,多次入侵中国。

日军侵华以来,在强占的中国领土上实施残酷统治和无情掠夺,甚至于做出惨绝人寰、震惊世界的南京大屠杀之恐怖兽行,用极端恐怖之手段蹂躏中国大地。然而侵华日军却向民众作巧妙宣传,美化日军形象,例如宣传日

---

① 千彦禾:《今日的东北》,上海天马书店,1937 年,第 17—18 页。

军将把占领的中国东北地区建设成为“世界桃源之安乐土”。日本侵华期间的宣传不可谓不狡猾，正与日寇侵华期间的无数邪恶残暴行为形成鲜明对比,若是对侵华日军的语言行为再作呈现,用“说天使语、行魔鬼事”来形容侵华日军仍不能描述侵华日军恶毒之万一。

自九一八事变后,日本通过宣传美化日军形象,为麻痹东北民众,宣称“日本军是老百姓的好朋友”,并编制各种歌谣,分发各处,强迫中国人学习歌唱。略举一例,《建设乐天地歌》(如图1所示)。日军建立伪满傀儡政权,宣传建设满蒙,略举一传单(如图2所示),竟然将日军侵略中国美化为“建设满蒙为世界桃源之安乐土”!可见,日本侵华期间的狡猾宣传,听起来真是甜言蜜语一般的“天使之语”。

建設樂天地歌

一

東北父老兄弟們　現今正是奮起時

公敵軍閥已無影　救民水火登衽席

二

東北父老兄弟們　現今正是奮起時

政權有爲得太平　保境安民爲宗旨

三

東北父老兄弟們　現今正是奮起時

滿蒙三千餘萬民　國政建設樂天地

图1　日本军部麻痹东北群众的歌谣《建设乐天地歌》[1]

① 陈觉:《国难痛史》第4卷,东北问题研究会,1933年,第152页。

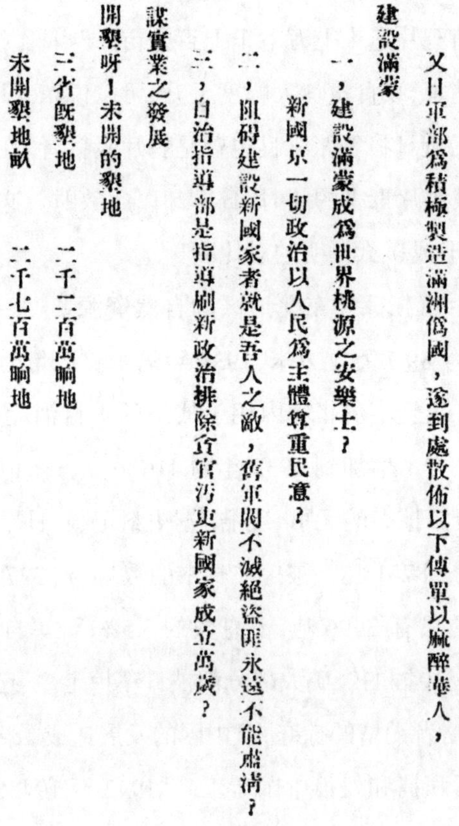

又日軍部爲積極製造滿洲僞國，逞到處散佈以下傳單以麻醉華人，

建設滿蒙

一，建設滿蒙成爲世界桃源之安樂士？
新國京一切政治以人民爲主體尊重民意？

二，阻碍建設新國家者就是吾人之敵，舊軍閥不滅絕盜匪永遠不能肅清？

三，自治指導部是指導刷新政治排除貪官污吏新國家成立萬歲？

謀實業之發展

開墾呀！未開的墾地

三省飢墾地　　　　　　二千二百萬晌地
未開墾地畝　　　　　　二千七百萬晌地

图 2　日本军部美化侵华行为的传单①

　　与日军对中国人民进行的宣传形成强烈对比的是，日军在侵华过程中实施无以计数的残暴行为,诸如南京大屠杀、用华人做细菌实验、奴役东亚各国妇女等灭绝人性、惨绝人寰的行为,令人不寒而栗。此外,日军无情地掠夺中国资源,非人地役使中国劳工等经济侵略令人瞠目结舌。日本侵华战争给中国人民带来的深重灾难真是罄竹难书,侵略期间日军的许多残暴行为可谓人神共愤。

---

① 陈觉:《国难痛史》第 4 卷,东北问题研究会,1933 年,第 167 页。

"日军侵占中国东北地区之后,大量种植和贩卖鸦片,东北地区鸦片吸食者激增,同时政府每年鸦片种植税收达三百余万元,1934年除黑龙江之外的伪满地区种植鸦片达十七万七千七百余亩。"①日军统治下的中国东北地区,鸦片种植、销售、吸食量均大幅度上升,可以说东北地区被鸦片"黑化"了。众所周知,著名抗日将领张学良也曾是鸦片吸食者。在日军统治下,东北地区许多中国人被鸦片毒害的同时,日军却以此敛财。这与其所宣传的"世界桃源之安乐土"形成多么鲜明的对比啊!

日军侵华之后疯狂掠夺东北地区的自然资源。"根据满蒙年鉴记载,1932年木材产量为89.7万立方米,1938年的木材产量为355.7万立方米,是1932年的四倍以上。东北境内用于战争的木材消耗量也逐年增加,由1933年的81万立方米增加到1938年的416万立方米,是1932年的5倍。可见日本对森林资源掠夺的无情、残酷。据史料记载,日军侵占阳泉后,某年阳泉煤炭总产量为98761吨,被掠往日本的数量为73370吨,占年产量的74.3%;销往各地的只有3496吨,占总数的3.5%;日军自用为21895吨,占总数的22.2%,可见中国的煤矿大部分都被日军掠走。"②这些资源是属于中国人民的,日本侵略者无情的掠夺,对中国的发展造成了极大的负面影响。

日军侵华之后强掳和奴役中国劳工。"1942至1945年期间,日本在东北实际征用劳工430万;14年的侵华过程中,日本强掳中国劳工总数达1000万,其中于东北死亡达200万;向日本输出劳工4万多,其中死亡约7000人,伤残6778人。"③日本侵略者嘴上说着军民打成一片,实际上东北人民成为日本侵略者的奴隶,遭受了极大的苦难。

日军侵华以来,一方面实施残暴统治和无情掠夺;另一方面,却向中国老百姓进行狡猾地宣传,美化日军形象,试图掩盖其侵略者的本质。侵华日军

---

① 千彦禾:《今日的东北》,上海天马书店,1937年,第55页。

② 隋向萍、尤猛:《浅谈日本侵华战争对黑龙江森林资源的掠夺》,《才智》2018年第8期。

③ 孟国祥:《日军暴行研究的回顾与思考——兼论南京大屠杀案的影响》,《南京大屠杀史研究》2012年第3期。

狡猾的宣传并未蒙蔽中国人民的双眼,恰恰相反,中华民族看透了日本"灭我族亡我国"的狼子野心,喊出了"中华民族到了最危险的时候"的悲壮之声。面对日军侵略,中华民族空前团结,为挽救民族存亡抗争,中国人有钱出钱、有力出力,不怕牺牲,形成气势磅礴的抗日洪流。共产党和国民党以"兄弟阋于墙,外御其侮"的面貌开展国共合作,建立抗日民族统一战线,共同抵抗日本侵略。经过艰苦卓绝的斗争,中华民族以自己的智慧,付出沉重代价,3500余万优秀中华儿女在战争中付出了宝贵的生命,终于用自己的血肉之躯,赶走了日本法西斯,获得抗日战争的完全胜利,保存了五千年中华血脉和文明。

中国人民抗日战争的胜利将中华民族从日本法西斯的奴役和压迫中解放出来,实现民族解放和国家独立。中国人民抗日战争留下的宝贵精神财富,将激励中华民族行走于伟大复兴之路。回顾中国人民抗日战争这段历史,能给我们带来许许多多的启示,其中最为重要的是在我们的民族复兴之路上,永远牢记中华民族的团结精神是中华民族复兴的基础。中华民族是智慧仁爱、自强不息、百折不挠、坚持正义、敢于斗争的民族。只要各民族各阶层各行业人人都紧密团结在一起,万众一心,不但能将外来入侵者赶走,更能实现中华民族伟大复兴。抗日战争硝烟虽已散去,但是威胁中华民族复兴的势力永远不会消失,在中华民族伟大复兴的道路上,必然会有阻碍。在目前国际霸权主义抬头的现实情况下,更需要中华儿女继承和发扬天下兴亡、匹夫有责的爱国情怀,视死如归、宁死不屈的民族气节,不畏强暴、血战到底的英雄气概,百折不挠、坚忍不拔的必胜信念。

回顾历史,面对欲亡我中华、灭我种族的日本侵略者,中华民族没有倒下。今天,面对新时代的霸权主义,中华民族必将"直挂云帆济沧海",实现中华民族伟大复兴之中国梦。

那些没有杀死中华民族的侵略者,只会使中华民族更伟大!

(浙江省杭州市第十四中学康桥校区 刘杨洋 指导教师 张君莲)